"十四五"职业教育国家规划教材

公路施工组织设计

(第4版)

曹胜语　马敬坤　宁金成　主　编

靳卫东(吉林大学)　主　审

人民交通出版社

北京

内容提要

本教材为"十四五"职业教育国家规划教材。全书共分为八章:第一章公路工程建设基本知识,阐述了公路工程建设的概念、公路施工项目管理的概念以及公路施工的程序;第二章公路施工组织设计基本知识,介绍了公路施工组织设计编制原则、编制程序,以及实施性施工组织设计的组成内容和编制要点等相关知识;第三章施工过程组织原理,介绍了施工过程时间组织的基本作业方法,并着重阐述了流水作业方法的特点及应用;第四章网络计划技术,内容包括网络计划的绘图技巧及应用计算;第五章公路施工组织设计图表绘制,论述了公路施工组织设计所包含的内容及施工组织设计文件的编制;第六章机械化施工组织设计,介绍了公路与桥梁施工机械种类及机械的合理选择与搭配;第七章机电工程施工组织设计,阐述了机电工程系统的组成、施工准备工作和各分项工程的机电工程施工组织设计;第八章施工组织设计示例,包括初步设计阶段施工方案示例、施工图设计阶段施工组织计划示例、投标阶段指导性施工组织计划示例、公路大中修与旧桥加固施工组织设计示例和施工阶段实施性施工组织设计示例。本教材按现行公路施工的有关规范编写。

本教材可作为高等职业技术院校道路与桥梁工程技术专业、工程监理专业、工程造价等专业教材,也可用作成人教育培训教材以及供工程技术人员学习参考。

本书配有教学课件,课件中有本书习题集和对应答案,教师可通过加入职教路桥教学研讨群(QQ:561416324)获取。

图书在版编目(CIP)数据

公路施工组织设计 / 曹胜语,马敬坤,宁金成主编. — 4版. — 北京:人民交通出版社股份有限公司,2024.6

ISBN 978-7-114-19477-1

Ⅰ.①公… Ⅱ.①曹… ②马… ③宁… Ⅲ.①道路工程—工程施工—施工组织 Ⅳ.①U415.2

中国国家版本馆 CIP 数据核字(2024)第 068580 号

Gonglu Shigong Zuzhi Sheji

书　　名:	公路施工组织设计(第4版)
著 作 者:	曹胜语　马敬坤　宁金成
责任编辑:	李　瑞
责任校对:	卢　弦
责任印制:	刘高彤
出版发行:	人民交通出版社
地　　址:	(100011)北京市朝阳区安定门外外馆斜街3号
网　　址:	http://www.ccpcl.com.cn
销售电话:	(010)85285911
总 经 销:	人民交通出版社发行部
经　　销:	各地新华书店
印　　刷:	北京印匠彩色印刷有限公司
开　　本:	787×1092　1/16
印　　张:	19.5
字　　数:	468千
版　　次:	2002年7月　第1版 2008年7月　第2版 2018年12月　第3版 2024年6月　第4版
印　　次:	2024年6月　第4版　第1次印刷　总第45次印刷
书　　号:	ISBN 978-7-114-19477-1
定　　价:	53.00元

(有印刷、装订质量问题的图书,由本社负责调换)

前·言 Preface 第4版

公路施工组织设计是以公路工程施工项目为对象编制的，用以指导施工技术实施、费用和现场管理等的综合性文件。施工组织设计是确保工程建设质量、降低工程建设费用、保证工程进度的一项重要工作。

公路施工组织设计课程是道路与桥梁工程技术专业的一门专业技能课程。通过该课程的学习，可以帮助学生了解公路建设过程中的基本概念，培养编写施工组织设计文件的技能，初步具备组织公路工程施工作业的能力。同时，公路工程施工作业人员也可参考学习，以规范公路工程施工组织设计的编制，提高公路工程施工管理水平。

学习公路施工组织设计前须具备公路和桥梁的理论与设计方面的基本知识和技能。因此，路基工程、桥梁工程、路面工程、公路勘测设计、城市道路、公路电算、运筹学及有关定额的知识等，应为该课程的先修课程，其中施工实习也是不可缺少的内容。

本教材基于编者多年教学经验，吸收教学改革有益成果，分析《国家职业技能标准》相关职业工作岗位要求，调研施工企业对工作岗位的要求编写而成。在编写过程中，以职业能力培养和职业素养养成为重点，根据技术领域和职业岗位（群）的任职要求，将施工过程中的各道工序作为典型工作过程，以来源于企业的实际案例为载体，对课程内容进行优化。旨在使学生了解我国现代公路建设的内容、特点、基本概念、基本程序，清晰阐释公路施工过程组织的基本原理，达成学生可应用施工生产过程时间和空间组织的基本作业方法编制公路施工组织设计文件的教学目标。

本教材自2001年出版至今，历经3次修订，在全国职业院校中广泛使用，受到师生一致好评，并先后入选普通高等教育"十一五"国家级规划教材，"十四五"国家职业教育规划教材。此次由第3版修订而成。

第4版教材体现以下特点：

1. 突出课程特点，融入思政元素。

课程设计，在教授知识的同时，也应注重培养学生的职业素养。公路工程为大型的基础设施建设工程，施工过程涉及的内容颇多，更需在讲授施工工序、技术难点的同时，帮助学生树立正确的工作理念。比如第三章流水作业法原理，注重培养学生科学严谨的工作态度，和工程施工管理的全局意识；第四章网络计划的优化，注重培养学生精益求精的工匠精神；第八章施工组织案例部分，注重培养学生责任意识、质量意识等。同时，第六、七、八章的内容，都展现了我国在公路建设方面取得的巨大成就，培养学生的爱国情怀，增强民族自豪感。

2. 校企双元开发，产教深度融合。

编写组教师均有丰富的现场施工经验，在参与河北交通职业技术学院主持的国家级教学资源库建设中进一步积累了产教融合经验。本版编写时，编写组再次到施工一线调研，获取最新资料，以真实案例为依托，对知识点进行逐层讲解，做到有的放矢，深入浅出，最大程度上保证了教材的先进性、针对性和适用性。课程内容选取上，在理论教学满足工作岗位必需、够用基础上，与所学专业前沿内容保持一致。实践教学部分与施工现场应用的新工艺、新技术、新材料、新机械紧密贴合。

3. 丰富教学内容，凸显职业特色。

本次修订体现高等职业教育发展和改革要求，依据《教育部关于职业院校专业人才培养方案制订与实施工作的指导意见》（教职成〔2019〕13号）的指导精神，以培养既掌握理论基础知识，又符合工程岗位职责需求，更满足社会需要的专业人才为基本原则，组织公路施工组织设计知识。最大程度选用体现新技术、新工艺、新规范等的典型生产案例，推进信息技术与教学有机融合，充分体现国家级规划教材示范性、引领性作用。

4. 数字资源丰富，线上线下互通。

本教材以河北交通职业技术学院主持建设的国家级道路养护与管理教学资源库为依托，初步形成课程建设、教材编写、配套资源开发、信息技术应用统筹推进的新形态一体化教材，教学课件、微课等数字化资源丰富，直观、美观，易于学习。教材配备的来自实际工程中的施工组织设计案例与施工现场情况吻合且分类清晰、数量众多，与相应知识点内容匹配度高，提高了学生的学习兴趣，加深了学生对公路工程施工组织设计的理解。同时，课程资源的持续开发，为教师授课和学生线上线下学习提供了极大便利，方便师生之间、学生之间交流互动，可有效服务教学内容，达成教学目的。据反馈，教学效果好，课程资源利用率高。

本教材由河北交通职业技术学院曹胜语、马敬坤，河南交通职业技术学院宁金成主编，并邀请了吉林大学靳卫东教授担任主审。具体编写情况如下：第一、二章由马帅帅编写，第三章由马帅帅、宁金成编写，第四章由梁艳编写,第五章由梁艳、马敬坤编写,第六、七章由曹胜语编写,第八章由曹胜语、马敬坤编写。全书由河北交通职业技术学院曹胜语统稿,河北交通职业技术学院刘亚静校稿。

本版教材修订广泛征求了各使用院校和部分工程单位意见,并且得到人民交通出版社李瑞编辑,以及相关院校使用本教材教师的帮助和支持,在此表达衷心感谢。同时对附于本书书末主要参考文献的作者们,致以诚挚的谢意!

限于编者水平等,本书一定存在不足之处,敬请各位读者批评和指正。

编 者
2024 年 3 月

目 录
Contents

第一章 公路工程建设基本知识 ······ 001
第一节 公路工程建设的概念 ······ 001
第二节 公路施工程序 ······ 008
第三节 公路施工项目管理的概念 ······ 012
练习题 ······ 016

第二章 公路施工组织设计基本知识 ······ 017
第一节 公路施工组织设计认知 ······ 017
第二节 公路施工组织设计编制原则和编制程序 ······ 019
第三节 实施性施工组织设计的组成及编制要点 ······ 021
第四节 施工方案的组成及编制要点 ······ 025
练习题 ······ 029

第三章 施工过程组织原理 ······ 030
第一节 公路施工过程的概念、要素和组织原则 ······ 030
第二节 公路施工过程的时间组织 ······ 033
第三节 流水作业法的原理 ······ 037
第四节 无节拍流水作业施工次序的确定 ······ 049
第五节 作业法的综合运用 ······ 055
思考题与练习题 ······ 057

第四章 网络计划技术 ······ 059
第一节 概述 ······ 059
第二节 双代号网络计划图的绘制 ······ 064
第三节 时间参数的计算及关键线路 ······ 074
第四节 时间坐标网络计划 ······ 083

第五节　单代号网络计划图的绘制与计算……………………………… 086
   第六节　网络计划的优化………………………………………………… 090
   第七节　Project 在施工组织设计中的应用…………………………… 094
   思考题与练习题……………………………………………………………… 111

第五章　公路施工组织设计图表绘制………………………………………… 113
   第一节　施工组织设计资料的调查……………………………………… 113
   第二节　施工进度图……………………………………………………… 115
   第三节　资源需要量计划及其他图表…………………………………… 128
   第四节　工地运输与临时设施设计……………………………………… 130
   第五节　施工平面图……………………………………………………… 138
   思考题与练习题……………………………………………………………… 143

第六章　机械化施工组织设计………………………………………………… 144
   第一节　概述……………………………………………………………… 144
   第二节　机械化施工组织原理…………………………………………… 147
   第三节　施工机械………………………………………………………… 155
   第四节　施工机械的合理选择与组合…………………………………… 169
   第五节　各分项工程机械化施工组织设计……………………………… 175
   思考题与练习题……………………………………………………………… 202

第七章　机电工程施工组织设计……………………………………………… 203
   第一节　概述……………………………………………………………… 203
   第二节　机电工程施工准备工作………………………………………… 206
   第三节　各分项工程机电工程施工组织设计…………………………… 209
   思考题与练习题……………………………………………………………… 214

第八章　施工组织设计示例…………………………………………………… 215
   第一节　施工方案示例…………………………………………………… 215
   第二节　施工组织计划示例……………………………………………… 218
   第三节　指导性施工组织设计示例……………………………………… 224
   第四节　实施性施工组织设计示例……………………………………… 254
   第五节　公路大中修施工组织设计示例………………………………… 275
   第六节　旧桥加固施工组织设计示例…………………………………… 284

参考教学大纲…………………………………………………………………… 299
参考文献………………………………………………………………………… 301

第一章 CHAPTER ONE
公路工程建设基本知识

第一节 公路工程建设的概念

一、公路工程建设的特点

公路工程建设的特点包含两方面：一是公路建筑产品的特点；二是公路工程施工的特点。充分了解这两个特点，才能更好地组织和管理公路工程建设实施。

（一）公路建筑产品的特点

（1）产品的固定性。公路工程构造物固定在一定的地点，永久地占用大量土地，不能移动。

（2）产品的多样性。由于公路建筑产品的具体使用目的各异，技术等级、技术标准不同，自然条件、结构形式、主体功能千差万别，致使公路工程的组成结构复杂、多种多样。

（3）产品形体庞大性。公路工程是线形构筑物，其组成部分如路基、路面、桥梁等形体庞大，占用土地和空间多。

（二）公路工程施工的特点

针对公路建筑产品的特点，形成了公路工程施工的特点，具体如下：

1. 工程线形分布，施工流动性大

公路是沿地面延伸的线形人工构筑物，建设点多线长，工程数量分布不均匀。大中型桥梁、隧道、高填深挖路段的路基土石方工程等，往往是控制工期的集中工程。小桥及涵洞、路面工程、交通工程、沿线设施及环境绿化等，属于线形分布工程。

由于这些产品都是固定的，只能组织人力、物力围绕这一固定产品在同一工作面不同时间,或同一时间不同工作面进行施工活动。这就需要科学、合理地安排时间组织和空间组织,尽量有序和不浪费时间,使施工队伍有条不紊地沿着产品延伸方向向前推进。当某一公路工程竣工后,施工队伍要向新的施工现场转移。

2. 产品类型繁多,施工协作性高

公路工程类型多种多样,标准化难度大,必须分别设计,施工组织也需分别进行。即使是相同技术等级的公路,也不可能采用同样的施工组织,这是因为施工时的技术条件(如物资种类、供应地点、机具设备、施工单位技术水平等)、自然条件(环境、气候)和工期要求等不尽相同。

为了保质保量按期完成施工任务,每项工程都需要建设、设计、施工、监理等单位密切配合,材料、动力、运输等各部门的通力协作,还需要地方各级政府部门和施工沿线各相关单位的大力支持。因此,公路施工过程中需统筹考虑和合理调度,严密的计划和科学的管理非常重要。

3. 产品形体庞大,施工周期长

公路工程是线形构筑物,具有形体庞大的特点,产品固定而又不能分割,而且具有系统性,即同一地点要依次进行多个分部作业(如要进行路面工程施工,首先必须依次清理现场,进行施工放样、路基工程、涵洞等构造物的施工),施工周期长。特别是集中的土石方工程、大桥工程、隧道、特殊地质地段处,在较长时间内占用和消耗大量的人力、物力资源,直至整个施工期结束,才能使公路建筑产品投入运营。

在施工过程中,各阶段各环节必须有机地结合为一个整体,在时间上不间断,空间上不闲置,施工过程稳定有序,才能保证工期不延误,人力、物力、财力得到最好的发挥。

4. 受外界干扰及自然因素影响大

公路工程施工主要在野外露天作业,受自然条件、地理环境的影响很大,特别是不良天气(夏季高温、洪水;冬季冰冻、大雪;春秋大风,漫天沙尘)、不良地质(泥沼、熔岩、流沙等),不但影响施工,而且还会给工程造成损失。在施工组织设计时,要详细调查,充分加以考虑。

另外,设计变更、物资供应临时发生变化、地质条件突变等,再加上一些人为的因素,如果处理不当,都会直接影响工程质量、工程成本及工期。因此,施工组织设计时应考虑这些因素,并留有余地。

二、公路基本建设基层单位及项目组成

(一)基本建设的基层单位

直接参与公路基本建设工作的基层单位主要有四个:建设单位、勘察设计单位、施工单位和监理单位。

1. 建设单位

负责执行国家基本建设计划的基层单位,称为基本建设单位(即建设单位或甲方、业主),其在行政上有独立的组织形式,在经济上独立进行核算。建设单位是基本建设投资的支配人,

也是基本建设的组织者、监督者,对国家负有一定的政治和经济责任。

建设单位的主要工作包括:①制定工程项目施工组织设计方案管理制度,明确参建各方管理责任及相关工作要求;②组织审查设计阶段施工组织设计,参与实施阶段施工组织设计方案评审会议;③对施工、监理单位施工组织设计方案的管理、实施情况进行检查,督促相关单位落实问题整改;④对施工、监理单位施工组织设计方案管理工作进行考核,实施奖惩。

2. 勘察设计单位

勘察设计院、设计所、设计室等设计机构统称为勘察设计单位。勘察设计单位应持有国家相关主管机关颁发的设计资质等级证书。勘察设计单位受建设单位或主管部门的委托,或与建设单位签订设计合同,承担与资质等级相符的设计任务,按照规定的设计要求为基本建设工程进行勘察设计工作。其中,勘察设计工作包括:①公路规划;②公路工程勘察(含地质钻探);③初步设计(方案设计);④技术设计(如果需要);⑤施工图设计;⑥初步拟订施工方案;⑦编制施工图概(预)算等,并负责编制设计文件,对设计项目负有一定的政治、经济责任。

3. 施工单位

施工单位是指通过投标被建设单位选定的承担建筑安装工程施工的企业(即承包人或乙方)。施工企业是独立的经济核算实体、自负盈亏的法人,而且在国家工商管理部门注册并持有工商管理部门颁发的施工营业执照和国家主管单位颁发的资质等级证书,其根据国家或主管部门下达的施工任务,或者通过施工投标从市场竞争中承揽施工任务,负责编制与执行施工计划和财务计划,按计划使用资金。施工企业与建设单位签订施工承包合同,办理往来资金结算。施工单位能独立依法经营,组织施工,申请工程交工、竣工,办理工程结算并独立计算盈亏。

4. 监理单位

监理单位是指承担公路工程施工监理任务的单位(监理单位必须具有交通运输部审批的工程施工监理资质等级证书)。它依据建设单位和施工单位签订的合同文件以及监理单位与建设单位(业主)签订的监理合同,对基本建设工程实施"五监控",即质量、进度、费用、安全、环保的监控;"二管理",即合同、信息管理;"一协调",即协调业主与承包人以及各方矛盾和关系。它既维护业主的利益,又不损害承包人的合法权益,按照合同文件规定的职责、权限,独立公正地为工程建设服务。

(二)基本建设项目的组成

1. 基本建设项目

基本建设项目又称建设项目,一般指符合国家总体建设计划,能独立发挥生产能力或满足生活需要,其项目建议书获批准立项且可行性研究报告获批准的建设任务,如工业建设中的一座工厂、一座矿山,民用建设中的一个居民区、一幢住宅、一所学校为一个建设项目。

公路建设项目,一般指建成后可以发挥其使用价值和投资效益的一条公路或一座独立大、中型桥梁或一座隧道。

按国家计划及建设主管部门的规定,一个建设项目应有一个总体设计,在总体设计的范围内可以由若干个单项工程组成(如一个建设项目划分为几个标段),经济上实行统一核算,行政上实行统一管理;也可以分批分期进行修建。

一个建设项目可以由一个单项工程或几个单项工程组成。

2. 单项工程

单项工程又称工程项目,它具有独立的设计文件,在竣工后能独立发挥设计规定的生产能力或效益,如工业建筑中的生产车间、办公楼,民用建筑中的教学楼、图书馆、宿舍楼等。

公路建设的单项工程一般指独立的桥梁工程、隧道工程,这些工程一般应包含与已有公路的接线,建成后可以独立发挥交通功能。但一条路线中的桥梁或隧道,在整个路线未修通前,并不能发挥交通功能,也就不能作为一个单项工程。

一个单项工程可以由几个单位工程组成。

3. 单位工程

单位工程是单项工程的组成部分,在建设项目中,根据签订的合同,指具有独立施工条件和结构功能的工程,并可单独作为成本计算对象的部分,如单项工程中生产车间的厂房修建、设备安装;公路工程中同一合同段内的路线、桥涵等。由此可见,单位工程一般不能独立发挥生产能力和使用效益。

一个单位工程可以包含若干分部工程。

4. 分部工程

分部工程是单位工程的组成部分,一般是按单位工程中的结构部位、路段长度及施工特点或施工任务计划来划分的,如工业与民用建筑中房屋的基础、墙体等。

在公路建设工程中,如按工程部位可划分为路基工程、路面工程、桥涵工程等,按工程结构和施工工艺可划分为土石方工程、混凝土工程和砌筑工程等。

一个分部工程包含若干分项工程。

5. 分项工程

分项工程是分部工程的组成部分,是根据分部工程划分的原则,再进一步将分部工程分成若干个分项工程。分项工程是按照施工工序、工艺或材料等划分的,它是概预算定额的基本计量单位,故也称为工程定额子目或工程细目,如 $10m^3$ 浆砌块石、$100m^3$ 沥青混凝土路面等。

一般来说,分项工程只是建筑或安装工程的一种基本构成要素,是为了确定建筑或安装工程费用而划分出来的一种假定产品,以便作为分部工程的组成部分。因此,分项工程的独立存在是没有意义的。

三、公路基本建设程序

基本建设程序是指基本建设项目从规划立项到竣工验收的整个建设过程中各项工作的先后次序,这个次序是由基本建设的客观规律决定的。

公路基本建设受自然条件(地质、气候、水文),技术条件(技术人员水平、机械化程度等),物资条件(各种原材料供应、运输等)以及环境等的制约,需要各个部门、各个环节密切配合,并且要求按照既定的需要和科学的总体设计进行建设。基本建设是一项内容比较复杂的工作,建设过程中任何计划不周或安排不当,都会造成经济损失甚至人身伤害,带来不良后果。

所以,一切基本建设,都必须严格按照规定的程序进行。对于小型项目,可视具体情况,简化程序。

公路工程基本建设程序应当是:根据国民经济长远规划以及公路网建设规划,提出项目建议书→进行可行性研究,编制可行性研究报告→经批准后进行初步设计→再经批准后列入国家年度基本建设计划,并进行技术设计和施工图设计→设计文件经审批后组织施工→施工完成后,进行竣(交)工验收,然后交付使用。这一程序必须依次进行,一步一步地实施,其具体内容如下。

1. 项目建议书

根据国民经济发展的长远规划和公路网建设规划,提出项目建议书。项目建议书应对拟建项目的建设目的和要求、主要技术标准、原材料及资金来源等提出文字说明。项目建议书是进行各项前期准备工作和进行可行性研究的依据。

2. 可行性研究

可行性研究是基本建设前期工作的重要组成部分,是建设项目立项、决策的主要依据。《公路建设项目可行性研究报告编制办法》中规定,各类公路建设项目(含长大桥梁、隧道等独立工程建设项目)均应进行可行性研究,小型公路建设项目可适当简化。

公路建设项目可行性研究的任务是:在对拟建工程地区社会、经济发展和公路网状况进行充分的调查研究、评价、预测和必要的勘察工作的基础上,对项目建设的必要性、经济合理性、技术可行性、实施可能性,提出综合性研究论证报告。按可行性研究的工作阶段,可行性研究划分为预可行性研究和工程可行性研究两个阶段。预可行性研究,应重点阐明建设项目的必要性,通过踏勘和调查研究,提出建设项目的规模、技术标准,进行简要的经济效益分析。工程可行性研究,应通过必要的测量(高速公路、一级公路必须做)和地质勘探(大桥、隧道及不良地质地段等),在认真调查研究、拥有必要资料的基础上,对不同建设方案从经济上、技术上进行综合论证,提出推荐建设方案。工程可行性研究报告经审批后作为初步测量及编制初步设计文件的依据。工程可行性研究的投资估算与初步设计概算之差,应控制在10%以内。

3. 公路工程勘察设计招投标

依法必须招标项目的招标公告和公示信息应当在"中国招标投标公共服务平台"或者项目所在地省级电子招标投标公共服务平台发布。

招标广告内容包括:招标编号、项目名称、工程概况、设计工期、建设单位、工程地址、建设规模、评标办法、起止时间、报名截止时间、招标内容、资金来源、招标条件(投标申请人必须具备的条件)、购取招标资料办法、报名地点、地址、电话、传真、网址、联系电话、招标代理单位的信息、报名时须提供的资料等。

勘察设计单位可组织投标小组,购买招标文件,根据招标要求,研究投标策略,编写投标书。投标书主要内容:投标函、投标单位简介、法定授权证明书、主要专业设计人员配置、企业设计业绩、报价、投资估算表及说明、本企业设计优势和服务承诺等。

4. 设计文件

公路工程基本建设项目一般采用两阶段设计,即初步设计和施工图设计。对于技术简单、方案明确的小型建设项目,也可采用一阶段设计,即一阶段施工图设计。对于技术上复杂、基础资料缺乏和不足的建设项目，或建设项目中的特大桥、互通式立体交叉、隧道、高速公路和一级公路的交通工程及沿线设施中的机电设备工程等，必要时采用三阶段设计，即初步设计、技术设计和施工图设计。

(1) 初步设计

初步设计应根据批复的可行性研究报告、测设合同及勘测资料进行编制。初步设计的目的是确定设计方案，必须进行多设计方案比选，才能确定最合理的设计方案。

选定设计方案时，一般先进行纸上定线，大致确定路线布置方案；然后到现场核对，对路线的走向、控制点、里程和方案的合理性进行实地复查，征求沿线地方政府和建设单位的意见，基本确定路线布置方案。对难以取舍、投资大、地形特殊的路线、复杂特大桥、隧道、立体交叉等大型工程项目一般应选择两个以上的方案进行同深度、同精度的测设工作，并通过多方面论证比较，提出最合理的设计方案。

设计方案确定后，拟定修建原则，计算工程数量和主要材料数量，提出初步施工方案，编制设计概算，提供文字说明和有关的图表资料。初步设计文件经审查批复后，即作为订购主要材料、机具、设备等，联系征用土地、拆迁等，进行施工准备，编制施工图设计文件和控制建设项目投资等的依据。

(2) 技术设计

按三阶段设计的项目，要进行技术设计。技术设计应根据初步设计的批复意见、勘测设计合同要求，进一步勘测调查，分析比较，解决初步设计中尚未解决的问题，落实技术方案，计算工程数量，提出修正的施工方案，编制修正设计概算，批准后即作为施工图设计的依据。

(3) 施工图设计

两阶段（或三阶段）施工图设计应根据初步设计（或技术设计）的批复意见、勘测设计合同，到现场进行详细勘查测量，确定路中线及各种结构物的具体位置和设计尺寸，确定各项工程数量，提出文字说明和有关图表资料，做出施工组织计划，并编制施工图预算，向建设单位提供完整的施工图设计文件。

施工图设计文件一般由以下12篇内容及附件组成：①总体设计；②路线；③路基、路面；④桥梁、涵洞；⑤隧道；⑥路线交叉；⑦交通工程及沿线设施；⑧环境保护与景观设计；⑨其他工程；⑩筑路材料；⑪施工组织计划；⑫施工图预算；附件、基础资料。

5. 列入年度基本建设计划

只有建设项目的初步设计和概算报上级主管部门审查批准后，才能列入国家基本建设年度计划，这是国家对基本建设实行统一管理的要求。年度计划是年度建设工作的指令性文件，一经确定，如果需要增加投资额或调整项目，必须上报原审批机关批准。

项目列入国家基本建设年度计划后，建设单位根据国家发展和改革委员会颁发的年度基本建设计划控制工期，按照初步设计文件编制本单位的年度基本建设计划。建设单位年度基本建设计划报经上级批准后，再编制物资、劳动力、财务计划。这些计划分别经过主管机关审查通过后，作为银行分配投资，办理基本建设拨款或贷款，实行投资监督的主要依据。

6. 工程监理、施工招投标

准备工作完成后，依法必须进行招标的项目，建设单位即可公开招标。公开招标的优点是投标的承包人多、范围广、竞争激烈,建设单位有较大的选择余地,有利于降低工程造价,提高工程质量和缩短工期;其缺点是由于投标的承包人多,招标工作量大,组织工作复杂,需投入较多的人力、物力,招标过程所需时间较长,以及有可能出现故意压低投标报价的投机承包人以低价淘汰对报价严肃认真而报价较高的承包人的情况。

施工单位、监理单位通过投标的方式来承接工程施工任务和工程监理任务。从颁发招标文件到正式投标,时间往往只有半个月,甚至更短,在这期间,从了解情况、审学图纸到编制方案,时间十分紧张。施工单位、监理单位为了避免废标,增加中标概率,应组织专门投标小组编制投标文件。

7. 施工准备

公路工程施工涉及面广,为了保证施工的顺利进行,建设单位、勘察设计单位、施工单位、监理单位等都应在施工准备阶段充分做好各自的准备工作。

(1)建设单位:应根据计划要求的建设进度组建专门的管理机构,办理登记及征地、拆迁等工作,做好施工沿线各有关单位和部门的协调工作,抓紧配套工程项目的落实,提供技术资料。

(2)勘察设计单位:应按照技术资料供应协议,按时提供各种图纸资料,做好施工图纸的会审及移交工作。

(3)施工单位:施工企业中标后,应首先熟悉图纸并进行现场核对,进行补充调查和施工测量,编制实施性施工组织设计,同时组织人员、机具、材料进场,进行施工测量,修筑便道及生产、生活用临时设施,组织材料及技术物资的采购、加工、运输、供应、储备,并提出开工报告。

(4)监理单位:工程监理单位中标后,组织监理机构,熟悉施工设计文件和合同文件;组织工程监理人员和设备进入施工现场;根据工程监理相关制度规定的程序和合同条款,对施工单位的各项施工准备工作进行审批、验收、检查,合格后,使其按合同规定要求如期开工。

8. 工程施工

施工准备工作完成后,施工单位必须按建设单位下达的开工日期或工程承包合同规定的日期开始施工。在建设项目的整个施工过程中,应严格执行有关的施工技术规程,按照设计要求,确保工程质量,安全施工。坚持施工过程组织原则,加强施工管理,大力推广应用新技术、新工艺,尽量缩短工期,降低工程造价,做好施工记录,建立技术档案。

9. 竣(交)工验收、交付使用

建设项目的竣(交)工验收是公路工程基本建设全过程的最后一个程序。工程竣(交)工验收是一项十分细致而又严肃的工作,按照交通运输部颁发的《公路工程竣(交)工验收办法》(2004年3月31日交通部令第3号公布)、《公路工程竣(交)工验收办法实施细则》(交公路发〔2010〕65号)的要求,认真负责地对全部基本建设工程进行竣(交)工验收。竣(交)工验收包括:对工程质量、数量、工期、生产能力、建设规模和使用条件的审查;对建设单位和施工企业编报的固定资产移交、清单、隐蔽工程说明和竣工决算(竣工验收时,建设单位必须及时编制竣工决算,核定新增固定资产的价值,考核分析投资效果)等进行细致检查。

当全部基本建设工程经过竣(交)工验收合格,完全符合设计要求后,应立即移交给生产部门正式使用。对发现存在的问题要明确责任,确定处理措施和期限。

图1-1为公路工程基本建设程序的流程图。

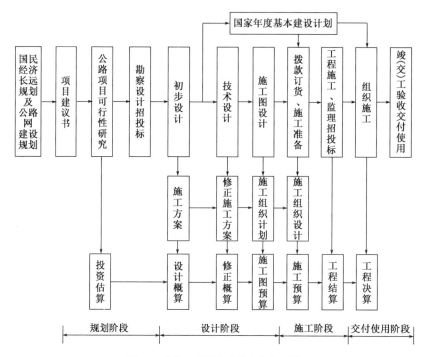

图 1-1 公路工程基本建设程序流程图

10. 公路建设项目后评价

公路建设项目后评价是指在公路通车运营 2~3 年后,用系统工程的方法,对建设项目决策、设计、施工直至通车运营的各阶段工作及其变化的成因,进行全面的跟踪、调查、分析和评价,并形成评价报告。

公路建设项目后评价报告的主要内容包括:建设项目的过程评价、建设项目的效益评价、建设项目的影响评价和建设项目的目标持续性评价。通过公路建设项目后评价以达到肯定成绩、总结经验、研究问题、吸取教训、提出建议、改进工作、不断提高项目决策水平和投资效果的目的。

第二节　公路施工程序

为了编制合理的施工组织设计,必须了解公路施工程序。公路施工程序是指施工单位从接受施工任务到工程竣(交)工验收阶段必须遵守的工作顺序。

公路施工程序主要包括:接受施工任务(即签订工程承包合同)→施工准备工作→工程施工和竣(交)工验收。

一、签订工程承包合同

施工单位接受施工项目时,首先应该核实查证工程项目是否列入国家计划,必须有批准的可行性研究、初步设计(或施工图设计)及概(预)算文件方可签订施工承包合同,开展施工准备工作。

接受施工任务,以签订施工承包合同为准。施工单位,凡接受工程项目,都必须同建设单位签订工程承包合同,明确各自的权利和义务,即明确双方的经济、技术责任,互相制约,共同保证按质、按量、按期完成建设项目的建设任务。合同一经签订,即具有法律效力,双方要严格履行合同。

施工承包合同内容一般包括:①简要说明;②工程概况;③承包方式;④工程质量;⑤开(竣)工日期;⑥工程造价;⑦物资供应与管理;⑧工程拨款与结算办法;⑨违约责任;⑩质量缺陷责任;⑪奖惩条款;⑫双方的配合协作关系等。

二、施工准备工作

施工单位接受施工任务后,即可着手进行施工准备工作。施工准备工作涉及面广,必须有计划、按步骤、分阶段地进行,才能在较短的时间内为工程开工创造必要的条件。准备工作的基本任务是:了解施工的客观条件,根据工程的特点、进度要求,合理安排施工力量,从人力、物资、技术和施工组织等方面为工程施工创造一切必要的条件。施工准备工作的内容可以归纳如下。

(一)技术准备

1. 熟悉和核对设计文件及有关资料

设计文件是工程施工最重要的依据,组织技术人员熟悉和了解设计文件,是为了明确设计者的设计意图,掌握图纸、资料的主要内容及有关的原始资料。此外,从设计到施工通常都要间隔几年时间,勘测设计时的原始自然状况由于各种原因已经变化,因此,必须对设计文件和图纸进行现场核对。其主要内容如下。

(1)各项计划的布置、安排是否符合国家有关方针、政策和规定以及国家的整体布局;设计图纸、技术资料是否齐全,有无错误和相互矛盾。

(2)设计文件所依据的水文、气象、地质、岩土等资料是否准确、可靠、齐全。

(3)掌握整个工程的设计内容和技术条件,弄清设计规模、结构特点和形式。

(4)核对路线中线、主要控制点、转角点、水准点、三角点、基线等是否准确无误;重点地段的路基横断面是否合理;构造物的位置、结构形式、尺寸大小、孔径等是否适当,能否采用更先进的技术或使用新材料。

(5)路线或构造物与农用设施、水利、航道、公路、铁路、电信及其他建筑物的相互干扰情况及其解决办法是否适当,干扰可否避免(对历史文物纪念地尤为重要)。

(6)对不良地质段采取的处理措施是否先进合理,对防止水土流失和保护环境采取的措施是否适当、有效。

(7)施工方法、料场分布、运输工具、道路条件等是否符合工程现场实际情况。

(8)临时便桥、便道、房屋、电力设施、电信设施、临时供水、施工场地布置等是否合理。

(9)各项纪要、协议等文件是否齐全、完善。

(10) 明确建设期限。

现场核对时,如发现设计有错误或不合理之处,应提出修改意见并报审,待核准批复后再进行现场测量、修改设计、补充图纸等工作。

2. 补充调查资料

进行现场补充调查,是为优化和修改设计、编制实施性施工组织设计、因地制宜地布置施工场地等收集资料。调查的内容主要有:工程地点的地形、地质、水文、气候条件;自采加工材料场储量、地方材料供应情况、施工期间可供利用的房屋数量;当地劳动力情况、工业生产加工能力、运输条件和运输工具;施工场地的水源、水质、电源,以及生活物资供应情况;当地民俗风情、生活习惯等。

3. 编制实施性施工组织设计和施工预算

实施性施工组织设计是指导施工的重要技术文件。公路是线形工程,施工是野外作业,各地自然地理状况和施工条件差异很大,不可能采用一种固定的、一成不变的施工方案和施工方法,每项工程的施工都需要通过深入细致的工作,针对性确定相应施工方案和施工方法,因此,施工阶段必须编制实施性施工组织设计,并编制相应的施工预算。

4. 组织先遣人员进场

公路施工需要调用大量人工、材料和机具,施工先遣人员的任务是:结合施工现场的实际情况,具体落实施工人员进场开工后在生产、生活等方面必须解决的问题。对施工中涉及其他部门的问题,做好联系、协调工作。及时与当地政府部门取得联系,争取地方政府对工程施工的支持。

(二) 施工现场准备

经过现场核对后,依据设计文件和实施性施工组织设计,认真做好施工现场准备工作。

1. 征地及拆迁

划定工程建设用地,开始征用土地,拆迁房屋、电信及管线设施等各种障碍物(包括施工临时用地)。

2. 技术准备工作

进行施工测量,平整场地;建立工地试验室,进行各种建筑材料试验和土质试验,为施工提供可靠数据;落实各施工点的施工方案以及供水、供电设施;各种施工物资(包括建筑材料、机具设备、工具等)的调查与准备,进场后的堆放、保管及安全工作等。

3. 建立临时生活、生产设施

修建便道、便桥,搭盖工棚,选址修建构件预制场、沥青拌和基地、混凝土搅拌站等大型临时设施;临时供水、供电、供热及通信设备的安装、架设与试运行。

4. 人员、材料、机具陆续进场

施工准备工作基本完成后,即可组建施工机构,集结施工队伍,运送材料、机具并按计划存放和妥善保管等。当施工队伍进场后,应及时做好开工前的政治思想教育,技术学习和安全教育工作。

5. 提出开工报告

上述各项具体准备工作完成后,即可向建设单位或施工监理部门提出开工报告。开工报告必须按规定的格式填写,并按要求或在合同规定的最后日期之前提出。

三、工程施工

组织施工应有以下基本文件:设计图纸、资料,施工规范和技术操作规程,相关定额,施工图预算,实施性施工组织设计,工程质量检验评定标准和施工验收规范,施工安全操作规程。

在开工报告批准后,才能开始正式施工。施工应严格按照设计图纸进行,如需要变更,必须事先按规定程序报经监理工程师或建设单位批准。按照施工组织设计确定的施工方法、施工顺序及进度要求进行施工。为了确保质量、安全操作,施工要严格按照设计要求和施工技术规范、验收规程进行。发现问题,及时解决。

公路工程施工是一项复杂的系统工程,必须科学合理地组织,建立正常、文明的施工秩序,有效地使用劳动力、材料、机具、设备、资金等。施工方案要因地制宜、结合实际,施工方法要合理、切实可行。施工中既要保证工程质量和施工进度,又要注意保护环境、安全生产。

四、竣(交)工验收

公路基本建设项目的竣(交)工验收是全面考核公路设计成果,检验设计和施工质量的重要环节。做好竣(交)工验收工作,总结建设经验,对今后提高建设质量和管理水平有重要作用。公路施工单位在竣(交)工验收阶段应做好以下几项工作:

1. 竣(交)工验收准备

工程项目按设计要求建成后,施工单位应自行初检。初检时,要进行竣工测量,编制竣(交)工图表;认真检查各分部工程,发现有不符合设计要求和竣(交)工验收标准之处应及时修改;整理好原始记录、工程变更设计记录、材料试验记录等施工资料;提出初检报告,按投资隶属关系上报。初检报告一般包括如下内容:①初检工作的组织情况;②工程概况及竣(交)工工程数量;③各单项工程检查情况和工程质量情况;④检查中发现的重大质量问题及处理意见;⑤遗留问题的处理意见和提交竣(交)工验收时讨论的问题。

2. 竣(交)工验收工作

竣(交)工验收工作分为交工验收和竣工验收。

(1)交工验收

施工单位所承担的工程全部完成后,经初检符合交工验收条件后,经监理工程师同意,由施工单位向项目法人提出申请,项目法人应及时组织对该合同段进行交工验收。

交工验收的具体工作,由项目法人负责组织公路工程各合同段的设计、监理、施工等单位参加交工验收。拟交付使用的工程,应邀请运营、养护管理单位参加。

交工验收的主要工作内容是:①检查合同执行情况;②检查施工自检报告、施工总结报告及施工资料;③检查监理单位独立抽检资料、监理工作报告及质量评定资料;④检查工程实体,审查有关资料,包括主要产品质量的抽(检)测报告;⑤核查工程完工数量是否与批准的设计文件相符,是否与工程计量数量一致;⑥对合同是否全面执行、工程质量是否合格做出结论,按交通运输主管部门规定的格式签署合同段交工验收证书;⑦按交通运输部规定的办法对设计单位、监理单位、施工单位的工作进行初步评价。

(2)竣工验收

公路工程进行竣工验收应具备以下条件:①通车试运营2年后;②交工验收提出的工程质量缺陷等遗留问题已处理完毕,并经项目法人验收合格;③工程决算已按交通运输部规定的办法编制完成,竣工决算已经审计,并经交通运输主管部门或其授权单位认定;④竣工文件已按交通运输部规定的内容完成;⑤对需进行档案、环保等单项验收的项目,已由有关部门验收合格;⑥各参建单位已按交通运输部规定的内容完成各自的工作报告;⑦质量监督机构已按交通运输部规定的公路工程质量鉴定办法对工程质量检测鉴定合格,并形成工程质量鉴定报告。

公路工程符合竣工验收条件后,项目法人应按照项目管理权限及时向交通运输主管部门申请验收。

竣工验收委员会由交通运输主管部门、公路管理机构、质量监督机构、造价管理机构等单位代表组成。大中型项目及技术复杂工程,应邀请有关专家参加。国防公路应邀请军队代表参加。项目法人、设计单位、监理单位、施工单位、接管养护等单位参加竣工验收工作。

竣工验收的主要工作内容是:①成立竣工验收委员会;②听取项目法人、设计单位、施工单位、监理单位的工作报告;③听取质量监督机构的工作报告及工程质量鉴定报告;④检查工程实体质量、审查有关资料;⑤按交通运输部规定的办法对工程质量进行评分,并确定工程质量等级;⑥按交通运输部规定的办法对参建单位进行综合评价;⑦对建设项目进行综合评价;⑧形成并通过竣工验收鉴定书。

3. 技术总结

竣(交)工验收通过后,施工单位应认真做好工程施工的技术总结,以利于不断提高施工技术水平和管理水平。对于施工中采用的新技术和重大技术革新项目,以及施工组织、技术管理、工程质量、安全工作等方面的成绩,应进行专题总结并予以推广。

4. 建立技术档案

技术档案包括:设计文件、施工图表、原始记录、竣工文件、验收资料、专题施工技术总结等。在工程竣(交)工验收后,由施工单位汇集整理、装订成册,按管理等级建档保存,以备今后查用。

第三节 公路施工项目管理的概念

公路工程项目管理是针对建设项目运行全过程所进行的管理。这一过程包括许多不同阶段,其中施工阶段的管理是整个工程项目管理的关键,管理的好坏,对于工程项目的质量、项目工期及工程项目投资总额的控制将产生重要的影响。施工组织设计是工程项目管理的重要内容之一,施工组织设计的科学合理性决定了工程项目管理的质量。

一、施工项目管理的特点

施工项目管理是施工企业对一个施工项目实施全过程所进行的计划、组织、指挥、协调、控制;是对项目施工全过程和各种生产要素的管理;追求施工项目本身的效益,并符合工程项目总的目标要求。施工项目管理基本特点如下:

(1)施工项目的管理者是建筑施工企业。建设单位或监理单位涉及施工阶段的管理仍属建设项目管理。

(2)施工项目管理的对象是施工项目。由于施工项目的多样性、固定性及庞大性特点,使施工项目的生产活动与市场交易活动交叉在一起,买卖双方都投入生产管理,因此施工项目管理的复杂性和困难度是其他生产管理所不能比拟的。

(3)施工项目管理的内容随不同施工阶段施工内容的变化而变化,而且各阶段施工项目管理的内容差异很大,因此管理者必须进行有针对性的动态管理并优化组合资源,才能提高施工效率和施工效益。

(4)施工项目管理要求强化组织协调工作。由于项目施工的人员变动大,资源需要种类繁多,整个施工活动涉及复杂的经济、技术、法律、行政和人际关系等方面的问题,因此施工项目管理中的组织协调工作十分困难、复杂、多变,必须着重强化。主要强化方法是优选项目经理,建立调度机构,配备称职的调度人员,提高调度工作的科学化、信息化程度,建立起动态的控制体系。

(5)施工项目管理是建筑工程项目管理的一部分,施工项目管理是由施工企业对工程承包合同规定的承包范围进行管理,仅涉及从投标开始到交工为止的全部生产组织与管理,其目的是生产出建筑产品,取得合理利润。

二、施工项目管理的各阶段任务

1. 投标、签约阶段

施工单位从做出投标决策至中标签约,为施工项目管理的立项阶段。此阶段的管理目标是签订工程承包合同。其主要工作有:

(1)建筑施工企业做出投标争取承包该项目的决策。
(2)决定投标后,收集相关信息。
(3)编制既能使企业盈利,又有竞争力,有望中标的投标书。
(4)若中标,依法签订工程承包合同。

2. 施工准备阶段

此阶段的主要工作有:
(1)根据工程管理的需要成立项目经理部,配备管理人员。
(2)编制施工组织设计。
(3)制订施工项目管理规划。
(4)进行施工现场准备,使之具备施工条件。

(5)提出开工申请报告。

3. 施工阶段

此阶段是自开工到竣工的实施过程。在此过程中,项目经理部既是决策机构,又是责任机构。经营管理层、建设单位、监理单位的作用分别是支持、监督和协调。此阶段的目标是完成合同规定的全部施工任务,达到验收、交工的条件。其主要工作有:

(1)按施工组织设计的安排进行施工。
(2)在施工中进行动态控制,保证质量、进度、成本、安全、节约等目标的实现。
(3)管理好施工现场,文明施工。
(4)严格履行工程承包合同,协调好内外关系,处理好合同变更及索赔事宜。
(5)做好记录、协调、检查及分析工作。

4. 竣(交)工验收与结算阶段

此阶段的工作目标是对项目成果进行总结、评价,对外结清债权、债务,结束交易关系。主要工作有:

(1)工程收尾。
(2)整理、移交竣工文件,进行财务结算,总结工作,编制竣工总结报告。
(3)办理工程交付手续。
(4)解散项目经理部。

5. 后期服务阶段

此阶段是在竣(交)工验收后,按合同规定的责任期进行用后服务、回访与保修。其目的是保证工程能正常使用,发挥效益。其主要工作有:

(1)为保证工程正常使用而做必要的技术咨询和服务。
(2)开展工程回访,听取使用单位意见,针对使用中的问题,进行必要的维护、维修。
(3)进行沉陷、抗震性能等观察。

三、施工项目管理的关键

在施工项目管理的全过程中,为达到各阶段目标和最终目标的实现,必须加强管理,抓住管理工作的关键,才能保证各项工作的顺利进行。

1. 建立施工项目管理组织

(1)由企业采用择优的方式选聘称职的施工项目经理,一般应由一级注册建造师担任。
(2)根据施工项目组织原则,选用适当的组织形式、组建施工项目管理机构,明确责任、权限和义务。
(3)遵照企业规章制度,根据施工项目管理的需要,制订施工项目管理制度。

2. 进行施工项目管理规划

(1)进行工程项目分解,形成施工对象分解体系,以便确定阶段控制目标,从局部到整体地进行施工活动和进行施工项目管理。
(2)建立施工项目管理工作体系,绘制施工项目管理工作体系图和施工项目管理工作信息流程图。

(3)编制施工管理规划,确定管理点,形成文件。此文件即为《施工组织设计》。

3. 对施工项目进行目标控制

施工项目管理的目标控制是在纵向上把总工期化为总目标,根据总目标科学地划分阶段目标,并通过网络计划技术分解为若干节点目标。同时在横向上分为质量控制、工期控制、成本控制、安全控制和施工现场控制五大目标体系,然后再按组织体系把所有目标值按纵向到底、横向到边的原则进行科学分解,使参与项目施工的所有单位、部门乃至每个责任人都有自己的奋斗目标,通过小目标的达成来保证大目标的实现。

4. 对施工项目进行动态管理

(1)经营决策层必须协调所有在建项目,并预测未来项目的施工力量配备。

(2)项目管理班子必须不断优化内部组合,适应项目需要,同时要强化系统观念,适应动态管理需要。

(3)施工作业层必须掌握项目对施工力量和时间需要的衔接安排,严格执行承包项目的二级网络计划,不断优化劳动组合,以保证施工力量与任务的动态平衡。

5. 对施工项目进行节点考核

节点考核是把网络计划的主要控制节点的形象进度和时间要求抽出来,作为节点目标和控制目标,进而组织完成目标并严格考核。

实行节点考核,可以协调现场工作,提高施工单位执行网络计划的自觉性,并通过目标和利益导向,广泛调动各方面的积极性,推动技术组织措施的落实,增强自主管理和改进生产要素组合的自觉性,保证节点目标按期到达和项目总目标的最终实现。节点考核要以不断优化技术方案,采用新工艺、新技术为基本原则。主要考核内容包括进度、安全、质量、文明施工等。

6. 施工项目的合同管理

施工项目管理是在市场条件下进行的特殊交易活动的管理,此交易活动从招标开始,持续于项目管理的全过程,因此必须依法签订合同,履约经营。

7. 施工项目的信息管理

施工项目管理是一项复杂的现代化管理活动,要依靠大量信息及对大量信息的管理。完善的信息系统是施工项目管理的必备条件。各关联部门之间依靠信息沟通达成协调一致。

四、施工项目管理所要求的条件

施工项目管理的主体是施工企业,要推行科学的施工项目管理,对施工企业的管理运行体制提出了新的要求。

(1)施工企业必须拥有一批素质过硬的施工项目经理。

(2)要实行项目经理承包责任制,建立精干高效的项目管理班子和组织保证体系。

(3)要求企业实行管理层与劳务层的分离,以实现市场化、弹性化的用人制度。

(4)实现施工项目资源配置市场化,建立企业内部生产要素市场,发挥市场机制对优化项目资源配置的作用。

（5）要建立以工程项目为中心，实行独立核算的成本核算体系，重视投入产出，加强成本控制，使成本控制落到实处。

（6）大力推行有效的现代管理技术，实行目标管理，运用网络计划技术、价值工程及全面质量管理等先进管理办法，并建立完整的质量保证体系。

（7）企业应建立完整的信息管理系统，以数字化平台为支撑，层次清楚、结构合理，信息网络立体交叉，信息服务目标明确，整个系统运转灵敏、正常、有效，以便为项目提供准确、及时的信息。

一、判断题

（　）1. 公路施工组织设计是对公路施工项目实行科学管理的重要手段，是项目施工不可缺少的部分。

（　）2. 公路工程施工进度计划是施工组织设计中的重要组成部分。

（　）3. 公路施工准备工作的重要内容之一是编制施工组织设计。

（　）4. 对施工项目进行动态管理是施工项目管理的关键。

（　）5. 公路施工项目管理应大力推行行之有效的现代管理技术，并建立完整的质量保证体系。

二、填空题

1. 公路建筑产品的特点有_____、_____、_____、_____。

2. 直接参与基本建设工作的基层单位主要有_____、_____、_____、_____。

3. 公路施工程序主要包括：_____、_____、_____、_____。

4. 按可行性研究的工作深度，可行性研究划分为_____和_____两个阶段。

三、简答题

1. 公路施工项目管理基本特点有哪些？
2. 简述公路基本建设程序。
3. 简述公路施工阶段的主要工作是什么？
4. 公路工程施工的特点有哪些？

第二章 公路施工组织设计基本知识

第一节 公路施工组织设计认知

一、公路施工组织设计的概念

以公路施工项目为对象编制的,用以指导施工技术的实施、费用和现场管理等的综合性文件,包括设计阶段施工组织设计、投标施工组织设计、实施性施工组织设计等。

1. 设计阶段施工组织设计

设计单位编制的关于施工规划和实施设计意图的施工组织设计,以满足技术可行和经济合理为目标,重点研究施工组织方案,提出工期进度安排。

2. 投标施工组织设计

施工单位根据招标文件、设计文件及工程特点编制的,用以投标的施工组织设计文件。

3. 实施性施工组织设计

施工单位中标后根据合同文件、招投标文件、设计文件编制的用于指导组织整个标段或特殊单位工程施工的施工组织设计文件,对整个标段或特殊单位工程的施工过程起统筹规划和重点控制作用。

二、公路施工组织设计研究的对象

公路工程基本建设是指一个建设项目从立项到竣工验收的一个相当复杂的实施过程(其中,施工过程最为复杂),需要消耗一定的劳动力、劳动资料和劳动对象。其中,劳动对象即指公路的建筑产品,包括路基、路面、桥梁、涵洞、隧道、排水设施、防护设施等。

公路施工组织设计是研究公路基本建设过程中对众多要素合理组织与安排的学科。具体来说，公路施工组织设计就是统筹考虑整个施工过程。即对人力、材料、机械、资金、施工方法、施工现场(空间)等主要要素，根据其所处的环境、自然条件、施工工期等进行合理的组织、安排，以优化工期、资源配置和投资效益为目标。

三、公路施工组织设计的任务

施工组织设计合理与否直接影响工程的工期、工程质量及工程的成本，为确保工程质量、施工进度及资金合理使用等，在施工前必须完成以下具体任务：

(1)确定开工前必须完成的各项准备工作。如：核对设计文件、补充调查资料、先遣人员进场等。

(2)计算工程数量(防止漏算、重算)。确定劳动力、机械台班、各种材料、构件等的需要量和供应方案等。

(3)确定施工方案(多种施工方案应经过比选)，选择施工机具。

(4)安排施工顺序(由整体到局部)。

(5)编制施工进度计划。确定每月或每季度人力、材料、机械需用量。

(6)进行施工平面布置，即设备停放场、料场、仓库、拌和场、预制场、生活区、办公室等的布置。

(7)制定确保工程质量及安全生产的有效技术措施。

四、公路施工组织设计在公路建设中的作用和地位

现代交通运输业包含铁路、公路、航空、水运及管道运输五种运输方式，各有其适用性和特点。公路运输在整个现代交通运输业中占有较大比重，因为它具有机动、灵活、直达、迅速、适应性强、服务面广等优点。

公路建设周期长、规模大、技术复杂、分工细、协作面广、机械化和自动化程度高，为保证公路建设在一定时间内顺利完成，且使人力、资金、材料、机械最大限度发挥效力，就要求我们根据工程特点、自然条件、资源情况、周围环境等对工程进行科学、合理地安排，使之在一定的时间和空间内能有组织、有计划、有秩序地施工，以期达到工期短、质量好、成本低的要求。这也正是本课程所研究讨论的内容。

(一)施工组织设计在公路工程基本建设中的作用

公路建设是一个复杂过程，从规划、设计、施工到竣工及养护，每一个过程都离不开施工组织设计。

在公路规划阶段，要设想提出一个施工组织计划，供主管部门立项时审批；在设计阶段，无论采用几阶段设计，每一阶段都必须做出相应的施工组织设计计划(即在初步设计阶段拟订施工方案，在技术设计阶段提出修正的施工方案，在施工图设计阶段编制施工组织计划)，供施工单位参考；投标过程，标书中不可缺少的一部分内容就是施工组织设计。施工过程是所有环节中最复杂的一个过程，在这一阶段要编制实施性的施工组织设计，也是编制施工组织设计最关键、最重要的一步。

当今的建筑市场对工期和工程质量都提出更高的目标要求，同时对周边环境，提出"注意

环保,保护生态平衡,少占耕地"的要求。这些都需要施工组织设计科学合理,且不固守过往的常规做法,适应社会的发展。公路施工周期长、流动性大、施工协作性高、受外界干扰及自然因素影响大的特点,使机械化施工,这种具有降低工程成本、缩短施工工期、提高工程质量、节约劳动力等优势的施工方式成为公路施工主要方法,采用机械化施工,必须事先做好机械化施工组织设计。

由此可见,施工组织设计贯穿整个公路基本建设过程,在施工实施阶段尤为重要。

(二)施工组织设计在公路养护工程大中修与技术改造中的作用

公路是国家现代化建设的重要基础设施。根据我国国民经济和社会发展对交通运输的要求,在建立适应中国国情的现代化综合交通运输体系,缓解我国交通运输的瓶颈制约中,公路建设最关键的有两个方面:一是加快高等级公路建设,提高整个路网技术等级;二是切实加强对已建成公路的养护管理,改善路网结构,保障公路畅通。其中,公路养护是保持路网完好,并不断使其得到改善,延长其使用寿命,为经济建设提供良好服务的先决条件。如果"缺养、失养",路网使用状况必然很快下降,道路通行就必然受阻。一手抓建设,一手抓养护,建养并重、协调发展,是公路事业自身发展的客观要求。公路越发展,越需要养护,技术越进步,越要实行现代化的养护。

在大规模的公路建设之后,公路养护工程数量越来越大,如何适应公路事业和社会各界对养护工作提出的新要求,成为当务之急。为保证公路的运输质量与路用性能,一般干线公路养护大中修工程、桥梁检测与旧桥加固工程已由内部招标转向市场化进行公开竞争,择优选择施工单位。这种管理模式的转变,增强了养护行业企业的竞争意识,给公路养护管理事业带来了新的生机和活力。

公路大中修工程在公路系统建设程序中与新建公路工程基本一致,其施工组织计划的精度与深度比施工图设计阶段的施工组织计划还要实用。由于管理方式的转变,对工程质量的高要求及对养护投资的控制,使得施工单位对施工组织设计的科学性、合理性、适用性更加重视。施工组织设计不仅影响大中修工程质量与施工进度,而且直接关系施工单位的经济效益。

第二节 公路施工组织设计编制原则和编制程序

一、编制原则

公路施工组织方案编制应以保证工程质量和安全为前提,以优化工期、资源配置和投资效益为目标,兼顾环境保护和社会稳定,结合工程实际,对工程建设进行科学规划与组织,应符合如下编制原则。

(1)符合国家有关工程建设法律、法规和技术标准、规范,符合公路交通行业及地方政府有关规范、标准、规定;符合招标文件和工程合同文件中的相关要求与规定。

(2)按照合同要求和工程条件,优化配置生产要素,充分利用企业及社会现有设备资源,合理安排施工进度。

(3)根据国内外相关的施工技术现状,结合企业自身优势,积极采用新技术、新工艺、新材料、新设备,提倡施工机械化、工厂化、标准化、整体化及信息化。

(4)根据气候特点,合理安排受季节影响较大的工程施工,做到有序生产。充分考虑征地拆迁、自然灾害、突发事件等因素的影响,对各种自然灾害制定针对性的预警、预防措施。

(5)贯彻"因地制宜、就地取材、永临结合"的原则,充分利用当地资源,有效利用永久征地,减少临时租地,凡有条件利用的正式工程,均应优先安排施工和使用;临建工程、大型临时设施是工程建设的重要内容,应按照"技术可行、安全可靠、绿色环保、方便施工、经济实用"的原则进行设计。

(6)应从技术、经济效益、安全质量、工期、环保、社会效益等方面进行方案比选,按综合最优的方案编制,尽可能降低施工成本。

(7)坚持"精简高效、突出重点"的原则,重点加强对施工难度大、安全风险高或控制性工程的研究,科学确定施工组织设计方案。对于常规性的、简易工程可适当简化施工组织设计方案编制内容。

二、编制程序

施工组织设计的编制应遵循一定的程序,要依据施工时的具体条件,按照施工的客观规律协调处理好各环节的关系,用科学的方法进行编制。

一般的编制程序如下:

(1)收集设计图纸及招(投)标文件资料,了解工程概况,分析工程特点、难点,进行现场调查研究。调查研究包括以下内容:

①施工条件调查。包括:地质、气象、水文情况;生产、生活用水条件,物资供应能力;地方传染性疾病情况和风俗习惯;征租用地情况(当地相关政策)和建筑物拆迁情况(含通信、电力线路等管线);海事航道、堤防及水域分布(沟渠、湖泊)情况。

②技术经济调查。包括:工程分布,确定工程的重点和难点;地方建筑材料分布及生产、供应能力;既有铁路和公路、码头、仓储等交通运输状况;地方电力、燃料供应能力,电力设施情况等。

(2)提出施工部署,选择施工方案,确定施工方法。施工方案按照以下原则确定:

①施工方案要确保工程质量和施工安全。

②施工方案应满足先进、成熟、经济、适用、可靠的要求,采用新技术应通过生产性试验或鉴定。

③施工方案要有利于先后作业之间、各道工序之间的协调均衡,减少交叉干扰。

④施工强度和施工装备、材料、劳动力等资源配置要均衡。

⑤施工方案要满足劳动保护、环境保护及水土保持等方面的要求。

⑥施工方案应充分考虑地方水文气候特点,合理安排施工顺序及资源配置,减少雨季等不利条件对施工带来的影响。

(3)划分施工区段及组织流水作业,拟定施工进度。

①施工区段划分应考虑地形条件、工程量分布情况、土石方及材料调配、施工便道、控制工程的位置及施工设备、队伍等生产要素配置情况,初步编制施工进度。

②对受季节性气候影响大的工程,应避免安排在不利气候条件下的施工,如因工期要求所限必须安排时,应提出有效的保障措施。

③安排施工顺序,要综合考虑可利用因素,临时与永久结合的正式工程等应安排在前。

(4)计算资源需求,编制资源计划,调整工程进度。

根据工程量及施工计划及有关文件,编制材料、设备、人员、资金等资源需求计划,如投入出现过大或过小的情况,可适当调整非关键线路或重点工程施工进度,保证资源配置的均衡性。

(5)绘制施工总平面布置图。

根据以上计划确定生产、生活、临时供水、供电及供热设施,确定材料加工、运输方案及施工便道(桥)、码头渡口等临时设施,确定集中预制场、路面材料存放及加工场地,绘制施工总平面布置图。

第三节 实施性施工组织设计的组成及编制要点

一、组成

(1)工程概况。
(2)总体施工部署。
(3)主要工程施工方案。
(4)资源配置。
(5)施工总平面图。
(6)保证措施。
(7)应急预案。

二、编制要点

(一) 工程概况

(1)项目地理位置、建设规模、主要技术标准;项目建设、勘察、设计和监理等相关单位的情况。

(2)项目实施地区人文自然特征、交通运输情况;沿线水源、电力、燃料等资源情况,沿线建筑材料供应情况。

(3)主要工程项目及数量、工程特点、控制和重难点工程的分析和对策等其他应说明的情况。

(二) 总体施工部署

1. 施工管理目标

针对施工合同要约、建设单位的要求和企业自身发展需求,制定总体工期目标、质量目标、安全目标、环水保目标等管理目标。

2. 项目管理组织机构设置

设置项目管理组织机构及管理层级,明确各层级责任分工,需采用框图形式辅助说明。

3. 施工区域及任务划分

施工任务划分、队伍部署及作业人员配置情况。

4. 施工进度计划

(1)明确各任务区段施工进度计划和施工进度关键节点,施工进度计划宜采用网络图或横道图及进度计划表等形式编制,并附必要说明。

(2)施工进度计划需明确进度指标和进度安排,对控制性工程或关键性节点施工进度计划需进一步细化,做到动态调整。

5. 临时工程

(1)"三集中"场站、项目驻地、工地试验室、临时便道(便桥)、码头(仓库)、取弃土场等临时工程设置(包括标准、规模、能力等)方案,并明确工程数量和设备配置情况,相应的环保措施以及复绿、复垦方案。

(2)施工供水、供电等方案。

(三) 主要工程施工方案

(1)结合工程内容,分专业制定施工技术方案。

(2)施工技术方案应包括工程概况、工期安排、施工方法、施工顺序和作业空间规划、物资设备配置、劳动力配置及作业组织方式,关键工序施工工艺及质量控制,施工难点和其他应注意的问题等。

(3)控制工期的桥梁工程,根据施工条件进行施工单元划分,深水桥梁应按照水中墩位的分布逐墩明确施工方案、分析进度指标,并说明主要施工风险及拟采取的相关施工技术措施、应急预案;特殊结构桥要明确桩基、墩柱及上部结构进度指标、设备配置、施工方案、质量安全控制要点。

(4)控制工期的隧道工程,应结合工程规模及地质条件,说明辅助坑道设置情况、施工工区及任务划分、各施工区段围岩分类及长度、主要施工方案和工艺方法、施工辅助措施、施工进度指标等,相关内容尽可能采用图表结合方式表示;不良地质或特殊地质地段,应重点说明地质情况、施工风险情况、施工方法选择。

(四) 资源配置

(1)应根据施工部署原则、主要工程量及总进度计划进行资源配置,包括主要工程材料设备采购供应方案、分年度主要材料设备计划、关键施工装备数量及进场计划、劳动力计划、资金使用计划等。

(2)劳动力配置计划应包括各施工阶段的总用工量,各施工阶段的劳动力配置计划等。

(3)材料配置计划应包括主要工程材料、主要周转性材料配置计划。

(4)设备配置计划应包括大型施工机械设备的配置计划、主要使用机具的配置计划,设备选择按照以下原则进行:

①应结合各单项工程工作条件、施工强度、施工方法进行设备配套选择,综合考虑流水作业施工和经济比选。

②适应工程所在地的施工条件和结构特点,符合设计要求,生产能力满足施工强度要求。

③设备通用性强,能持续使用。

④设备性能机动灵活、高效低耗、安全可靠,符合环境保护要求。

⑤购置及运行费用相对经济,便于维修保养,易损配件易于获得。

(五)施工总平面图

施工总平面图是根据施工过程空间组织的原则,对施工过程所需的工艺路线、施工设备、原材料堆放、动力供应、场内运输、半成品生产、仓库、料场、生活设施等进行空间的科学规划与设计,并以平面图的形式表达的具体成果。

1.施工总平面图的布置原则

布置施工场地总平面图应遵循有利生产、方便生活、保护环境、安全可靠的原则,具体安排时应注意以下原则:

(1)在满足施工要求的条件下,尽可能紧凑布置,充分利用原有地形地物,保护环境,少占农田,以降低工程成本。

(2)充分考虑水文、地质、气象等自然条件的影响,尤其要认真考虑避免自然灾害(如洪水、泥石流)的措施,确保施工安全。

(3)施工区、辅助生产区、生活区应合理划分和布局,从所采用的施工手段和施工方法出发,既要考虑有利于指挥和管理施工、满足工艺流程的需要,又要避免相互干扰,方便职工生活。

(4)施工作业场地的布置应最大限度地缩短工地内的运输距离,尽量减少物资的运输量和起重量,减少二次搬运和运输距离,尽量减少临时工程。

(5)必须符合劳动保护、安全生产与文明施工的要求,要有防洪、消防、防盗的设施。

2.施工平面图的布置依据

(1)工程平面图。

(2)施工任务划分、施工进度计划与主要施工方案。

(3)各种材料、半成品的供应计划与运输方式。

(4)各种临时设施的性质、形式、面积与尺寸。

(5)各加工、预制场地规模与设备数量。

(6)设计图纸;水源、电源资料。

(7)其他有关资料。

3. 施工平面布置图内容

(1)拟建项目主要工程信息。包括路线及里程;大中桥、隧道、集中土石方、交叉口、特殊路基等重点工程的位置;公路养护、运营管理使用的永久性建筑,如道班房、加油站、高速公路的收费站、服务区等。

(2)为工程施工服务的临时设施及其位置。如采石场、采砂场、便道、便桥、仓库、码头、沥青拌和基地、生活用房等。

(3)施工管理机构及施工任务划分情况。如施工项目驻地、施工区域划分、现场作业人员驻地等。

(4)工地附近与施工有关的永久性建筑设施。如已有公路、铁路、车站、码头、居民点、地方政府所在地等。

(5)重要地形、地物。如河流、山峰、文物及自然保护区、高压铁塔、重要通信线等。

(6)其他与施工有关的内容。如地质不良路段、国家测量标志、气象台、水文站、变电站、防洪、防水、安全设施等。目前多采用按路线实际走向绘制总平面图,绘图比例一般为 1∶5000 或 1∶2000。

4. 其他要求

高速公路、特大桥梁、长大隧道等大型工程项目,施工年限一般都较长,施工管理工作量大,与主体工程施工配套的附属企业众多,为使施工在整体上协调进行,还应绘制其他局部平面图,这类平面图主要有:

(1)沿线砂石料场平面布置图。

(2)大型附属企业平面布置图,如沥青混合料拌和基地、主要材料加工或制备厂、外购材料转运及储存场地等。

(3)主要施工管理机构的平面布置图。

(4)临时供水、供电、供热基地及管线分布平面图。

(5)大型仓储基地主要设施及物资存放布置图,局部平面图的内容和编制要求与施工场地布置图类似。

(六)保证措施

主要针对工期、安全、质量、环水保等管理目标制定相应保证措施,实时监控、动态调整,确保管理目标实现。

1. 工期保证措施

(1)工期目标。明确施工总工期,计划开工及交工时间。

(2)重难点及控制性工程进度保证措施。分析影响本项目工期主要因素,从技术、管理、投入等方面提出控制措施。

(3)特殊气候条件下拟采取的工程措施。结合南方地区气候特点,重点针对雨季、台风期等特殊气候条件下施工制定应对措施。

(4)工程进度滞后应急预案。分析可能导致工期延误的主要因素,并制定针对性应对措施。

2. 质量保证措施

(1) 质量管理目标。明确项目质量管理总体目标,提出交竣工验收拟达到的质量等级标准。

(2) 组织机构及保证体系。给出质量保证体系框图,明确质量管理组织架构、管理流程、职责分工,以及质量管理的相关制度安排。

(3) 重难点工程质量控制措施。分析工程质量控制的重点和难点,从技术、管理等方面提出相应的控制措施。

(4) 质量事故处理措施。明确质量事故报告、处置程序及管理要求。

3. 安全保证措施

(1) 安全管理目标。明确项目安全管理总体目标,阐明安全事故控制基本要求。

(2) 组织机构及安全管理体系。给出项目安全管理体系框图,明确项目安全管理组织机构、职责分工、管理程序。

(3) 施工安全风险管控措施。对施工过程中危险源进行辨识并建立清单,明确分级控制措施。根据施工安全风险评估结果,建立危险性较大工程清单,明确专项施工方案编制计划。

(4) 编制各项安全管理实施措施。编制各施工阶段安全培训、安全交底、安全投入清单及实施计划。

(5) 安全事故处理措施。明确安全事故报告、处置程序及应急管理相关要求。

4. 环保、水保及文明施工管理措施

(1) 环保、水保及文明施工目标。明确项目环保、水保及文明施工管理总体目标,工作原则与基本要求。

(2) 组织机构及管理体系。明确项目管理机构、人员职责、管理程序。

(3) 管理措施。明确不同施工阶段环保、水保及文明施工管理要点,并制定相应的管理措施。

(七) 应急预案

(1) 组织机构及应急管理体系。明确项目应急管理组织机构、人员职责、管理流程。

(2) 应急事项清单。根据项目施工内容,分析不同施工阶段潜在的事故事件和紧急情况,建立应急事项清单,制定相应的应急措施。

(3) 应急演练计划。根据应急事项清单,做出不同施工阶段应急演练计划安排。

第四节 施工方案的组成及编制要点

一、组成

1. 工程概况

(1) 工程内容及特点。

(2) 水文地质特点及气候特征。

(3) 工程施工重、难点分析。

2. 施工部署与安排

(1)施工管理机构设置

明确施工管理机构组织体系、人员及职责分工。

(2)施工任务及施工计划要求

①明确总体施工组织设计对分部分项工程的工期、质量、安全、环保、水保等方面的目标及要求。

②明确施工任务、流水节拍及施工阶段划分。

③明确分部分项施工计划安排。

3. 资源配置

(1)明确施工机具、物资、劳动力及资金等资源配置供给计划。

(2)明确技术、现场、材料设备、试验检验工作等施工准备工作。

二、施工方法及工艺

1. 编制范围

(1)施工方案编制要按照现行《公路工程质量检验评定标准 第一册 土建工程》(JTG F80/1)中单位、分部、分项工程划分中的分项工程为主要编制对象。

(2)需编制专项施工方案的危险性较大工程及专项施工方案需要经过专家论证的超过一定规模的危险性较大工程范围,见表2-1。

危险性较大和超过一定规模危险性较大工程范围 表2-1

序号	类别	需编制专项施工方案的危险性较大工程	需组织专家论证的超过一定规模的危险性较大工程
1	基坑开挖、支护、降水工程	(1)开挖深度不小于3m的基坑(槽)开挖、支护、降水工程。 (2)深度3m以下但地质条件和周边环境复杂的基坑(槽)开挖、支护、降水工程	(1)深度不小于5m的基坑(槽)的土(石)方开挖、支护、降水。 (2)开挖深度虽小于5m,但地质条件、周围环境和地下管线复杂,或影响毗邻建(构)筑物安全,或存在有毒有害气体分布的基坑(槽)的开挖、支护、降水工程
2	滑坡处理和填、挖方路基工程	(1)滑坡处理。 (2)边坡高度大于20m的路堤或地面斜坡坡率陡于1:2.5的路堤,或不良地质地段、特殊岩土地段的路堤。 (3)土质挖方边坡高度大于20m,岩挖方边坡高度大于30m,或不良地质、特殊岩土地段的挖方边坡	(1)中型及以上滑坡体处理。 (2)边坡高度大于20m的路堤或地面斜坡坡率陡于1:2.5的路堤,且处于不良地质地段、特殊岩土地段的路堤。 (3)土质挖方边坡高度大于20m,岩质挖方边坡高度大于30m且处于不良地质、特殊岩土地段的挖方边坡
3	基础工程	(1)桩基础。 (2)挡土墙基础。 (3)沉井等深水基础	(1)深度不小于15m的人工挖孔桩或开挖深度不超过15m,但地质条件复杂或存在有毒有害气体分布的人工挖孔桩工程。 (2)平均高度不小于6m且面积不小于1 200m² 的砌体挡土墙的基础。 (3)水深不小于20m的各类深水基础

续上表

序号	类别	需编制专项施工方案的危险性较大工程	需组织专家论证的超过一定规模的危险性较大工程
4	大型临时工程	(1)围堰工程。 (2)各类工具式模板工程。 (3)支架高度不小于5m,跨度不小于10m,施工总荷载不小于10kN/m²;集中线荷载不小于15kN/m。 (4)搭设高度24m及以上的落地式钢管脚手架工程;附着式整体和分片提升脚手架工程;悬挑式脚手架工程;吊篮脚手架工程;自制卸料平台、移动操作平台工程;新型及异性脚手架工程。 (5)挂篮。 (6)便桥、临时码头。 (7)水上作业平台	(1)水深不小于10m的围堰工程。 (2)高度不小于40m墩柱、高度不小于100m的索塔的滑模、爬模、翻模工程。 (3)支架高度不小于8m;跨度不小18m,施工总荷载不小于15kN/m²;集中线荷载不小于20kN/m。 (4)用于钢结构安装等满堂承重支撑体系,承受单点集中荷载7kN以上。 (5)50m以上落地式钢管脚手架工程。 (6)提升高度在150m及以上的附着式升降脚手架工程或附着式升降操作平台工程。 (7)分段架体搭设高度在20m及以上的悬挑式脚手架工程。 (8)猫道、移动模架。 (9)栈桥、码头、平台
5	桥涵工程	(1)桥梁工程中的梁、拱、柱等构件施工。 (2)打桩船作业。 (3)施工船作业。 (4)边通航边施工作业。 (5)水下工程中的水下焊机、混凝土浇筑等。 (6)顶进工程。 (7)上跨或下穿既有线、管线和建(构)筑物施工	(1)长度不小于40m的预制梁的运输与安装,钢箱梁吊装。 (2)跨度不小于150m的钢管拱安装施工。 (3)高度不小于40m的墩柱、高度不小于100m的索塔等的施工。 (4)跨径超过200m或最大块重超过250t悬浇、悬拼施工工程。 (5)离岸无掩护条件下的桩基施工。 (6)开敞式水域大型预制构件的运输与吊装作业。 (7)在三级及以上通航条件等级的航道上进行的水上水下施工。 (8)转体、顶推、箱涵顶进施工。 (9)斜拉桥、悬索桥塔、索施工工程。 (10)跨高速公路、一级公路、铁路的跨线桥梁工程
6	隧道工程	(1)不良地质洞段。 (2)特殊地质洞段。 (3)浅埋、偏压及邻近建筑物等特殊环境条件隧道。 (4)Ⅳ级及以上软弱围岩地段的大跨度隧道。 (5)小净距隧道。 (6)瓦斯隧道。 (7)水下隧道。 (8)隧道穿越既有线、重要管线和建(构)筑物的。 (9)采用矿山法、盾构法、顶管法、桩基托换、冷冻法、帷幕注浆等工法施工的	(1)隧道穿越岩溶发育区、富水区、高风险断层、沙层、采空区等工程地质或水文地质条件复杂地质环境;Ⅴ级围岩连续长度占总隧道长度10%以上且连续长度超过100m;Ⅵ级围岩的隧道工程。 (2)软岩地区的高地应力区、膨胀岩、黄土、冻土等地段。 (3)埋深小于1倍跨度的浅埋地段;可能产生坍塌或滑坡的偏压地段;隧道上部存在需要保护的建(构)筑物地段;隧道下穿水库或河沟地段。 (4)Ⅵ级及以上软弱围岩地段跨度不小于18m的特大跨度隧道。 (5)连拱隧道;中夹岩柱小于1倍隧道开挖跨度的小净距隧道;长度大于100m的偏压棚洞。 (6)瓦斯隧道。 (7)水下隧道。 (8)采用矿山法、盾构法、顶管法、桩基托换、冷冻法、帷幕注浆等工法施工的。 (9)竖井、斜井、通风井等辅助坑道施工

续上表

序号	类别	需编制专项施工方案的危险性较大工程	需组织专家论证的超过一定规模的危险性较大工程
7	起重吊装工程	(1)采用非常规起重设备、方法,且单件起吊重量在10kN及以上的起重吊装工程。 (2)采用起重机械进行安装的工程。 (3)起重机械设备自身的安装、拆卸	(1)采用非常规起重设备、方法,且单件起吊重量在100kN及以上的起重吊装工程,2台及以上起吊同一吊物的起重吊装工程。 (2)起吊重量在300kN及以上的起重设备安装、运架、拆卸工程。
8	拆除、爆破工程	(1)桥梁、隧道拆除工程。 (2)爆破工程	(1)大桥及以上桥梁拆除工程。 (2)一级及以上公路隧道拆除工程。 (3)C级及以上爆破工程、水下爆破工程。 (4)火工品临时储存库达到临界量。 (5)桥梁换索、换墩工程。 (6)重要建(构)筑物影响范围内的工程
9	其他	(1)钢结构、网架和索膜结构安装工程。 (2)其他有必要编制专项施工方案的工程	

注:本表内容来自《公路水运危险性较大工程专项施工方案编制审查规程》(JT/T 1495—2024)。

2. 主要内容

(1)施工工艺流程图。

(2)施工操作方法,包括设备选型、施工准备、施工顺序、施工要点及相关注意事项、质量控制要点、质量检验程序、质量检验方法及验收标准。

(3)施工方案中涉及的主要材料及机具设备(如桥梁的模板、支架、挂篮,隧道的台车等)性能及要求。

(4)施工方案中需要专项设计及结构受力检算的内容要附设计方案、受力检算过程及计算依据,重要复杂的设计及检算需有资质的单位出具设计方案及结构检算说明书。

三、保证措施

1. 质量保证措施

(1)质量目标。明确工程质量目标及验收标准。

(2)组织管理体系。根据施工内容的难易或重要程度,合理确定质量管理体系、组织架构、管理流程、人员职责分工。

(3)重难点工程质量保证措施。分析工程质量控制的重点和难点,从技术、管理等方面提出相应的控制措施。

(4)质量通病防治措施。分析工程质量通病易发点,编制质量通病防治清单,制定相应防治措施。

2. 安全保证措施

(1)安全管理目标。明确安全管理目标,等级事故控制要求。

(2)安全管理体系。根据施工内容的难易程度及安全风险高低,合理确定分部分项工程安全管理体系、组织架构、管理流程、人员职责分工,利于安全管理责任的具体落实。

(3)风险源辨识及控制措施。根据施工内容,进行安全风险源辨识,针对可能发生的危害事件,制定相应控制措施,汇总形成风险源辨识及控制措施清单。

(4)安全管理措施。编制安全投入、安全教育、安全交底清单及实施计划,明确安全检查要点及实施要求。

(5)应急预案。根据工程内容及施工安全风险评估结果,必要时应编制专项应急预案及演练实施计划。

3.环保、水保及文明施工管理措施

(1)管理目标。明确环保、水保及文明施工管理目标及工作要求。

(2)组织机构及管理体系。明确项目管理机构、人员职责、管理程序。

(3)管理措施。编制环保、水保及文明施工管理要点清单,明确相应的管控措施。

(4)应急预案。根据工程施工对周边环境可能造成的影响,必要时应编制环保、水保应急预案及实施计划。

4.其他保证措施

根据工程内容及现场实际情况,可增加工期、文物保护、职业健康等保证措施。

一、判断题

(　)1.设计阶段施工组织设计对整个标段或特殊单位工程的施工过程起统筹规划和重点控制作用。

(　)2.公路施工组织设计的编制应依据施工时的具体条件,按照施工的客观规律进行编制。

(　)3.常规性的、简易工程不能简化施工组织设计方案编制内容。

(　)4.对受季节影响大的工程的施工,应避开不利的季节。

(　)5.针对工期、安全、质量、环水保等管理目标制定相应保证措施,实时监控、静态管理,确保管理目标实现。

二、填空题

1.公路施工组织设计包括_____、_____、_____等。

2.施工组织设计方案编制应以_____和_____为前提,以_____、_____和_____为目标,兼顾_____和_____,结合工程实际,对工程建设进行科学规划与组织。

3.实施性施工组织设计的组成与内容主要包括_____、_____、_____、_____、_____、_____。

4.公路施工管理目标主要包括_____、_____、_____、_____等。

三、简答题

1.简述公路施工组织设计的含义。

2.公路施工方案的确定原则是什么?

3.简述公路施工组织设计的编制原则。

4.公路工程施工管理的目标有哪些?

第三章 CHAPTER THREE
施工过程组织原理

第一节 公路施工过程的概念、要素和组织原则

一、公路施工过程的概念

施工过程就是生产建筑产品的过程,是由一系列相关联的施工生产活动所组成,是劳动者利用劳动工具作用于劳动对象的过程。为了更有效地组织施工生产,必须首先研究施工生产过程的内容,施工生产过程的内容是相互联系的劳动过程和自然过程的结合。公路施工过程有两方面的含义:①劳动过程,离不开人、材料、机械等;②自然过程,如水泥混凝土硬化养生过程,乳化沥青分裂过程等。

按施工过程的劳动性质及在基本建设中起的作用,可将施工过程划分为:

1. 施工准备过程

施工准备过程指建筑产品在投入生产前所进行的全部生产技术准备工作,如可行性研究、勘察设计、施工准备等。

2. 基本施工过程

基本施工过程指为完成产品而进行的生产活动即施工现场所发生的活动,如路基、路面、桥涵等的施工。

3. 辅助施工过程

辅助施工过程指为保证基本施工过程的正常进行所需的各种辅助生产活动,如机械设备维修、动力的生产、材料加工等。

4. 服务施工过程

服务施工过程指为基本施工过程和辅助施工过程服务的各种服务过程,如原材料、半成

品、机具、燃料等的供应与运输等。

二、公路施工过程的要素

组织公路工程施工，必须研究施工过程的最小要素，以适应施工组织、计划、管理等工作。

《公路工程基本建设项目概算预算编制办法》(JTG 3830—2018)将公路工程划分为：路基工程，路面工程，桥梁涵洞工程，交叉工程，隧道工程，交通工程及沿线设施，绿化及环境保护工程，临时工程，其他工程9个项目。每个项目又细分为若干个分部、分项工程。

公路施工过程是将上述分部、分项工程按结构顺序施工。为了更好地管理施工过程，使施工组织设计做得更科学、合理、详细，将施工过程依次划分如下。

1. 动作与操作

动作是指工人在劳动时一次完成的最基本的活动，如：筛分试验中的取筛子、向1号筛中放料等。

操作由若干个相互关联的动作组成，例如，消化生石灰这个操作是由"拿工具→走向化灰池→向池中放水→将生石灰投入池中→搅拌"等若干个相互关联的动作所组成。完成一个动作所耗用的时间长短与占用空间大小等，是制定劳动定额最重要的基础资料。

2. 工序

工序是指施工技术相同，在劳动组织上不可分割的施工过程，是一个工人或一组工人，在一个工作地上，对同一种劳动对象连续进行的施工生产活动，工序由若干个操作组成。工作地是工人们进行生产活动的场所，也叫施工现场。如，当劳动对象（石砌挡土墙）不动，而由若干个工人按顺序地对它进行施工生产活动，即挖基坑→砌基础→砌墙身，每一种生产活动就叫一道工序。再如，"现浇水泥混凝土基础"这一工程项目可分解成以下几道工序：挖基坑→安装钢筋→支模板→制备混合料→浇注混凝土→自然养生→拆除模板。从上述施工工艺流程看出，各工序由不同的工种或使用不同的机具依次地或平行地完成，工序在工人数量、施工地点、施工工具及材料等方面均不发生变化。如果上述因素中某个因素发生改变，就意味着从一道工序转入另一道工序。工序是《公路工程预算定额》(JTG/T 3832—2018)的最小子目。

3. 操作过程

操作过程是由几个在技术上相互关联的工序所组成的，可以相对独立完成某一分部、分项工程。

在施工组织设计时，我们一般把工序作为最小的施工过程要素。

三、公路施工过程的组织原则

影响施工过程组织的因素有很多，如施工地点、施工性质、建筑产品结构、材料、机械设备条件、自然条件等。施工过程的组织灵活多样，没有完全相同的模式。但是不管施工过程的组织怎样变化,为了降低工程成本,缩短施工工期,保证工程质量,都应遵守以下基本原则。

1. 施工过程的连续性

施工过程的连续性是指建筑产品施工过程的各阶段、各工序的进行,在时间上是紧密衔接的,不发生任何不合理的中断情况,即在施工过程中,劳动对象始终处于被加工、检验状态,或处于自然过程中(如水泥混凝土的硬化)。

保持和提高施工过程连续性,可以降低成本。施工过程的连续性要求凡是能平行进行的不同工序活动(在不同的施工段上),必须组织平行作业,平行性是连续性的必然要求(流水作业法即可体现这一特性)。施工过程的连续性,与施工技术水平有关,同时也与施工组织工作的水平有关。

2. 施工过程的协调性

施工过程的协调性(又称比例性)是指建筑产品的施工过程各阶段、各工序之间,在生产能力上要保持一定的比例关系,不发生脱节和比例失调的情况(如某专业队人数多,生产能力强,造成产品过剩;而另一专业队人数少,生产能力较差,产品供应跟不上,这就属于比例失调,施工过程中应当避免)。协调性在很大程度上取决于施工组织设计的正确性。在施工过程中,由于材料原因(如品种变化、货源改变等),采用新工艺、自然因素的变化等的影响,都会使实际生产能力发生变化,造成产品比例失调。因此,施工组织工作必须根据变化的情况,采取措施,及时调整各种比例关系,保证施工过程的协调性。协调性是保证施工生产顺利进行的前提,使施工生产过程中人力和设备得到充分利用,避免产品在各个施工阶段和工序之间的停顿、等待,从而缩短施工工期,施工生产过程的协调性在很大程度上取决于施工组织设计的正确性。

3. 施工过程的均衡性

施工过程的均衡性(又称节奏性)是指施工过程的各个环节,都要按照施工计划的要求,在一定时间内,生产出相等或递增数量的产品,使各生产班组或设备的任务量保持相对稳定(即各施工段劳动量大致相等),不发生时松时紧现象(即使用同一种材料、机械或半成品的项目不要安排在同一时间施工)。均衡性能充分利用工时,有利于保证生产质量、降低成本,有利于劳动力和机械设备的调配。实现生产的均衡性,必须保持生产的比例性,加强计划管理,强化生产指挥系统,做好施工技术和物资准备。

4. 施工过程的经济性

施工过程的经济性是指施工过程除了满足技术要求外,必须讲求经济效益,要用最小的劳动消耗尽量取得较大的生产成果。上述连续性、协调性和均衡性最终都要通过经济效果集中反映出来。

通过以上几点可以看出:连续性、协调性和均衡性是相互制约的、有关联的;施工组织过程中,连续性、协调性和均衡性使用得好,施工过程的经济性自然就能保证。

第二节 公路施工过程的时间组织

施工组织设计包括两方面:①施工过程时间组织;②施工过程空间组织。本章主要介绍公路施工过程时间组织,第五章介绍公路施工过程空间组织。

一、公路施工过程时间组织的类型

在施工过程中,把施工对象(工程项目)人为地划分成若干段(有些是自然形成的),这些段就叫施工段。

公路施工过程时间组织类型主要有以下三种。

1. 单施工段多工序型

单施工段多工序型是指施工任务不能划分或不需要划分为若干施工段,而只有一个施工段,在这单一的施工段中含有多道工序的施工过程。如,一道独立的小涵洞,无法划分施工段,却有多道工序。

2. 多施工段多工序型

多施工段多工序型是指施工任务可以划分为多个施工段,每个施工段又含有多道工序的施工过程。如,一条路线,每 1~2km 可作为一个施工段,每个施工段有若干道相似的工序。

3. 混合型

混合型是指在一个施工任务中,既含有单施工段多工序型,又含有多施工段多工序型。如,一条路线中,只有一座小桥,路线可划分为若干个施工段,一座小桥可单独作为一个施工段。

二、公路施工过程中生产力的组织

进行施工生产离不开生产力和施工现场,为了确保工程质量和工程进度,生产力的科学、合理组织至关重要。生产力组织不合理将会导致施工生产不连续、不协调、不均衡,造成资金浪费,延误工期。

1. 按工艺要求组织生产力

按工艺要求组织生产力是专业化施工组织,根据公路建筑产品的特点,划分施工段和工序,每一道工序按工艺要求组织一个专业队,如试验组、运输组、木工组、钢筋组、模板组、混凝土组、爆破组等。在这些专业组里,集中着同工种的工人和同工种所需的各种工具、机具和设备,对工程项目的各组成部分或其他有关工程项目进行同类工艺的施工。这种组织的特点是:能充分发挥技术、机具和设备的潜力,便于专业化技术管理,可以组织流水作业,有利于采用新工艺、新材料,有利于保证工程质量和提高劳动生产率,但是各专业组之间需要协作配合。

2. 按施工对象组织生产力

按施工对象组织生产力,是按照公路建筑产品的不同(形式不同、施工工艺差距大)及原有地形、地质、地貌的不同分别组织施工生产单位,如桥梁施工队、集中石方工程队、集中土方工程队、小桥涵施工队、防护工程施工队、路面施工队、软土地基处治施工队等。在这些专业化施工队里,集中着为生产某种产品所需的各种工具、机具、设备和工种。这种组织有利于采用先进的施工方法和技术革新,有利于保证工程质量,便于施工现场管理。

在实际工程中,原则上先考虑按施工对象组织生产力,然后再根据各施工对象特点划分施工段和工序,根据各施工段工程量大小和工艺要求再一次组织生产力。

三、公路施工过程时间组织的表示方法

时间组织成果是指导施工生产的依据,是进行劳动力安排、机具和机械设备调度的参考,是材料品种选择、确定材料数量和运输时间的依据,是施工场地空间组织的重要参考。考虑这些因素并满足简单实用、直观方便的要求,最终使用一种含有大量相关数据、各种信息的图表方式表示出来,这就是工程施工计划进度图。目前,公路工程施工过程时间组织所采用的"工程施工计划进度图"主要有如下几种。

(1)横道式工程施工进度图,又称横道图或甘特图。
(2)垂直坐标式工程施工进度图,又称斜线图或垂直图。
(3)网络图形式的工程施工进度图。公路工程常采用双代号网络图和单代号网络图。

上述几种表示公路工程施工过程时间组织的"工程施工计划进度图",有关它们的编制方法、应用和特点等,将在第五章介绍。

四、公路施工过程时间组织的基本作业方法

公路工程是线形分布的工程,具有固定性、分散性等特点。在施工组织方面,就公路工程总体而言,其施工组织具有集中与线形分布的双重性,且多属于多工段多工序型生产组织类型。因此,施工过程时间组织是通过作业班组,在施工对象间进行作业的运动方式来表现的。在公路施工过程中,公路施工的时间组织有三种基本作业方法:顺序作业法、平行作业法、流水作业法(其概念见例3-1)。在进行公路施工组织设计时,这三种作业方法既可以单独运用,也可以综合运用;顺序作业法、平行作业法、流水作业法及其综合运用既可以用横道图表示,也可以用网络图表示。两种图示方法可以互换(在第四章将简单介绍其转化方法)。下面举例讲解三种基本作业方法(本章仅介绍横道图,网络计划法在第四章介绍)。

例3-1:4座小涵洞的施工任务(假定4座小涵洞的劳动量相等,施工条件、技术配备、工程数量等完全相同)。

分析:4座小涵洞自然形成了4个施工段,可把每一个施工段划分成3道工序,即:基础、洞身、洞口。可以采用下面3种基本作业方法完成该施工任务。

1. 顺序作业法

当施工任务含有若干个施工段时(人为划分或自然形成),由同一班组工人,完成一个施工段后,再去接着完成另一个施工段,依次按顺序进行,直至完成全部施工段的作业方法,见图3-1。

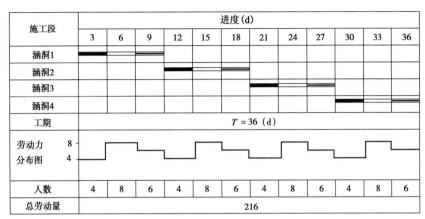

图 3-1 顺序作业法

由图3-1可以看出,顺序作业法完成 m 个施工任务所需的总施工时间 T 为:完成一个任务所需时间 t 的 m 倍,即:$T = mt$(本例 $T = 4 \times 9d = 36d$)。

顺序作业法有以下特点:

(1)不能充分利用工作面去争取时间,所以工期长。

(2)施工队不能实行专业化施工,不利于提高工程质量和劳动生产率;机械设备不能充分利用。

(3)劳动力需要量波动大。

(4)单位时间内需要投入施工现场的资源数量较少,有利于资源供应的组织工作。

(5)因为只有一个施工队在施工,所以施工现场的组织管理工作比较简单。

由此可见,顺序作业法适用于工期要求不严的小型项目。

2. 平行作业法

平行作业法是当施工任务含有若干个施工段时,各个施工段同时开工,平行生产,同时完工的一种作业方法。即施工任务含有多少个施工段,就相应地组织多少个施工队,见图3-2。

由图3-2可以看出,用平行作业法组织生产,完成 m 个施工任务所需的总施工时间 T 等于完成一个任务所需的时间 t,即:$T = t$(本例 $T = 9d$)。

平行作业法有以下特点:

(1)充分利用了工作面,缩短了工期。

(2)施工队不能实行专业化施工,不利于提高工程质量和劳动生产率。

(3)协调性、均衡性差,劳动力需要量出现高峰。

(4)单位时间内需要投入施工现场的资源成倍增长,给材料供应、机械设备调度等带来困难。

（5）因为施工队多，人员集中，所以，施工现场的组织管理工作复杂。

由此可见，只有当施工任务十分紧迫，工期紧张，工作面允许及资源充分，能保证供应的条件下，才能使用这种作业方法。

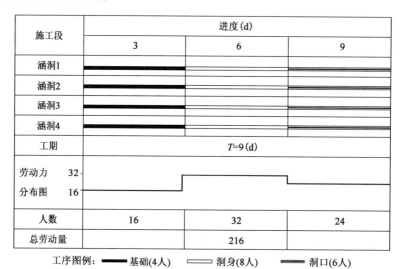

图 3-2　平行作业法

3. 流水作业法

当施工任务含有若干个施工段时，其各个施工段相隔一定时间依次投入施工生产，相同的工序依次进行，不同的工序则平行进行的一种作业方法，见图 3-3。

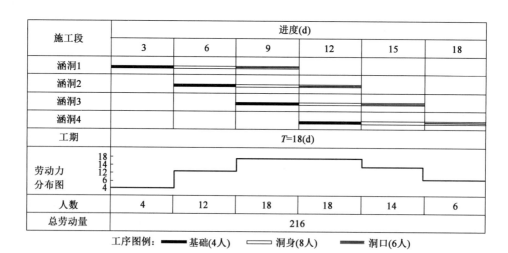

图 3-3　流水作业法

由图 3-3 可以看出，流水作业法完成 m 个施工任务所需的总施工时间 T，比顺序作业法短，比平行作业法长。本例 $T = 18d$。

通过比较可以看出，流水作业法消除了以上两种作业法的缺点，其特点是：

(1) 由于流水作业法科学地利用工作面，所以总工期比较合理。

(2) 施工队采用专业化施工，可使工人的操作技术水平因熟练而不断提高，为进行技术改造、革新创造了条件，更能保证工程质量，同时获得更高的劳动生产率。

(3) 专业施工队实行连续作业，相邻专业施工队之间搭接紧凑，体现了施工的连续性。

(4) 单位时间内需要投入施工现场的资源数量较为均衡，有利于资源供应的组织工作。

(5) 施工有节奏，为文明施工和进行施工现场的科学管理创造了条件，采用流水作业法组织施工，施工段的数量和工作面的大小必须满足一定的要求，流水作业法才能更好地发挥它的优越性。

以上是假定在施工条件、技术水平、工程数量等完全相同的条件下，仅就3种施工组织方法的施工工期和劳动力需要量进行比较，而实际工程中的情况要复杂得多。在此，主要是为了说明这3种施工组织方法的基本概念。

第三节　流水作业法的原理

一、流水作业法的组织

通过对顺序作业法、平行作业法、流水作业法的比较可知，流水作业法是一种比较科学的施工组织方法，它建立在合理分工、紧密协作和大批量生产的基础上。在公路工程施工过程中，将建筑产品施工的各道工序分配给不同的专业队依次去完成，每个专业队沿着一定的方向移动，在不同的时间相继对各个施工任务(施工段)进行相同的施工，由此形成专业队、施工机械和材料供应的移动路线，称为流水线。公路工程施工现场规模较大，可容纳各种不同专业的工人、施工机具，在不同的位置进行施工生产，即将施工对象划分为若干个施工段，以流水形式组织施工作业，使整个施工过程始终连续、均衡、有节奏。公路工程施工任务不论是分部、分项工程，还是基本建设项目，都可以组织流水作业，即小到一道工序大到一个基本建设项目，都可以按流水作业法组织施工。

组织流水作业的基本方法如下：

1. 划分施工段

划分施工段就是把劳动对象(工程项目)按自然形成或人为地划分成劳动量大致相等的若干段。如一个标段上有若干道小涵洞，可以把每一个小涵洞看作是一个施工段，这就自然形成了若干施工段。如果把一个标段的路线工程部分，每公里划分成一段，就属于人为地把劳动对象划分成了若干施工段。

2. 划分工序

划分工序就是把劳动对象(工程项目)的施工过程划分成若干道工序或操作过程，每道工序或操作过程分别按工艺原则建立专业班组，即有几道工序，原则上就应该有几个专业施工队。

3. 确定施工顺序

确定施工顺序就是各个专业班组按照一定的施工顺序,依次、连续地由一个施工段转移到下一个施工段,不断地完成同类施工。如路线的施工顺序是:施工准备、施工放样、路基、路面等。各专业班组按照这样一个施工顺序,由一个施工段转移到下一个施工段,直至完成全部工程。

4. 估算流水时间

施工单位根据能达到的生产力水平和流水强度,确定流水节拍和流水步距。

5. 施工过程的时间组织

为了缩短工期,提高经济效益,减少施工工人和施工机械不必要的闲置时间,本施工段上各相邻工序之间或本工序在相邻施工段之间进行作业的时间,应尽可能地相互衔接起来,即施工段之间、工序之间尽可能连续。

例 3-2:有 5 道涵洞,对其基础施工采用流水作业法。

分析:①5 道涵洞,自然形成 5 个施工段;②将基础施工分成 3 道工序:施工放样、挖基坑、砌基础;③分别组成 3 个专业施工队,即施工放样 3 人、挖基坑 4 人、砌基础 8 人;④施工顺序是:施工放样→挖基坑→砌基础。具体时间组织成果见图 3-4。

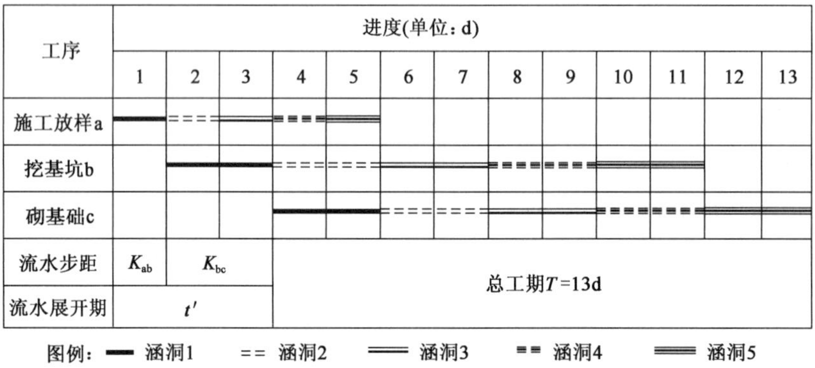

图 3-4 流水作业施工进度图

由图 3-4 可见,当涵洞 1 的施工放样工序完成后,同时,涵洞 2 的施工放样和涵洞 1 的挖基坑作业平行地进行施工;依此进行下去,形成流水作业。

二、流水作业法的主要参数

用流水作业法组织施工时,施工过程的连续性、均衡性和协调性取决于一系列参数的确定,以及它们之间的相互联系,反映这些关系的参数称为流水参数。一般把流水作业法的参数分为空间参数、工艺参数和时间参数。

(一) 空间参数

执行任何一项施工任务,都要占用一定范围的空间。在组织流水作业时,用工作面、施工段数这两个参数表达流水作业在空间布置上所处的状态,这些参数称为空间参数。

1. 工作面

某一专业工种的工人或某种型号的机械在进行施工操作时所必须具备的活动空间称为工作面。

工作面的大小决定了最多能安置多少工人和布置多少台机械操作。它反映空间组织的合理性。工作面的布置以最大限度发挥工人和机械的效力为目的,并遵守安全技术和施工技术规范的规定。

2. 施工段数 m

施工段的概念前面已经讲过,那么,为什么要划分施工段呢?划分施工段时应注意什么呢?
划分施工段的目的:

(1) 多创造工作面,为下道工序尽早开工创造条件。

(2) 不同的工序(不同工种的专业施工队)在不同的工作面上平行作业。只有划分施工段,才能展开流水作业。

划分施工段应注意以下几点:

(1) 人为划分施工段时,要使各施工段劳动量大致相等,相差以不超过15%为宜。

(2) 施工段的划分,应考虑施工规模、资源供应等,通常以主导工序的组织为依据。

(3) 施工段的划分,应考虑施工对象的结构整体完整性。如大型人工构造物以伸缩缝、沉降缝为界分段,一般的工程结构应在受力最小而又不影响结构外观的位置分段。

(4) 施工段的划分,要考虑各作业班组均有合适的工作面。过小,将不能充分发挥人、机械的作用;过大,则会影响工期。

(二) 工艺参数

任何一项施工任务的施工,都由若干不同种类和特性的工序(施工过程)组成,每一道工序都有其特定的施工工艺。在组织流水作业时,用工序(施工过程)和流水强度这两个参数来表达流水作业施工工艺开展顺序及特征,这些参数称为工艺参数。

1. 工序数 n

根据具体情况,把一个工程项目(分部工程)划分为若干道具有独自施工工艺特点的个别施工过程,称作工序。如桥梁钻孔灌注桩工程可分为埋护筒、钻孔、浇注混凝土等;预制混凝土构件可分为钢筋组、木工组、支模板组、试验组、混凝土拌和站、混凝土运输、混凝土浇注、混凝土振捣。工序数常用 n 来表示。每一道工序由一个专业班组来承担施工。

工序数要根据构造物的复杂程度和施工方法来确定,划分工序时,应注意以下问题:

(1) 工序划分的粗细程度,应以流水作业进度计划的性质为依据。对于实施性的流水作业进度计划,应划分得细一些,可划分到分项工程。对于控制性的进度计划,应划分得粗一些,可以是单位工程,甚至是单项工程。

(2)结合所选择的施工方案划分工序。如钢筋混凝土结构的现场浇注与预制安装,沥青混凝土路面的机械摊铺施工与人工摊铺施工,两者划分施工工序的差异是很大的。

(3)划分工序应重点突出,抓住主要工序,不宜太细,使流水作业进度计划简明扼要。如路面工程可以划分为底基层、基层、面层工序。

(4)一个流水作业进度计划内的所有工序应按施工先后顺序排列,所采用的工序名称应与现行定额的项目名称一致。

2.流水强度 v

流水强度又称流水能力或生产能力,每一工序(专业班组)在单位时间内所完成的工程量(如瓦工组在每工作班砌筑的圬工体积数值)称流水强度。流水强度越大,专业队应配备的机械、需用的人工及材料等也就越多,工作面相应增大,施工期限将会缩短。流水强度按下列公式计算:

(1)机械施工时的工序流水强度按式(3-1)计算:

$$v_i = \sum_{i=1}^{x} R_i C_i \tag{3-1}$$

式中:v_i——工序 i 的机械作业流水强度;

R_i——某种施工机械台数;

C_i——该种施工机械的台班产量定额(时间定额的倒数),是该种机械在单位时间内完成合格产品的数量;

x——投入同一工序的主导施工机械种类。

(2)人工操作时的工序流水强度按式(3-2)计算:

$$v_i = R_i C_i \tag{3-2}$$

式中:v_i——工序 i 的人工作业流水强度;

R_i——每一专业班组人数;

C_i——产量定额(时间定额的倒数),平均每一个工人每班产量。

(三)时间参数

每一工序(施工过程)的完成,都要消耗时间。在组织流水作业时,用流水节拍、流水步距、流水展开期、技术间歇时间、组织间歇时间这5个参数来表达流水作业在时间排列上所处的状态。这些参数称为时间参数。

1.流水节拍 t_i

流水节拍 t_i 是指一道工序(作业班组)在一个施工段上的持续时间。如图3-4中,施工放样工序在各施工段上的流水节拍都等于1d,挖基坑工序在各施工段上的流水节拍都等于2d。

当施工段数目确定后,流水节拍的长短,影响总工期。影响流水节拍长短的因素有:施工方案、施工段的工程数量、专业施工队的人数、机械台数、每天的作业班次等。

从理论上讲,流水节拍越短越好。但是实际上,由于工作面的限制,流水节拍 t_i 有一个界限。流水节拍 t_i 有以下几种计算方法:

(1)定额法。在实际工程中,根据实有工人和机械数量按式(3-3)确定流水节拍 t_i:

$$t_i = \frac{Q_i S}{Rn} \qquad (3\text{-}3)$$

式中:t_i——流水节拍;
　　Q_i——某施工段的工程数量;
　　S——某工序的时间定额;
　　R——施工人数或机械台数;
　　n——作业班组数,即 1 班、2 班、3 班。

(2)工期反算法。如果施工任务紧迫,必须在规定日期内完成施工任务,可采用倒排进度的方法求流水节拍。首先根据要求的总工期 T 倒排进度,确定某一工序(施工过程)的施工作业总持续时间 T_i,再根据施工段数 m 反求流水节拍 t_i:

$$t_i = \frac{T_i}{m} \qquad (3\text{-}4)$$

然后检查反求的流水节拍 t_i 是否大于最小流水节拍 $t_{\min}$,如果不满足,可通过调整施工段数和专业队人数及作业班次,再综合考虑其他因素,然后重新确定。$t_{\min}$ 的计算公式为:

$$t_{\min} = \frac{A_{\min} Q_i S}{A} \qquad (3\text{-}5)$$

式中:$A_{\min}$——每个人或每台机械所需的最小工作面;
　　A——一个施工段实际具有的工作面数值;
　　Q_i——某施工段的工程数量;
　　S——某工序的时间定额。

2. 流水步距 K

流水步距指两相邻不同工序(专业班组)相继投入同一施工段开始工作的时间间隔,即开始时间之差,通常用 K 表示。在图 3-4 中,施工放样专业队第一天开始作业,挖基坑专业队从第二天开始作业,则这两支专业队之间的流水步距 $K=1$。

流水步距 K 的大小,对总工期有很大影响。在施工段数目和流水节拍确定的条件下,流水步距越大,则总工期就越长;反之,则相反。确定流水步距时,在考虑正确的施工顺序、合理的技术间歇、适当的工作面和施工的均衡性的同时,一般还应遵循以下原则:

(1)采用最小的流水步距,即相邻两工序在开工时间上最大限度地、合理地连接,以缩短工期。

(2)流水步距要能满足相邻两工序在施工顺序上相互制约的关系。

(3)尽量保证各施工专业队都能连续作业。

(4)确定流水步距要保证工程质量,满足安全施工的要求。

3. 流水展开期

从第一个施工专业队开始作业起,到最后一个施工专业队开始作业止,其时间间隔称为流水展开期,用 t' 表示。流水展开期之后,全部施工专业队都进入流水作业(当 $m>n$ 时),每天的资源需要保持总量不变,各专业队每天完成相应的工作量,则认为流水作业阶段连续、均衡而紧凑。由图3-4可见,流水展开期t'的数值等于各流水步距K值之和。

4. 技术间歇时间

在组织流水作业时,不仅要考虑专业队之间的协调配合、施工质量、施工安全等,有时还要根据材料特点和工艺要求,考虑合理的工艺等待时间,然后下一专业队才能进入施工。这个等待时间称为技术间歇时间,如混凝土的凝结硬化、油漆的干燥等。

5. 组织间歇时间

在流水作业中,由于施工技术或施工组织的原因,造成流水步距以外增加的间歇时间叫组织间歇时间。如施工进行中的检查、校正,施工人员和机械的转移等需用的时间都是组织间歇时间。

三、流水作业法的分类及总工期

由于工程构造物的复杂程度不同,受地理环境影响不同,以及工程性质各异等因素的影响,造成了流水参数的差异,使流水施工作业分为有节拍流水作业和无节拍流水作业。其中,有节拍流水又分为全等节拍流水、成倍节拍流水和分别流水。

(一)有节拍流水作业

1. 全等节拍流水

(1)定义

在组织流水作业时,如果所有工序(施工过程)在各个施工段上的流水节拍彼此相等,这种组织方式的流水作业称为全等节拍流水。

(2)特点

①流水节拍彼此相等,流水步距彼此相等,而且两者的数值也相等,即$t_i = k =$ 常数,这也是组织全等节拍流水作业的条件。

②按每一道工序各组织一个施工专业队,即施工专业队的数目等于工序数n。

③每个施工专业队都能连续作业,施工段没有空闲,实现了连续、均衡而又紧凑的施工,是一种理想的组织方式。但是实际工程中,这种情况并不多见。

(3)总工期计算

由图3-5可知,流水展开期t'为各施工专业队(即工序)之间的流水步距K值之和。因此,施工专业队(即工序)数为n时,流水步距必然只有$(n-1)$个,则:

$$t' = (n - 1)K \tag{3-6}$$

最后一个施工专业队(即工序)应在每个施工段上依次作业,它的全部作业时间t应为:

$$t = mt_i \tag{3-7}$$

式中:m——施工段数;

t_i——流水节拍。

流水作业的总工期T等于t'与t之和,即:

$$T = t' + t \tag{3-8}$$

也即
$$T = (n-1)K + mt_i = (m+n-1)K \tag{3-9}$$

式中各符号意义同前。

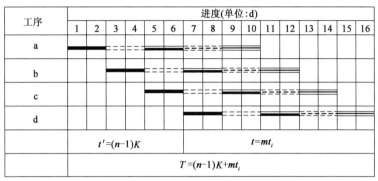

a)横道图

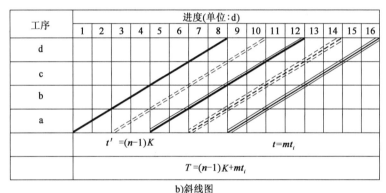

b)斜线图

图 3-5 全等节拍流水施工进度图

2. 成倍节拍流水

(1)定义

相同工序的流水节拍在所有施工段上都相等,不同工序的流水节拍彼此不相等,但互为整数倍数关系(1 除外)。

(2)特点

①同一工序在各个施工段上的流水节拍彼此相等,不同工序在同一施工段上的流水节拍彼此不相等,但互为整数倍数关系,这也是组织成倍节拍流水作业的条件。

②施工专业队的数目大于工序数。

③各施工专业队都能保持连续施工,施工段没有空闲,整个施工过程是连续的、均衡的,各施工专业队按自己的节奏施工。

(3)成倍节拍流水施工组织

如果仍按全等节拍流水组织施工,则会造成专业队窝工或作业面间歇,从而导致总工期延长。为了使各专业队仍能连续、均衡地依次在各施工段上施工,应按成倍节拍流水组织施工。其步骤如下:

①求各工序的流水节拍的最大公约数 K_k。与原流水步距 K 意义不同,K_k 是作为按成倍流水节拍组织流水作业的一个参数,是各道工序都共同遵守的"公共流水步距"。

②求各工序的施工专业队数目 B_i。每道工序的流水节拍 t_i 是 K_k 的几倍,就相应安排几个施工专业队,即,施工专业队数目:$B_i = t_i/K_k$。同一道工序的各个施工专业队就依次相隔 K_k 天投入流水作业施工,这样才能保证均衡、连续地施工。

③将施工专业队数目的总和 $\sum B_i$ 看作是"总工序数 n",将 K_k 看作是"流水步距",然后,按全等节拍流水作业安排施工进度。

④计算总工期 T。将 $n = \sum B_i$,$K_k = K$ 代入式(3-9)得:

$$T = (m + n - 1)K = (m + \sum B_i - 1)K_k \tag{3-10}$$

例 3-3:图 3-6 是一个成倍节拍流水作业图,共有 7 个施工段(A、B、C、D、E、F、G),每个施工段有 3 道工序(a、b、c),a 工序(专业队)在各个施工段上的流水节拍 $t_a = 2$;b 工序在各个施工段上的流水节拍 $t_b = 6$;c 工序在各个施工段上的流水节拍 $t_c = 4$。

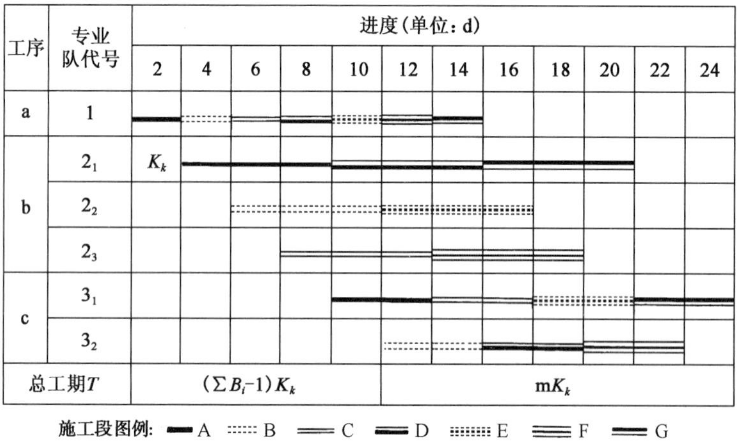

工序	专业队代号	进度(单位:d)											
		2	4	6	8	10	12	14	16	18	20	22	24
a	1												
b	2_1	K_k											
	2_2												
	2_3												
c	3_1												
	3_2												
总工期 T		($\sum B_i - 1$)K_k						mK_k					

施工段图例: ━ A ┅┅ B ═══ C ▬▬ D ┅┅┅ E ═══ F ▬▬▬ G

图 3-6 成倍节拍流水施工进度图

各工序的流水节拍的最大公约数 $K_k = 2$。由 $B_i = t_i/K_k$ 计算得:a 工序需要 1 个专业队;b 工序需要 3 个专业队;c 工序需要 2 个专业队。

该例 $m = 7$,$\sum B_i = 6$,$K_k = 2$,代入式(3-10)得:

$$T = (7 + 6 - 1) \times 2 = 24(\text{d})$$

3. 分别流水

(1)定义

分别流水是指各工序的流水节拍各自保持不变,即 $t_i =$ 常数,不同工序的流水节拍不完全相同,但不存在最大公约数(除 1 之外),流水步距 K 也是一个变数的流水作业。也就是说,同类工序的流水节拍在各施工段上相等,而不同类工序的流水节拍相互不完全相等。

组织分别流水作业时,首先应保持各施工段本身均衡而不间断地进行,然后将各工序彼此衔接协调。既要避免各工序之间发生矛盾,也要尽可能减少作业面的空闲时间,使整个施工安排保持最大程度的紧凑,以达到缩短工期的目的。

(2)作图

由于流水步距是一个变数,其作图不能像全等节拍流水作业,也不能像成倍节拍流水作业那样。分别流水作业作图,可以采用两种方法,即:①紧凑法(只要具备开工要素就开工),见图3-7a);②潘特考夫斯基法(各作业队连续作业,在后面介绍),见图3-7b)。

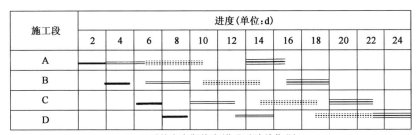

图3-7 分别流水作业进度图

由图3-7a)、b)可见,总工期都等于24d,即 $T=24d$,不同的组织方法,总工期相同(这是一个特例)。一般来说,哪种组织方法工期短采用哪种。但是,该例应采用后一种组织方法,因为工期相同的条件下,作业队连续作业更经济。

分别流水作业施工总工期的确定,一般采用作图法确定。因为两种作图方法,会得出两种工期,不能用一个公式表达。

(二)无节拍流水作业

1.定义

无节拍流水作业是指同类工序的流水节拍在各施工段上不完全相同,而不同类工序的流水节拍相互之间也不完全相等。

对于公路工程来说,沿线工程量并非均匀分布,如大、中型桥梁或路基土、石方的高填、深挖等属于集中型工程。在实际工程中,各施工作业队在机具和劳动力固定的条件下,流水作业速度不可能始终保持一致。所以,有节拍流水作业很少出现,大多是无节拍流水作业,即 $t_i \neq$ 常数,$k \neq$ 常数。

2.作图

无节拍流水作业的作图与分别流水作业一样,也有两种方法,即:①紧凑法(只要具备开工要素就开工),见图3-8a);②潘特考夫斯基法(各作业队连续作业),见图3-8b)。

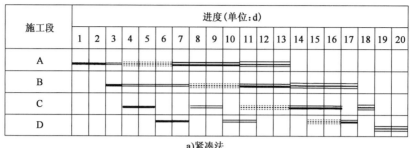

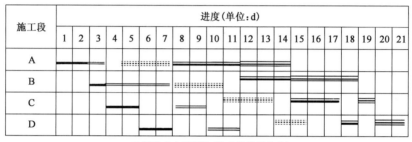

图 3-8　无节拍流水作业进度图

确定无节拍流水作业的施工总工期时,一般采用作图法确定。但是,为了求得最短的总工期,首先必须对施工段的施工次序进行排序(在本章第四节介绍),然后才能以作图法确定其最短总工期。

四、流水作业的作图

(一)流水作业图的形式

按流水作业图中的图形和线条形态及其所表达的内容可分为:
(1)横线工段式,如图 3-5a)所示。
(2)横线工序式,如图 3-8 所示。
(3)斜线工段式,如图 3-5b)所示。
(4)斜线工序式,如图 3-9 所示,由图 3-7b)改画而成。

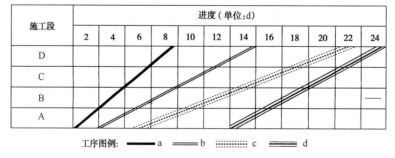

图 3-9　斜线工序式流水作业进度图

(二)流水作业的作图

流水作业法的施工组织意图和内容,通过流水作业图的形式表达出来。有关作图的要点介绍如下。

1. 开工要素

任何一道工序开工时,必须具备**工作面**和**生产力**(工人、机械、材料等资源)两个开工要素,两者缺少任何一个,都不具备开工条件,也就是说,工序无法投入生产。如图3-8a)中,b工序在C施工段上,必须在第8天开工,因为在这之前,虽有工作面,但无生产力;又如图3-7a)中,d工序在B施工段上,只能在第14天开工,在第13天虽有生产力,但无工作面。

2. 工序衔接原则

(1)相邻工序之间及工序本身,应尽可能衔接,以取得最短施工总工期。

(2)工序衔接必须满足工艺要求和自然过程(混凝土的硬化等)的需要。

(3)尽量求得同工序在各施工段上能连续作业,并尽量求得相邻工序,在同一施工段上能连续作业。

(4)图中的首工序和末工序,均可按需要采取连续作业或间歇作业。

3. 工序紧凑法流水作业组织

为了使流水作业图取得最短总工期,在作图时,各相邻工序之间,尽量紧凑衔接。即尽量使所排工序向作业开始方向靠拢(一般向图的左端)。图3-8a)为按工序紧凑法组织的流水作业;图3-8b)为按专业队连续作业组织的流水作业。两种组织方法,工期相差1天,在实际生产中,若工期紧,应取图3-8a)的组织方式。

4. 专业队在各施工段间连续作业的组织

在流水作业组织中,可使各个专业队在各施工段间连续作业,以避免"停工待面"和"干干停停"。这样,尽管不能保证工期最短,但经济效益也是有保证的。

在总工期尽可能短的条件下,为了组织各施工专业队能在各个施工段间进行连续作业,必须确定相邻各专业队(相邻工序)间最小流水步距 K_{min}。最小流水步距 K_{min} 可以用潘特考夫斯基法和"纸条串法"确定。

(1)潘特考夫斯基法

此法也叫"累加数列错位相减取大差法"。下面以具体示例介绍其步骤。

①作表。按施工段和工艺顺序,将各工序(施工专业队)在各施工段上的流水节拍值列于表3-1中。

流水节拍表(单位:d)　　　　　表3-1

工序	施工段			
	A	B	C	D
a	2	3	3	2
b	2	2	3	3
c	3	3	3	2

②求首施工段上各最小流水步距 K。

a. 求 K_{ab}^A。

将 a 工序的 t_a 依次累计叠加,可得数列:2　5　8　10;

将 b 工序的 t_b 依次累计叠加,可得数列:2　4　7　10;

将后一工序的数列向右错一位,进行两数列相减,即:

$$\begin{array}{r} a:\ \ 2\ \ \ 5\ \ \ 8\ \ \ 10\\ -)\ b:\ \ \ \ \ \ \ \ 2\ \ \ 4\ \ \ 7\ \ \ 10\\ \hline 2\ \ \ 3\ \ \ 4\ \ \ 3\ \ -10 \end{array}$$

则所得数列中的最大正数 4,即为 a、b 两工序的最小流水步距 $K_{ab}^A = 4$。

b. 同理求 K_{bc}^A。

$$\begin{array}{r} b:\ \ 2\ \ \ 4\ \ \ 7\ \ \ 10\\ -)\ c:\ \ \ \ \ \ \ \ 3\ \ \ 6\ \ \ 9\ \ \ 11\\ \hline 2\ \ \ 1\ \ \ 1\ \ \ 1\ \ -11 \end{array}$$

则所得数列中的最大正数 2,即为 b、c 两工序的最小流水步距 $K_{bc}^A = 2$。

如果还有更多的工序,施工段也比此例多,那么最小流水步距的求法完全相同。

③绘制流水作业图。根据求得的最小流水步距和流水节拍表 3-1,绘制流水作业图,见图 3-10。

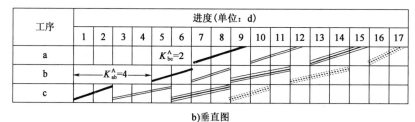

图 3-10　最小流水步距流水作业进度图

④结论:由图 3-10 可得总工期 $T = 17d$,若采用紧凑法组织施工,可得总工期 $T = 16d$。在实际生产中,可根据具体情况选取组织方法。

(2)纸条串法

此法只适用于横线工段式。以图 3-10 为例,利用纸条串法求 K_{min} 的步骤如下:

①作流水节拍表,同填列表 3-1 一样;

②绘制"流水作业进度图"的图框,填好施工进度日历和工序名称(以下简称进度图);

③将首工序即 a 工序,在各个施工段上的流水节拍直接连续地绘于进度图上,并标明施工段名称;

④将 b 工序在各施工段上的流水节拍连续地绘在纸条上,并标明施工段名称。然后,将纸条在"进度图"的 b 工序行内由左向右调整,调整的原则是:相同符号的施工段不能重叠(重叠说明两个不同的施工专业队进入了同一个施工段,也就是说:上一道工序还没有完工,还不具备工作面,下一道工序就进入了现场),但要做到衔接最紧凑。调整好后,将纸条固定。

⑤将 c 工序在各个施工段上的流水节拍连续地绘在纸条上,并重复上述方法,调整好后,将纸条固定。

若还有更多的工序,可以一直重复上述方法。实践证明,纸条串法简洁、直观、准确、不必计算。

(三)课堂练习

表 3-2 是给出的一个流水节拍表,请同学们分别用紧凑法和潘特考夫斯基法绘制横道图和相应的斜线图,并对工期进行比较,说明实际工程中用哪种组织方式更科学合理。

流水节拍表(单位:d)　　　　　　　　　　　表 3-2

工序	施工段			
	A	B	C	D
a	2	2	2	1
b	1	2	2	4
c	3	3	2	3
d	4	3	1	3
e	3	1	2	4

第四节　无节拍流水作业施工次序的确定

公路工程由于受施工作业条件、工程结构特性和环境因素的影响,流水作业并不是按照人们的意愿能安排成有规律的稳定性流水作业,而常常会出现无节拍的流水作业。在前面曾提到,在确定无节拍流水作业的施工总工期时,必须先进行施工段排序;否则,将不能求得最短施工总工期。

如果有 m 个施工段,每个施工段都具有 n 道工艺相同的工序(工艺不同的工序无法进行比较),那么,怎样安排各个施工段的施工次序,才能使得总工期最短呢?

这里所指的 m 个施工段,是指那些施工内容相同的单位工程、分部工程、分项工程(而不同施工内容的施工段无法排序)。n 道工序是指 m 个施工段中,受某种客观条件(如关键设备等)制约的工序,或指某些被人为合并的工序。

一、m 个施工段 2 道工序的施工次序确定

对于这类问题可以用约翰逊—贝尔曼法则来解决。这个法则的基本思想是:先行工序施工工期短的要排在前面施工;而后续工序施工工期短的要排在后面施工。也即,首先列出 m 个施工段的"流水节拍表"(各个施工段上各工序的流水节拍的计算,将在第五章讲),然后,在表中依次选取最小数,而且每列只选一次,若此"数"属于先行工序,则从前面排,反之,则从后面排。

具体步骤通过示例详解如下:

(1)填列"流水节拍表",见表3-3。

流水节拍表(单位:d)　　　　　　　　　　表 3-3

工序	施工段					
	A	B	C	D	E	F
a	4	4	6	8	3	2
b	7	4	5	1	6	3

(2)绘制"施工次序排列表"的表格,见表3-4(熟练后可不绘制此表,而在表3-3下边加一栏,直接排序)。

施工次序排列表　　　　　　　　　　表 3-4

填表次序	施工次序					
	1	2	3	4	5	6
1						D
2	F					
3		E				
4					B	
5			A			
6				C		
列中最小数	2	3	4	5	4	1
施工段号	F	E	A	C	B	D

(3)填表排序。即按约翰逊—贝尔曼法则填充表3-4,从而可将各个施工段的施工次序排列出来。

本示例中,根据表3-3,各施工段的施工次序排列如下:

第一小数是1,属于后续工序,所以填列在表3-4中施工次序的最后一格,并将表3-3中D施工段这一列划去;

第二小数是2,属于先行工序,所以填列在表3-4中施工次序的最前面一格,并将表3-3中F施工段这一列划去;

以此类推,将表3-4填列完毕,可确定各个施工段的最优施工次序为:F、E、A、C、B、D。

(4)绘制施工进度图,确定施工总工期。本示例按流水作业法组织施工,其施工进度图,如图3-11所示,其总工期为28d。

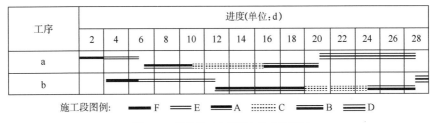

图 3-11　最优施工次序流水作业进度图

若不按约翰逊—贝尔曼法则所确定的施工次序,一般不能取得最短施工总工期。如:本示例,若按表 3-3 的施工次序,即按 A、B、C、D、E、F 的次序施工,则总工期至少需要 34d,比 28d 多 6d。

二、m 个施工段 3 道工序的施工次序确定

对于这类问题,如果符合下列两种情况中的一种,就可以采用约翰逊—贝尔曼法则,这两种情况是:

(1)第 1 道工序中最小的施工期 a_{min},大于或等于第 2 道工序中最大的施工期 b_{max},即 $a_{min} \geqslant b_{max}$;

(2)第 3 道工序中最小的施工期 c_{min},大于或等于第 2 道工序中最大的施工期 b_{max},即 $c_{min} \geqslant b_{max}$。

对于 m 个施工段 3 道工序的施工次序问题,只要符合上述两条中的一条,即可按下述步骤来求得最优施工次序。

第一步:将各个施工段中第 1 道工序 a 和第 2 道工序 b 的流水节拍(施工期)依次加在一起,即 a+b。

第二步:将各个施工段中第 2 道工序 b 和第 3 道工序 c 的流水节拍(施工期)依次加在一起,即 b+c。

第三步:将上两步中得到的流水节拍表(施工工期表)看作两道工序的流水节拍表(施工工期表),见表 3-5 中的 a+b 和 b+c。

第四步:按上述 m 个施工段 2 道工序时的排序方法,求出最优施工次序。

第五步:按所确定的施工次序绘制施工进度图,确定施工总工期。

现举例说明,见表 3-5。

流水节拍表(单位:d) 表 3-5

工序	施工段				
	A	B	C	D	E
a	3	2	8	10	5
b	5	2	3	3	4
c	5	6	7	9	7
a+b	8	4	11	13	9
b+c	10	8	10	12	11
最优次序	B	A	E	D	C

本例按上述方法确定出最优施工次序为 B、A、E、D、C,总工期为 39d;若按 A、B、C、D、E 的顺序施工,则总工期为 42d。

如果 m 个施工段有 3 道工序,不满足上述特定条件,应如何确定最优施工次序呢?对于这种情况,我们采用穷举法,找出最优施工次序。即还是按照上述原理,将工序重新组合成虚拟的 2 道工序(包括所有可能的情况),再按约翰逊—贝尔曼法则确定最优施工次序。举例说明,见表 3-6。

流水节拍表(单位:d) 表 3-6

工序	施工段			
	A	B	C	D
a	3	4	7	9
b	3	5	6	4
c	5	6	8	7

表 3-6 为 4 个施工段,3 道工序,但是不满足上述特定条件,我们可以把 a、b、c 三道工序重新组合成以下 2 道工序(包括了所有组合情况):(a,b+c);(a+c,b);(a+b,c);(a+b,b+c);(a+c,b+c);(a+b,a+c)。

注意:先行工序和后续工序的位置不能颠倒,即(a+c,a+b)的组合是错误的。

三、m 个施工段工序多于 3 道的施工次序确定及工期

(一)m 个施工段工序多于 3 道时,施工次序的确定

当工序多于 3 道时,求解最优施工次序变得比较复杂,但是,我们仍可以将工序按一定方式进行组合,将其变成虚拟的 2 道工序,然后再按约翰逊—贝尔曼法则确定较优的施工次序。

由于组合方式很多,每次只能得到较优施工次序,只有列出所有组合方式,从众多较优解中找到最优施工次序。但是,即使我们没有列出所有组合方式,也可以得到相对最优解。下面举一例说明本法的应用。

例 3-4:某施工任务有 4 个施工段,每个施工段有 4 道相同工序,其流水节拍表(作业时间表)见表 3-7,求其最优施工次序及最短施工总工期。

流水节拍表(单位:d) 表 3-7

工序	施工段			
	A	B	C	D
a	6	2	5	3
b	4	7	1	2
c	8	9	3	6
d	1	5	4	8

若不排序,按直接编阵法(见下文)得施工总工期为44d。

解:

1. 组合1(表3-8)

流水节拍表(单位:d)　　　　　　　　　　　　　　　　　表3-8

工序	施工段			
	A	B	C	D
a+b	10	9	6	5
c+d	9	14	7	14
较优次序	D	C	B	A

较优次序为:D、C、B、A,按直接编阵法得施工总工期为35d。

2. 组合2(表3-9)

流水节拍表(单位:d)　　　　　　　　　　　　　　　　　表3-9

工序	施工段			
	A	B	C	D
a+c	14	11	8	9
b+d	5	12	5	10
较优次序	D	B	C	A

较优次序为:D、B、C、A,按直接编阵法得施工总工期为33d。

3. 组合3(表3-10)

流水节拍表(单位:d)　　　　　　　　　　　　　　　　　表3-10

工序	施工段			
	A	B	C	D
a+d	7	7	9	11
b+c	12	16	4	8
较优次序	B	A	D	C

较优次序为:B、A、D、C,按直接编阵法得施工总工期为44d。

4. 组合4(表3-11)

流水节拍表(单位:d)　　　　　　　　　　　　　　　　　表3-11

工序	施工段			
	A	B	C	D
a	6	2	5	3
b+c+d	13	21	8	16
较优次序	B	D	C	A

较优次序为:B、D、C、A,按直接编阵法得施工总工期为37d。

5. 组合5(表3-12)

流水节拍表(单位:d) 表3-12

工序	施工段			
	A	B	C	D
a + b + c	18	18	9	11
d	1	5	4	8
较优次序	D	B	C	A

较优次序为:D、B、C、A,按直接编阵法得施工总工期为33d,结果同组合2。

从以上5种组合中找出最优顺序为:D、B、C、A,总工期为33d,比按A、B、C、D顺序,施工总工期减少了10d。还有其他组合方式,有兴趣的同学可以继续做下去。

(二)直接编阵法计算工期

在实际工程中,对于小型施工项目的排序问题,就如上例一样,我们可以通过直接编阵法计算工期,而不必每次都画出进度图来确定施工工期。

直接编阵法计算工期的原理是:只要具备了开工要素就可开工,属于紧凑法施工组织安排,具体计算见下例。

例3-5: 某施工任务有A、B、C、D四个施工段,每个施工段有a、b、c、d四道工序,各道工序在各个施工段上的作业工期(即流水节拍)见表3-13。表3-13中括号外的数字为原始数据,括号内的数字为新元素数据。

直接编阵法计算工期的步骤是:

(1) 计算第一行新元素

对于第一行各新元素,可以直接累加得到。因为,对于a工序来说,所有施工段上的工作面都是闲置的,只要有生产力就可以开工,所以,可以直接用旧元素值加左边新元素值得到该新元素值。也就是说,到第26d,a工序(作业队)就完成了所有施工段上的施工任务。

(2) 计算第一列新元素

对于第一列(即首施工段A)各新元素,也是直接用旧元素值加上面新元素值得到该新元素值。因为,所有工序(作业队)都是闲置的,即生产力能满足要求,只要有工作面就可以开工,所以,每累加一个数,也就是一道工序已完成了在首施工段A上的操作。

(3) 计算其他新元素值

对于其他新元素值,用旧元素值加上面或左边二者新元素中的较大值(之所以加较大值是为了具备开工要素,上面的数值说明有无工作面,左边的数值说明有无生产力)得该新元素值,从第二行起顺序进行,直至完成。具体计算结果见表3-13。本例施工总工期为42d。

流水节拍表(单位:d)　　　　　表3-13

工序	施工段			
	A	B	C	D
a	6	4(10)	7(17)	9(26)
b	3(9)	5(15)	6(23)	4(30)
c	5(14)	6(21)	8(31)	7(38)
d	4(18)	7(28)	8(39)	3(42)

注:括号中的数值为新元素,施工总工期是42d。

第五节 作业法的综合运用

在前面我们讨论了顺序作业法、平行作业法、流水作业法,在实际工程中,这三种作业法不仅可以单独使用,而且可以根据具体条件综合运用。在实际工程中常用的有:平行流水作业法、平行顺序作业法、立体交叉平行流水作业法。

一、平行流水作业法

在工程量相同的情况下,平行作业法工期最短,但劳动力、材料、机械等物资的需要量不平衡,我们可以根据实际情况,组织平行流水作业法,既能缩短工期,又能克服平行作业法的缺点,发挥流水作业法的优势。在下例图3-12中,孔1和孔2、孔3和孔4、孔5和孔6、孔7和孔8等为平行作业,孔1和孔3、孔2和孔4、孔5和孔7、孔6和孔8等为流水作业。以钻孔为主导工序进行安排。从孔1至孔8的作业组织属于平行流水作业法;从孔9至孔16的作业组织也属于平行流水作业法。

二、平行顺序作业法

平行顺序作业法适合于人力、财力、物力都十分充足,工期又相当紧张的工程任务。虽然没有克服平行作业法造成的人力、物力等的过分集中使用和顺序作业法的不连续等缺点,但在某些特定的情况下可以考虑应用。

三、立体交叉平行流水作业法

这种方法综合运用了平行、顺序、流水作业方法的特点。在空间上,利用一切可以利用的工作面,根据实际拥有的机械、材料、人力以发挥其最大效力。以主导工序和主导机械为依据,进行时间组织安排,有效地缩短了施工工期,使整个施工过程处于节奏当中。它非常适合于工序繁多、工程量大而又集中的大型构造物的施工,如立交桥、特大桥的钻孔灌注桩工程、桥墩、桥台施工等。

例 3-6:某工程二队承包了一座桥的基础工程,该桥基础为桩基础,共有 16 根钢筋混凝土桩。该工程队的施工组织方法见图 3-12。

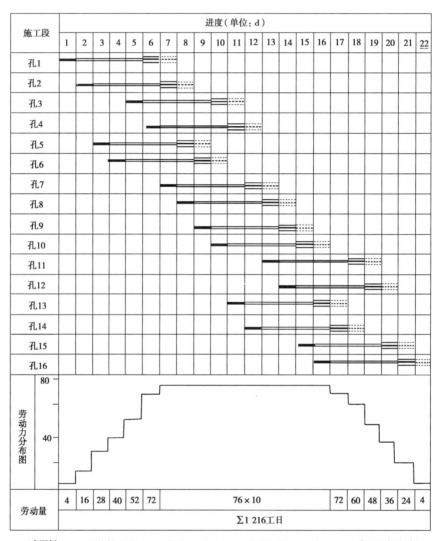

图 3-12 立体交叉平行流水作业进度图

在图 3-12 中,每 8 个孔分成一组,按平行流水作业组织,这两组之间又进行立体交叉施工。由图 3-12 可见,埋护筒作业队一支,清理现场作业队一支,灌混凝土作业队一支,钻孔设备四套,这四个作业队都是连续作业。整个施工过程有条不紊,充分体现了连续、协调、均衡的施工组织原则。

1. 公路施工过程的概念及分类？
2. 公路施工过程的组成及其基本原则是什么？
3. 影响施工过程组织的因素有哪些？
4. 公路施工过程时间组织的类型有哪些？
5. 三种基本公路施工作业方法是什么？各自的特点是什么？
6. 流水作业法的基本方法及主要参数是什么？流水作业法的分类及各自的计算特点是什么？
7. 流水节拍的定义及计算方法是什么？
8. 流水步距的定义及遵循的原则有哪些？
9. 如何通过潘特考夫斯基法和纸条串法确定最小流水步距？
10. 约翰逊—贝尔曼法则的原则和具体步骤是什么？
11. 见表3-14，采用流水作业施工，计算计划总工期，并画出流水作业的横道图及垂直图。

表3-14

施工过程	施工段(d)				
	作业时间				
	①	②	③	④	⑤
A	5	3	4	5	5
B	4	5	4	3	3
C	4	3	4	4	3
D	6	5	6	5	3

12. 见表3-15，采用流水作业施工，试考虑最短工期方案，计算计划总工期，并画出流水作业的横道图及垂直图。

表3-15

施工过程	施工段(d)				
	作业时间				
	①	②	③	④	⑤
A	8	6	3	5	6
B	3	4	1	2	3
C	3	4	1	3	2
D	3	5	4	4	6

13. 某工程各施工段的施工次序为 B、A、C，工序次序为 a、b、c、d、e，其流水节拍 t_i 见表3-16，若采用工序连续作业，试用潘特考夫斯基法求首工段的最小流水步距 K_{min}^B，并作图(单位:d)。

流水节拍 t_i 表 　　　　　　　　　　　　　　　　　表3-16

工序	施工段(d)				
	a	b	c	d	e
B	2	1	3	1	2
A	3	2	1	2	3
C	2	3	4	3	1

14. 根据下列工期表(表3-17),用约翰逊—贝尔曼法则求最优施工工序(单位:d)。

表3-17

工序	施工段(d)				
	A	B	C	D	E
a	6	6	8	7	9
b	4	3	4	6	6
c	2	4	1	2	3

15. 已知表3-18中所示工程的工段施工次序为 D、B、C、A,采用工序连续施工流水作业法,试用作图法求首工段各工序的流水步距,并确定该工程的最短工期(单位:d)。

表3-18

工序	施工段(d)			
	D	B	C	A
a	4	3	5	7
b	3	6	1	2
c	5	9	2	8
d	7	4	5	1

第四章
CHAPTER FOUR
网络计划技术

第一节 概述

作为工程施工进度图,横道图较易编制,简单明了,直观易懂,便于检查,使用方便,所以从20世纪初一直沿用至今。但是,横道图也有不足之处,它不能体现出哪些工作是关键工作,以及哪些工作有时差。随着科学技术的不断进步,建设规模的日益扩大,要求计划、生产管理的方法也必须科学化和现代化。要对一个复杂的工程项目进行有效的管理,必须依赖于进度计划;要做好进度计划,必须将工程项目的全部作业具体化、形象化,并按适当顺序加以安排,形成进度计划,从而对工程实行控制,达到预期目标。网络计划技术符合统筹兼顾、适当安排的思想,适应现代化大生产的组织管理和科学研究的需要,因而,在现代化大生产的组织管理中,该方法正在逐步地替代传统的计划管理方法。

一、网络计划技术发展简史

1956年,美国杜邦·奈莫斯公司的摩根·沃克与赖明顿·兰德公司的詹姆斯·E.凯利合作,为管理公司内不同业务部门的工作,利用公司的Univac计算机,开发了一种面向计算机描述工程项目的合理安排进度计划的方法,此方法后来被称为关键线路法(CPM)。1958年初,将其用于一所价值1 000万美元的新化工厂的建设,通过与传统的横道图法对比,结果使整个工程的工期缩短了4个月。后来,此法又被用于设备维修,使后来因设备大修需停产125h的工程缩短为停产78h。仅一年就节约了近100万美元,是公司用于发展研究CPM法所用经费的5倍。从此,网络计划技术的关键线路法得以广泛应用。1958年,美国海军特种计划局在研制北极星导弹核潜艇时,首次提出了这种控制进度的先进计划方法。北极星计划规模庞大,组织管理复杂,整个工程由8家总承包公司、250家分包公司、3 000家三包公司、9 000多家厂商承担,采用网络计划技术的计划评审技术(PERT),使原定6年的研制时间提前2年完成。20 世纪 60 年代后,美国又采用 PERT 技术,组织了阿波罗载人登月计划,该计划运用了一个 7 000 人的中心试验室,把 120 所大学、2 万多个企业、42 万人组织在一起,耗资 400 亿美元,于 1969 年,人类的足迹第一次踏上了月球,使 PERT 法声誉大振。随后,网络计划技术风靡全球,为适应各种计划管理需要,以 CPM 方法为基础,又研制出了其他一些网络计划法,如搭接网络技术(DLN)、图形评审技术(GERT)、决策网络计划法(DN)、风险评审技术(VERT)、仿真网络计划法和流水网络计划法等。至此,网络计划技术作为一种现代计划管理方法,被广泛应用于工业、农业、建筑业、国防和科学研究各个领域。

我国是从 20 世纪 60 年代开始运用网络计划的,著名数学家华罗庚教授结合我国实际,在吸收国外网络计划技术理论的基础上,将 CPM、PERT 等方法统一定名为统筹法。目前,网络计划技术在我国已广泛应用于国民经济各个领域的计划管理中。我国泸州长江大桥 3 号墩在施工过程中,因使用网络计划方法进行施工计划和管理而提前 1 个月完工,节省投资 60 万元。随着计算机的普及,网络计划技术在我国公路工程招投标、施工组织管理中被广泛应用。

二、网络计划的特点

网络计划方法具有以下主要优点:

(1)能充分反映出各项工作之间相互制约、相互依赖的关系。

(2)可以区分关键工作和非关键工作,并能反映出各项工作的机动时间,因而,可以更好地运用和调配人力、材料、机械等各种物资。

(3)可以利用计算机进行计算工作。

(4)能够进行计划的优化比较,选出最优方案。

由此可见,采用网络计划法,能加强工程的管理,但在资源有限的条件下,并不能使施工速度加快很多。

目前,网络计划技术在公路工程中得到普遍应用,尤其是大型工程项目、重点工程项目。在公路施工招投标中,网络计划图是施工组织设计中不可缺少的一部分。

三、网络计划的分类

(一)按性质分类

1. 肯定型网络计划

肯定型网络计划指工作与工作之间的逻辑关系以及工作的工期(在各施工段的流水节拍)都是确定的。

2. 非肯定型网络计划

非肯定型网络计划与肯定型网络计划相反,工作之间的逻辑关系不确定或工作的工期不确定。

(二)按表示方法分类

1. 单代号网络计划

单代号网络计划是用单代号表示法绘制的网络图。在网络图中,每个节点表示一项工作,箭杆仅用来表示各项工作之间相互制约、相互依赖的关系,见本章第五节。

2. 双代号网络计划

双代号网络计划是用双代号表示法绘制的网络计划图。在网络图中,箭杆用来表示各项工作(工作名称、工作时间及工作之间的逻辑关系),见本章第二节、第三节。

(三)按有无时间坐标分类

1. 时标网络计划

时标网络计划指以时间坐标为尺度绘制的网络计划。

2. 非时标网络计划

非时标网络计划指不按时间坐标绘制的网络计划。

(四)按层次分类

1. 总网络计划

总网络计划是以整个建设项目或单项工程为对象编制的网络计划。

2. 局部网络计划

局部网络计划是以建设项目或单项工程的某一部分为对象编制的网络计划。

(五)其他形式的网络图

如搭接网络图,主要用于工业与民用建筑项目中。

四、网络计划技术在公路工程计划管理中应用的一般程序

网络计划技术在公路工程计划管理中起着重要作用,其应用程序如下。

(一)准备阶段

1. 确定网络计划目标

在编制网络计划时,首先应根据需要确定网络计划的目标,如:
(1)时间目标。
(2)时间—资源目标。
(3)时间—成本目标。

2. 调查研究

为了使网络计划科学而切合实际,计划编制人员应通过调查研究,拥有足够数量的、准确的基础资料。其调查研究的内容主要包括:

(1)项目有关的工作任务、实施条件、设计数据资料。
(2)有关定额、规程、标准、制度等。
(3)资源需求和供求情况。
(4)有关经验、统计资料和历史资料。
(5)其他有关技术、经济资料。

调查研究可使用以下几种方法:即实际观察、测量与询问、会议调查、查阅资料、计算机检索、信息传递、分析预测等,通过对调查的资料进行综合分析研究,可掌握项目全貌及其相互间的关系,从而预测项目的发展及其变化规律。

3. 工作方案设计

在计划目标已确定并做了调查研究的基础上,就可进行工作方案的设计,其主要内容包括:

(1)确定施工顺序。
(2)确定施工方法。
(3)选择需用的机械设备。
(4)确定重要的技术政策和组织原则。
(5)制订施工中关键问题的技术和组织措施。
(6)确定采用网络图的类型。

在进行工作方案设计时,应遵循以下几项基本要求:

(1)尽可能减少不必要的步骤,在工序分析基础上,寻求最佳程序。
(2)工艺应达到技术要求,并保证质量和安全。
(3)尽量采用先进技术和先进经验。
(4)组织管理分工合理、职责明确,充分调动全员积极性。
(5)有利于提高劳动生产率、缩短工期、降低成本和提高经济效益。

(二)绘制网络图

1. 项目分解

根据网络计划的管理要求和编制需要,确定项目分解的粗细程度,将项目分解为网络计划的基本组成单元——工作。

2. 逻辑关系分析

逻辑关系分析就是确定各项工作开始的顺序、相互依赖和相互制约关系,它是绘制网络图的基础。

3. 绘制网络图

根据新选定的网络计划类型以及项目分解和逻辑关系表,就可进行网络图的绘制,具体方法见后面几节内容。

(三)时间参数计算

按照网络计划的类型不同,根据相应的方法,即可计算出所绘网络图的各项时间参数值,并确定出关键线路。

(四)编制可行网络计划

1. 检查与调查

对上述网络计划时间参数计算完后,应检查:工期是否符合要求;资源配置是否符合资源供应条件;成本控制是否符合要求。如果工期不符合要求,则应采取适当措施压缩关键工作的时间,如仍不能满足要求,则应对工作方案的组织关系进行调整;当资源强度超过供应可能时,则应调整非关键工作使资源降低。

2. 编制可行网络计划

对网络计划进行检查和调整之后,必须计算时间参数,根据调整后的网络图和时间参数,重新绘制可行网络计划。

(五)网络计划优化

可行网络计划一般需要进行优化,方可编制正式网络计划。

1. 网络计划优化目标的确定

常见的优化目标有以下几种,可根据工程实际需要进行选择:
(1)工期优化。
(2)时间固定,资源均衡的优化。
(3)资源强度有限,时间最短的优化。
(4)时间—成本优化。

2. 编制正式网络计划

根据优化结果,即可绘制拟实施的正式网络计划,并编制网络计划说明书,其内容包括:
(1)编制说明。
(2)主要计划指标一览表。
(3)执行计划的关键说明。
(4)需要解决的问题及主要措施。
(5)其他需要说明的问题。

(六)网络计划的实施

1. 网络计划的贯彻

正式网络计划报请有关部门审批后,即可组织实施。一般应组织宣讲,进行必要的培训,建立相应的组织保障体系,将网络计划中的每项工作落实到责任单位。作业性网络计划要落实到责任者,并制订相应的保障计划实施的具体措施。

2. 计划执行中的检查和数据采集

为了对网络计划的执行进行控制,必须建立、健全相应的检查制度和执行数据采集报告制度。检查和数据采集的主要内容有:关键工作的进度、非关键工作的进度及时差利用、工作逻辑关系的变化情况、资源状况、成本状况、存在的其他问题等。对检查的结果和收集反馈的有关数据进行分析,抓住关键,及时制定对策。对网络计划在执行中发生的偏差,应及时予以调整,从而保证计划的顺利实施。常见的计划调整的内容有:工作持续时间的调整、工作项目的调整、资源强度的调整、成本控制。

(七)网络计划的总结分析

为了不断积累经验,提高计划管理水平,应在网络计划完成后,及时进行总结分析,并应形成制度。通常总结分析的内容包括:

(1)各项目的完成情况,包括时间目标、资源目标、成本目标等的完成情况。
(2)计划工作中的问题及原因分析。
(3)计划工作中的经验总结分析。
(4)提高计划工作水平的措施总结等。

第二节 双代号网络计划图的绘制

一、双代号网络计划图的组成

1. 双代号网络图的组成

双代号网络计划是目前应用较为普遍的一种网络计划形式,它利用网络技术表示一项工程任务或一个计划中各项工作的先后顺序、衔接关系、所需时间和资源,其工作用两个代号表示,这种工作流程图叫网络图。双代号网络计划图由三个要素组成,即箭杆线、节点和流(方向)。

1. 箭杆线

箭杆线表示一项工作。它代表某个专业队(工序)在某个施工段上的操作过程。

根据施工组织设计阶段的不同,箭杆线所表示的工作,取决于网络的层次(即详细程度),可能是单位工程(如某段路线、桥梁工程等),也可能是分部工程(如路基工程、路面工程、土石方工程、砌筑工程等)、分项工程(如浆砌块石、沥青混凝土、挡土墙、挖基坑等)。

箭杆线又分为实箭杆线和虚箭杆线。

(1)实箭杆线简称实箭线,它表示工作既消耗了时间又消耗了资源或只消耗了其中的一种。如,挖基坑这项工作需要消耗人工、机械和时间;再如,混凝土的凝结硬化需要消耗时间。实箭线常用"———→"表示。

(2)虚箭杆线简称虚箭线,它表示工作既不消耗时间又不消耗资源。它只是用来表达工作之间的逻辑关系(即在网络图中,根据施工工艺和施工组织要求正确反映出各道工序之间的相互依赖和相互制约的关系,这正是网络图与横道图的最大不同之处)。虚箭线常用"-----▶"表示。

2. 节点

节点表示工作与工作之间的衔接关系,它具有相对性,代表前一项工作的结束、后一项工作的开始,常用圆圈加一编号表示,如"ⓘ"。

3. 流(方向)

流(方向)代表线路从头至尾连成一线,说明各项工作的工艺关系,表示完成某些操作过程所需消耗的各种资源。

二、识图

(一) 工作的表示方法

一个工作用一条箭线和两个节点表示,如图 4-1 所示。

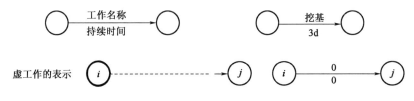

图 4-1　工作的表示方法

(二) 箭线(图 4-2)

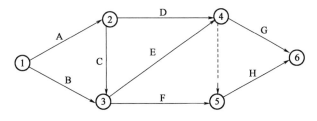

图 4-2　内向箭线与外向箭线示例说明

1. 内向箭线

对节点ⓘ,凡是箭头指向ⓘ节点的箭线都叫内向箭线。如图 4-2 中,③节点的内向箭线是②——▶③和①——▶③。

2. 外向箭线

对节点ⓘ,凡是箭头指出去的箭线都叫外向箭线。如图 4-2 中,③节点的外向箭线是③——▶④和③——▶⑤。

(三) 工作关系

1. 紧前工作

对工作 $i \longrightarrow j$，凡是 i 节点上所有的内向箭线，都叫紧前工作。如图 4-2 中，E 工作的紧前工作是 B、C 工作。

2. 紧后工作

对工作 $i \longrightarrow j$，凡是 j 节点上所有的外向箭线，都叫紧后工作。如图 4-2 中，D 工作的紧后工作是 G、H 工作。

3. 先行工作

对工作 $i \longrightarrow j$，凡是在 i 节点之前完工的工作，都是先行工作。如图 4-2 中，G 工作的先行工作是 A、B、C、D、E 工作。

4. 后续工作

对工作 $i \longrightarrow j$，凡是在 j 节点之后开工的工作，都是后续工作。如图 4-2 中，C 工作的后续工作是 E、F、G、H 工作。

5. 平行工作

就某一工作而言，与其同时施工（作业）的工作，都是该工作的平行工作，从同一节点开始的工作，肯定是平行工作。如图 4-2 中，A 工作的平行工作是 B 工作。

6. 虚工作

如图 4-2 中，④ ----→ ⑤工作是虚工作。

虚工作的作用：虚工作表达一种逻辑关系，起联结前后工作的作用和隔断工作关系的作用。

(四) 节点

1. 开始节点

在一个网络图中，只有外向箭线的节点是开始节点，如图 4-2 中，①节点。

2. 结束节点

在一个网络图中，只有内向箭线的节点是结束节点，如图 4-2 中，⑥节点。

3. 中间节点

在一个网络图中，既有内向箭线又有外向箭线的节点是中间节点，如图 4-2 中，②、③、④、⑤节点。

(五) 线路

从开始节点到结束节点（沿箭流方向），叫一条线路。如图 4-2 中，①→③→④→⑤→⑥即是一条线路。

三、双代号网络计划图的模型

1. 依次开始（表4-1，图4-3）

工作依次开始　　　　　　　　　　　　　　　　　表4-1

工作	A	B	C	工作	A	B	C
紧后工作	B	C	—	紧前工作	—	A	B

图4-3　工作依次开始

2. 同时开始（表4-2，图4-4）

工作同时开始　　　　　　　　　　　　　　　　　表4-2

工作	D	工作	E	F
紧后工作	E、F	紧前工作	D	D

3. 同时结束（表4-3，图4-5）

工作同时结束　　　　　　　　　　　　　　　　　表4-3

工作	X	工作	Z	Y
紧前工作	Z、Y	紧后工作	X	X

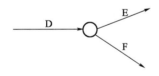
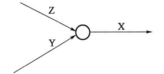

图4-4　工作同时开始　　　　　　图4-5　工作同时结束

4. 约束关系

（1）全约束（表4-4，图4-6）

全约束关系　　　　　　　　　　　　　　　　　　表4-4

工作	A	B	工作	C	D
紧后工作	C、D	C、D	紧前工作	A、B	A、B

（2）半约束（表4-5，图4-7）

半约束关系　　　　　　　　　　　　　　　　　　表4-5

工作	A	B	工作	C	D
紧后工作	C、D	D	紧前工作	A	A、B

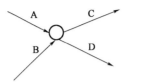
图4-6 全约束关系

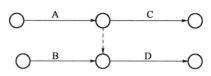
图4-7 半约束关系

(3)三分之一约束(表4-6,图4-8)

三分之一约束关系 表4-6

工作	A	B	工作	C	E	D
紧后工作	C、D	D、E	紧前工作	A	B	A、B

5.两个工作同时开始且同时结束(图4-9)

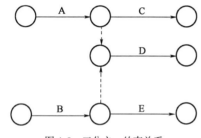
图4-8 三分之一约束关系

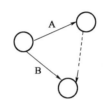 或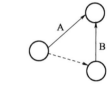
图4-9 两个工作同时开始且同时结束

四、画双代号网络计划图的基本规则

(1)一个网络计划图中只允许有一个开始节点和一个结束节点；图4-10a)中有两个开始节点,图4-10b)中有两个结束节点,所以图4-10是错误的。

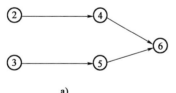
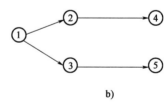

图4-10 错误的双代号网络计划图一

(2)一个网络计划图中不允许单代号、双代号混用,因此图4-11是错误的。

(3)节点大小要适中,编号应由小到大,但可以跳跃,见图4-12。

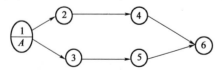
图4-11 错误的双代号网络计划图二

图4-12 双代号图节点编号要求

(4)一对节点之间只能有一条箭线,所以图4-13是错误的。一对节点之间不能出现无头箭杆,如"〇—〇"是错误的。

(5)网络计划图中不允许有循环线路,因此图 4-14 是错误的。

(6)网络计划图中不允许有相同编号的节点或相同代码的工作;图 4-15 中有两个③号节点,两个 E 工作,所以图 4-15 是错误的。

图 4-13　错误的双代号图三

图 4-14　错误的双代号图四

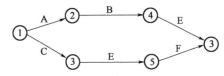
图 4-15　错误的双代号图五

(7)网络计划图的布局应合理,要尽量避免箭线的交叉,如图 4-16a)应调整为图 4-16b)。当箭线的交叉不可避免时,可采用"暗桥"或"断线"方法来处理,见图 4-17a)、图 4-17b)。

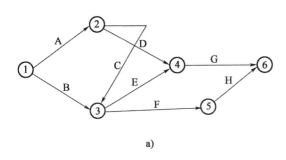

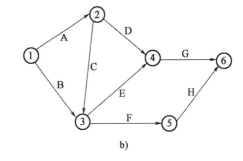

图 4-16　网络计划图避免箭线交叉

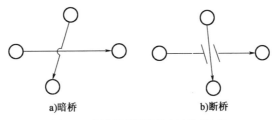

图 4-17　网络计划图箭线交叉处理方法

五、双代号网络计划图的绘制

(一)绘制双代号网络计划图的步骤

1. 工程任务分解

首先应清楚要对哪些工程任务进行计划安排,然后将工程任务分类(如桥涵类、路线类、防护工程类等)。根据各类工程特点将工程任务分解为分部、分项工程或工序,作为网络计划图的最小单元——工作。

2. 确定各分部、分项工程或工序之间的逻辑关系

明确排列出各工作(分部、分项工程或工序)在开始之前应完成哪些紧前工作,或者工作结束之后有哪些紧后工作要进行。

3.确定各单项工作(分部、分项工程或工序)的持续时间(流水节拍)

确定各单项工作的持续时间除考虑工程量大小,施工单位的生产力水平,投入的劳动力、机械设备、资金数量,还应考虑气候影响及节假日问题,因为工作持续时间的可靠性,直接影响工程进度和工程质量。若时间定的太短,会造成人为的紧张局面,甚至工作无法完成;如果时间定的太长,又造成时间浪费,甚至延误工期,所以确定各项工作的持续时间应充分考虑以往的工作经验。

4.资料列表

以上三项确定之后,将这些资料填写到工作关系表中。工作关系表的基本内容包括:工作代号、工作名称、紧后工作(紧前工作)、持续时间等。

5.绘制双代号网络计划草图

绘图技巧见以下内容。

6.整理成图

由于绘制草图时,主要目的是表明各项工作的逻辑关系,所以布局上不是十分合理,同时难免会有多余的虚工作等。整理草图的主要工作有:检查工作关系、去掉多余的虚箭线、调整位置、尽量去掉交叉、检查是否符合绘图规则、给各节点编号。

7.计算时间参数,找出关键线路

通过计算时间参数检查计划进度是否满足上级要求,若不满足应进行调整。调整方法见"网络计划的优化"一节。

(二)网络计划图的绘图技巧

1.工作关系为紧前工作

例4-1:绘出表4-7工作关系的双代号网络计划图。

表4-7

工作	A	B	C	E	F	D	G	H	I	J
紧前工作	—	A	A	A	A	B、C	F	D、E、G	D、E	H、I

绘图步骤:以例4-1为例。

(1)首先分析工作关系

第一步,找出同时开始的工作(如B、C、E、F工作的紧前工作都是A,所以B、C、E、F工作同时开始)。

第二步,找出有约束关系的工作(如H和I是半约束关系)。

第三步,找出同时结束的工作(如B和C工作同时开始又同时结束,所以肯定要有虚箭线;H和I工作同时结束,但不是同时开始,所以可以在一个节点结束)。

(2)分析工作完成后,开始动手画草图

第一步,画出一个开始节点①,然后画出A工作,因为A工作的紧前工作没有,所以A工作是最前面的工作。

第二步,画出B、C、E、F工作,都从②节点开始。

第三步,由于 B 和 C 工作同时开始又同时结束,所以在 B 工作后面画出③节点,在 C 工作后面画出④节点,③和④之间画出虚箭线,如果 D 工作从④节点开始,则虚箭线的箭头指向④节点,如果 D 工作从③节点开始,则虚箭线的箭头指向③节点。

第四步,F 与 G 工作的关系是简单的,可以直接画出,见图 4-18。

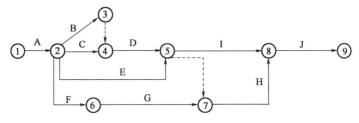

图 4-18　网络计划图

第五步,I 工作与 D、E 工作的关系比 H 与 D、E 工作的关系要简单,所以,先画出 I 工作与 D、E 工作的关系,即 D、E 工作同时在⑤节点结束,I 工作从⑤节点开始。

第六步,由于 D、E 工作已出现,所以只画出 H 与 G 工作的关系,即 H 工作从⑦节点开始,再用虚箭线连接 H 与 D、E 工作的关系,虚箭线箭头指向⑦节点。

第七步,H 与 I 工作同时结束在⑧节点。

第八步,J 工作从⑧节点开始,在⑨节点结束。

第九步,按表 4-7 仔细检查各工序之间的逻辑关系,确定无误后整理草图。

按以上原理,画出以下几个网络图,见例 4-2、例 4-3 和例 4-4。

例 4-2:绘出表 4-8 工作关系的双代号网络计划图(图 4-19)。

表 4-8

工作(工序)	A	B	C	D	E	F	H	G
紧前工作	—	—	A	A	B、C	B、C	D、E、F	D、E

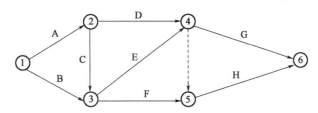

图 4-19　表 4-8 工作关系的双代号网络计划图

半约束的画法如下。

(1)分析工作之间的逻辑关系,找出哪些工作关系是半约束关系。

(2)先画相对简单的关系。如例 4-1 中 I 与 D、E 的关系比 H 与 D、E 的关系要简单,所以先画 I 与 D、E 的关系。

(3)再画另一半(未出现)关系。将"未出现关系"看作简单关系,直接在图中画出,如例 4-1 中 H 与 G 的关系直接画出,暂不考虑其他关系。

(4)用虚箭线连接约束关系工作(例 4-1 中 D、E 工作)。如例 4-1 中再用虚箭线连接 H 与 D、E 的关系。

例 4-3:绘出表 4-9 工作关系的双代号网络计划图(图 4-20)。

表 4-9

工作(工序)	A	B	C	D	E	F
紧前工作	—	—	—	A、B	A、C	A、B、C

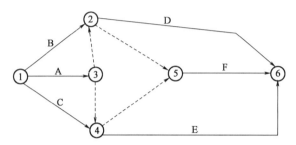

图 4-20　表 4-9 工作关系的双代号网络图

例 4-4:绘出表 4-10 工作关系的双代号网络计划图(图 4-21)。

表 4-10

工作(工序)	A	B	C	D	E
紧前工作	—	—	A	A、B	B

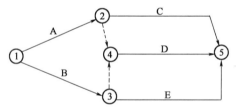

图 4-21　表 4-10 工作关系的双代号网络图

2. 工作关系为紧后工作

例 4-5:绘出表 4-11 工作关系的双代号网络计划图。

表 4-11

工作	A	B	C	D	E	F	G	H	I	J	K
紧后工作	B、C	D、E、F	D、E、F	H	G	J	H	I	—	K	—

绘图步骤:以例 4-5 为例。

找出最前面的工作即找出开始的工作,即紧后工作中没有出现的工作是最前面的工作。

(1)分析工作关系

第一步,找出同时开始的工作(如 A 工作的紧后工作是 B、C 工作,所以 B、C 工作同时开始,B、C 工作的紧后工作都是 D、E、F 工作,所以 D、E、F 工作同时开始)。

第二步,找出有约束关系的工作(如 B 和 C 的紧后工作完全相同,所以是全约束关系,又由于 B 和 C 工作同时开始又同时结束,所以肯定有虚箭线)。

第三步,找出同时结束的工作(如 D 和 G 工作的紧后工作都是 H,所以 D 和 G 工作同时结束,但不是同时开始,所以可以在一个节点结束;又如 I 和 K 的紧后工作没有,所以为结束工作)。

(2)分析工作完成后,开始动手画草图

第一步,画出一个开始节点①,然后画出 A 工作,因为 A 工作在紧后工作中没有出现,所以 A 工作是最前面的工作。

第二步,画出 B、C 工作,都从②节点开始。

第三步,由于 B 和 C 工作同时开始又同时结束,所以在 B 工作后面画出④节点,在 C 工作后面画出③节点,③和④之间画出虚箭线,如果 D、E、F 工作从④节点开始,则虚箭线的箭头指向④节点,如果 D 工作从③节点开始,则虚箭线的箭头指向③节点。

第四步,E 与 G、F 与 J、J 与 K 的工作关系是简单的,可以直接画出,见图 4-22。

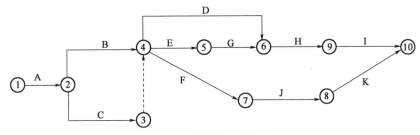

图 4-22 直接画出简单关系

第五步,D 与 G 工作的紧后工作都是 H,所以 D 与 G 工作同时结束在⑦节点,H 工作从⑦节点开始。

第六步,由于 H 与 I 的工作关系是简单的,可以直接画出,见图 4-22。

第七步,K 与 I 工作同时结束在⑩节点。

按以上原理,画出以下两个网络图,见例 4-6、例 4-7。

逻辑关系为紧后工作关系时,网络计划图的绘图步骤为:

①怎样找开始工作?

紧后工作中没有出现的工作是最前边的工作。

②先画简单的关系,后画复杂的关系。

③找共同约束关系。

例 4-6:绘出表 4-12 工作关系的双代号网络计划图(图 4-23)。

表 4-12

工作	A	B	C	D	E	F	G	H	I
紧后工作	C、D、E、F	E、F	G	H	H	I	—	—	—

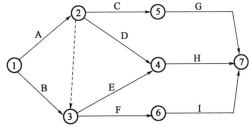

图 4-23 表 4-12 工作关系对应的网络计划图

例 4-7：绘出表 4-13 工作关系的双代号网络计划图(图 4-24)。

表 4-13

工作	E	F	G	H	I	J	K	L	M	N	P	Q	R	S
紧后工作	I、K	K	K、L、N	N	J	P	P、Q、R	M	R	R、S	—	—	—	—

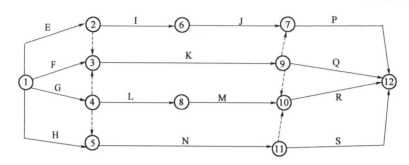

图 4-24　表 4-13 工作关系对应的网络计划图

以下两题请同学们自己完成。

(1)绘出表 4-14 工作关系的双代号网络计划图。

表 4-14

工作	A	B	C	D	E	F	G	H	I	J
紧前工作	—	A	A	A	B	B、C	E、F	F	F、D	G、H、I

(2)绘出表 4-15 工作关系的双代号网络计划图。

表 4-15

工作	A	B	C	D	E	F	G	H	I
紧后工作	B、C	D、E	E、F	H	H、G	G	I	I	—

第三节　时间参数的计算及关键线路

3. 双代号网络计划节点参数的计算

一、节点时间参数的计算

节点时间参数包括节点的最早可能开始时间 ET 和节点的最迟可能开始时间 LT。节点时间参数的计算方法有分析法、图算法、矩阵法、表算法、电算法。在此只讲图算法(涉及时间单位为天,用 d 表示,图中省略 d)。

(一)节点的最早可能开始时间 ET

(1)定义:节点的最早可能开始时间即节点可以开工的最早时间,表示该节点的紧前工作已全部完工。

(2)计算方法:从开始节点起,沿箭线方向,依次计算每一个节点,直至结束节点。计算式

为式(4-1):

$$ET_j = \{ET_i + D_{i\text{-}j}\}\max \quad (只看内向箭线) \quad (4\text{-}1)$$

式中:ET_j——j 节点的最早可能开始时间;
ET_i——i 节点的最早可能开始时间;
$D_{i\text{-}j}$——$i\text{-}j$ 工作的工期。

口诀:从左往右,(只加内向箭线)累加取大。

(3)规定:开始节点最早可能开始时间为零,即 $ET_1 = 0$。

图例如图 4-25 所示。

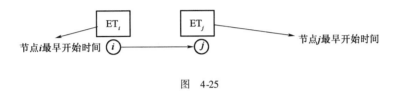

图 4-25

节点的最早开始时间 ET 计算步骤,以例 4-8 为例,见图 4-26。

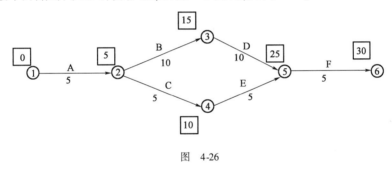

图 4-26

例 4-8:第一步,①节点最早开始时间为 0d;

第二步,②节点最早开始时间为①节点最早开始时间加 A 工作工期,即 0 + 5 = 5(d);

第三步,③节点最早开始时间为②节点最早开始时间加 B 工作工期,即 5 + 10 = 15(d);

第四步,④节点最早开始时间为②节点最早开始时间加 C 工作工期,即 5 + 5 = 10(d);

第五步,⑤节点最早开始时间为③节点最早开始时间加 D 工作工期,即 15 + 10 = 25(d),而不是④节点最早开始时间加 E 工作工期即 10 + 5 = 15(d),因为 F 工作必须等 D、E 工作都完成后才能开始,D 工作最早结束时间是第 25d,E 工作最早结束时间是第 15d,所以⑤节点最早开始时间是第 25d 而不是第 15d。

第六步,⑥节点最早开始时间为⑤节点最早开始时间加 F 工作工期,即 25 + 5 = 30(d)。

总结:由以上计算可见,计划总工期为 30d。

(二)节点的最迟可能开始时间 LT

(1)定义:节点的最迟可能开始时间表示节点开工不能迟于这个时间,若迟于这个时间,将会影响计划的总工期。

(2)计算方法:从结束节点开始,逆箭线方向,依次计算每一个节点,直至开始节点。计算

式为式(4-2):

$$LT_i = \{LT_j - D_{i\text{-}j}\}\min \qquad (4\text{-}2)$$

式中:LT_i——i 节点的最迟可能开始时间;

LT_j——j 节点的最迟可能开始时间;

$D_{i\text{-}j}$——$i\text{-}j$ 工作的工期。

口诀:从右往左,(只看外向箭线包括虚箭线)递减取小。依次一个节点一个节点地去计算,不要看线路,不要远看,只看前后两个节点。

(3)规定:结束节点最迟可能开始时间为结束节点的最早可能开始时间,即计划的总工期。

图例如图 4-27 所示。

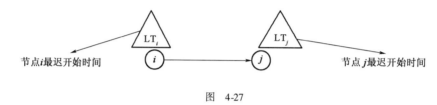

图 4-27

节点的最迟开始时间 LT 计算步骤,以例 4-9 为例,见图 4-28。

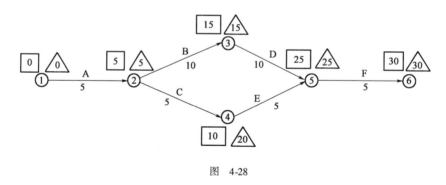

图 4-28

例 4-9:第一步,⑥节点最迟开始时间为 30d;

第二步,⑤节点最迟开始时间为⑥节点最迟开始时间减去 F 工作工期,即 $30 - 5 = 25(d)$;

第三步,④节点最迟开始时间为⑤节点最迟开始时间减去 E 工作工期,即 $25 - 5 = 20(d)$;

第四步,③节点最迟开始时间为⑤节点最迟开始时间减去 D 工作工期,即 $25 - 10 = 15(d)$;

第五步,②节点最迟开始时间为③节点最迟开始时间减去 B 工作工期,即 $15-10 = 5(d)$,而不是④节点最迟开始时间减去 C 工作工期即 $20 - 5 = 15(d)$,因为②节点最迟必须开始时间是 5d,不会影响总工期,如果是 15d 则总工期将推迟 10d,所以②节点最迟开始时间是 5d 而不是 15d。

第六步,①节点最迟开始时间为②节点最迟开始时间减去 A 工作工期,即 $5 - 5 = 0(d)$。

总结:由以上计算可见,关键线路为①②③⑤⑥。关键线路上节点的最早、最迟开始时间相同。

二、工作(工序)时间参数(过程参数)的计算

4. 双代号网络计划时间参数计算

(一)工作的最早开始、最早结束时间

1. 工作的最早开始时间 ES

$i-j$ 工作的最早开始时间 ES_{i-j} 与 i 节点的最早开始时间 ET 相等,即 $ES_{i-j} = ET_i$。

2. 工作的最早结束时间 EF

$i-j$ 工作的最早结束时间 EF_{i-j} 等于工作的最早开始时间 ES_{i-j} 加上工作的工期 D_{i-j},即 $EF_{i-j} = ES_{i-j} + D_{i-j}$。

(二)工作的最迟开始、最迟结束时间

1. 工作的最迟开始时间 LS

$i-j$ 工作的最迟开始时间 LS_{i-j} 等于工作的最迟结束时间 LF_{i-j} 减去工作的工期 D_{i-j},即 $LS_{i-j} = LF_{i-j} - D_{i-j}$。

2. 工作的最迟结束时间 LF

$i-j$ 工作的最迟结束时间 LF_{i-j} 等于 j 节点的最迟开始时间 LT_j,即 $LF_{i-j} = LT_j$。

图例如图 4-29 所示:

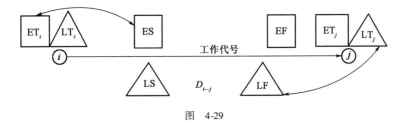

图 4-29

例 4-10:各工作时间参数计算步骤如下,见图 4-30。

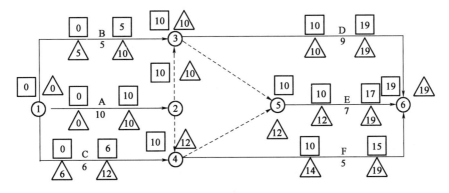

图 4-30

第一步，A 工作最早开始时间不能早于①节点最早开始时间，即 $ES_A = 0d$，A 工作最早结束时间等于 A 工作最早开始时间加 A 工作工期，即 $EF_A = ES_A + 10 = 10(d)$；

第二步，B 工作最早开始时间不能早于①节点最早开始时间，即 $ES_B = 0d$，B 工作最早结束时间等于 B 工作最早开始时间加 B 工作工期，即 $EF_B = ES_B + 5 = 0 + 5 = 5(d)$；

第三步，C 工作最早开始时间不能早于①节点最早开始时间，即 $ES_C = 0d$，C 工作最早结束时间等于 C 工作最早开始时间加 C 工作工期，即 $EF_C = ES_C + 6 = 0 + 6 = 6(d)$；

同理，得 $ES_D = 10$，$EF_D = ES_D + 9 = 10 + 9 = 19(d)$；$ES_E = 10d$，$EF_E = ES_E + 7 = 10 + 7 = 17(d)$；$ES_F = 10d$，$EF_F = ES_F + 5 = 10 + 5 = 15(d)$；

第四步，A 工作最迟结束时间不能迟于②节点最迟开始时间，即 $LF_A = 10d$，A 工作最迟开始时间等于 A 工作最迟结束时间减去 A 工作工期，即 $LS_A = LF_A - 10 = 0(d)$；

第五步，B 工作最迟结束时间不能迟于③节点最迟开始时间，即 $LF_B = 10d$，B 工作最迟开始时间等于 B 工作最迟结束时间减去 B 工作工期，即 $LS_B = LF_B - 5 = 5(d)$；

第六步，C 工作最迟结束时间不能迟于④节点最迟开始时间，即 $LF_C = 12d$，C 工作最迟开始时间等于 C 工作最迟结束时间减去 C 工作工期，即 $LS_C = LF_C - 6 = 12 - 6 = 6(d)$；

同理，$LF_D = 19d$，$LS_D = LF_D - 9 = 19 - 9 = 10(d)$；$LF_E = 19d$，$LS_E = LF_E - 7 = 19 - 7 = 12(d)$；$LF_F = 19d$，$LS_F = LF_F - 5 = 19 - 5 = 14(d)$。

总结：

(1)若工作的最早开始时间等于工作的最迟开始时间，即 $ES = LS$，则说明此工作没有时差，为关键工作。

(2)若工作的最早开始时间不等于工作的最迟开始时间，即 $ES \neq LS$，则说明此工作有机动时间可利用。

(3)关键线路为①②③⑥。

例 4-11：由同学们自己完成图 4-31 所示过程参数计算，并找出关键线路。

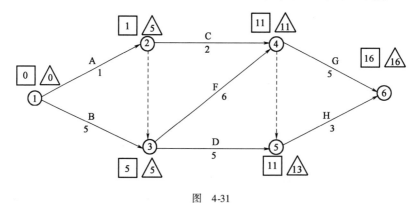

图 4-31

三、工作的时差计算

时差反映工作在一定条件下的机动时间范围。通常分为总时差 TF、局部时差 FF、相干时差 IF 和独立时差 DF。

(一) 总时差 TF_{i-j}

定义：总时差是在不影响任何一项紧后工作的最迟必须开始时间的条件下，本工作所拥有的最大机动时间。换句话说，它是在保证本工作以最迟完成时间完工的前提下，允许该工作推迟其最早开始时间或延长其持续时间的幅度。总时差 TF_{i-j} 可以用节点时间参数来计算，也可以用过程参数来计算。

1. 用节点时间参数来计算

$$TF_{i-j} = LT_j - ET_i - D_{i-j} \tag{4-3}$$

式中：TF_{i-j}——$i-j$ 工作的总时差；
　　LT_j——j 节点的最迟可能开始时间；
　　ET_i——i 节点的最早可能开始时间；
　　D_{i-j}——$i-j$ 工作的工期。

2. 用过程参数来计算

$$TF_{i-j} = LS_{i-j} - ES_{i-j} = LF_{i-j} - EF_{i-j} \tag{4-4}$$

式中：TF_{i-j}——$i-j$ 工作的总时差；
　　LS_{i-j}——$i-j$ 工作的最迟可能开始时间；
　　ES_{i-j}——$i-j$ 工作的最早可能开始时间；
　　LF_{i-j}——$i-j$ 工作的最迟可能结束时间；
　　EF_{i-j}——$i-j$ 工作的最早可能结束时间。

总结：①如果总时差等于0，其他时差也都等于0；②总时差不但属于本工作，而且可以传递，为一条线路所共有；③总时差最小的工作为关键工作，关键工作组成的线路为关键线路；④总时差等于0，说明本工作没有机动时间；总时差大于0，说明本工作有机动时间；总时差小于0，说明计划工期超过了上级规定工期，应进行调整。

(二) 局部时差 FF_{i-j}

定义：局部时差是在不影响任何一项紧后工作的最早开始时间，本工作所拥有的最大机动时间。换句话说，局部时差 FF_{i-j} 是在不影响紧后工作按最早开始时间开工的前提下，允许该工作推迟其最早开始时间或延长其持续时间的幅度。局部时差 FF_{i-j} 可以用节点时间参数来计算，也可以用过程参数来计算。

1. 用节点时间参数来计算

$$FF_{i-j} = ET_j - ET_i - D_{i-j} \tag{4-5}$$

式中：FF_{i-j}——$i-j$ 工作的局部时差；
　　ET_j——j 节点最早可能开始时间；

ET_i——i 节点最早可能开始时间;

D_{i-j}——$i-j$ 工作的工期。

2. 用过程参数来计算

$$FF_{i-j} = ES_{j-k} - ES_{i-j} - D_{i-j} \tag{4-6}$$

式中:FF_{i-j}——$i-j$ 工作的局部时差;

ES_{j-k}——紧后工作最早开始时间;

ES_{i-j}——$i-j$ 工作最早开始时间;

D_{i-j}——$i-j$ 工作的工期。

总结:①局部时差属于本工作,不能传递;②局部时差小于或等于总时差;③使用局部时差对紧后工作没有影响。

(三) 相干时差 IF_{i-j}

定义:相干时差是一个工作的终点上的一对节点时间参数之差。计算公式为:

$$IF_{i-j} = LT_j - ET_j \tag{4-7}$$

式中:IF_{i-j}——$i-j$ 工作的相干时差;

LT_j——j 节点最迟可能开始时间;

ET_j——j 节点最早可能开始时间。

总结:①相干时差可以传递,前后工作可共用;②相干时差 + 局部时差 = 总时差。

(四) 独立时差 DF_{i-j}

定义:独立时差是在不影响紧前工作最迟结束时间及紧后工作最早开始时间的条件下,本工作所拥有的机动时间。它可以用节点时间参数来计算,也可以用过程参数来计算。

1. 用节点时间参数来计算

$$DF_{i-j} = ET_j - LT_i - D_{i-j} \tag{4-8}$$

符号意义同前。

2. 用过程参数来计算

$$DF_{i-j} = ES_{j-k} - LF_{h-i} - D_{i-j} \tag{4-9}$$

式中:ES_{j-k}——紧后工作最早开始时间;

LF_{h-i}——紧前工作最迟结束时间;

其他符号意义同前。

总结:①独立时差属于本工作,不能传递;②独立时差小于或等于局部时差;③使用独立时差对紧前、紧后工作都没有影响。

例 4-12:用节点时间参数计算图 4-32 中各工作的总时差 TF_{i-j}、局部时差 FF_{i-j}、相干时差

IF_{i-j} 和独立时差 DF_{i-j}，并找出关键线路。

图例如图 4-33 所示。

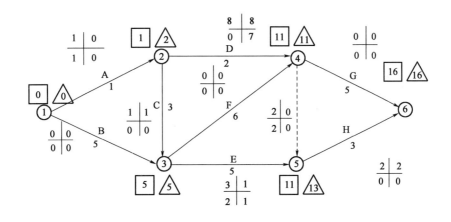

图 4-32

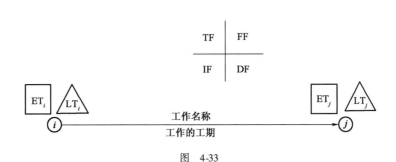

图 4-33

解：计算步骤：

(1) 总时差 TF_{i-j}

$TF_A = 2 - 0 - 1 = 1d, TF_B = 5 - 0 - 5 = 0d, TF_C = 5 - 1 - 3 = 1d, TF_D = 11 - 1 - 2 = 8d,$
$TF_F = 11 - 5 - 6 = 0d, TF_E = 13 - 5 - 5 = 3d, TF_G = 16 - 11 - 5 = 0d, TF_H = 16 - 11 - 3 = 2d,$
$TF_{虚工作} = 13 - 11 - 0 = 2d_。$

(2) 局部时差 FF_{i-j}

$FF_A = 1 - 0 - 1 = 0d, FF_B = 5 - 0 - 5 = 0d, FF_C = 5 - 1 - 3 = 1d, FF_D = 11 - 1 - 2 = 8d,$
$FF_F = 11 - 5 - 6 = 0d, FF_E = 11 - 5 - 5 = 1d, FF_G = 16 - 11 - 5 = 0d,$
$FF_H = 16 - 11 - 3 = 2d, FF_{虚工作} = 11 - 11 - 0 = 0d_。$

(3) 相干时差 IF_{i-j}

$IF_A = 2 - 1 = 1d, IF_B = IF_C = 5 - 5 = 0d, IF_D = IF_F = 11 - 11 = 0d,$
$IF_E = IF_{虚工作} = 13 - 11 = 2d, IF_G = IF_H = 16 - 16 = 0d_。$

(4) 独立时差 DF_{i-j}

$DF_A = 1 - 0 - 1 = 0d, DF_B = 5 - 0 - 5 = 0d, DF_C = 5 - 2 - 3 = 0d, DF_D = 11 - 2 - 2 = 7d,$
$DF_F = 11 - 5 - 6 = 0d, DF_E = 11 - 5 - 5 = 1d, DF_G = 16 - 11 - 5 = 0d,$

$DF_H = 16 - 13 - 3 = 0d$，$DF_{虚工作} = 11 - 1 - 0 = 0d$。

(5)关键线路为①③④⑥。

四、关键线路及其确定

1. 关键线路

由关键工作组成的线路叫关键线路。在一个网络图中，持续时间之和最长的线路是关键线路。

2. 非关键线路

在一个网络图中，关键线路以外的线路都是非关键线路。非关键线路上的工作并非全由非关键工作组成。

3. 关键线路的确定

(1)总时差最小的工作所组成的线路是关键线路。

(2)关键线路上所有节点的两个时间参数相等，反过来，如果节点的两个时间参数相等，该节点不一定是关键线路上的节点，要成为关键线路上的节点，还需加上条件：箭尾节点时间+工作持续时间=箭头节点时间，满足此两条件的工作，即为关键工作。

4. 总结

(1)关键线路在网络图中不一定只有一条。

(2)非关键工作如果将总时差全部用完，就转化为关键工作。

(3)如果总时差为零，其他时差也一定为零。

(4)当非关键线路延长的时间超过它的总时差，关键线路就转化为非关键线路。

五、网络计划图与横道图的关系

网络计划图与横道图有什么关系吗？有。实际上网络计划图与横道图一样都是时间组织的一种成果，任何一个横道图(紧凑法)都可以改画成网络计划图。下面举一实例来说明横道图改画成网络计划图的具体步骤。

例 4-13：图 4-34 为一个横道图，把 a 工序在 A 施工段上的施工过程(工作过程)叫作 Aa 工作，在 B 施工段上的施工过程叫作 Ba 工作，在 C 施工段上的施工过程叫作 Ca 工作，在 D 施工段上的施工过程叫作 Da 工作；把 b 工序在 A 施工段上的施工过程叫作 Ab 工作，在 B 施工段上的施工过程叫作 Bb 工作，在 C 施工段上的施工过程叫作 Cb 工作，在 D 施工段上的施工过程叫作 Db 工作；同理，c 工序在各施工段上的施工过程分别叫作：Ac、Bc、Cc、Dc 工作。其工作之间的逻辑关系见表4-16，图4-35为网络计划图，由图4-34改画而成。

表4-16

工作代号	Aa	Ba	Ab	Ca	Bb	Ac	Da	Cb	Bc	Db	Cc	Dc
紧前工作	—	Aa	Aa	Ba	Ba、Ab	Ab	Ca	Ca、Bb	Bb、Ac	Cb、Da	Cb、Bc	Db、Cc
流水节拍	2	3	2	3	2	3	2	3	3	3	3	2

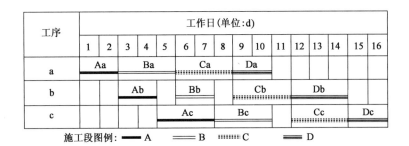

图 4-34 紧凑法流水作业进度图

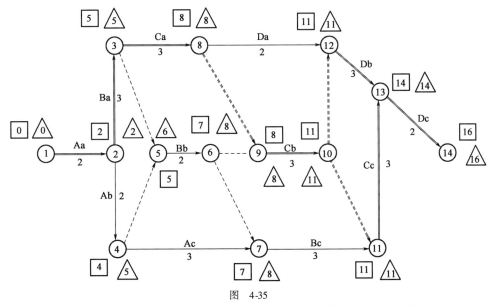

图 4-35

说明:双箭杆线代表关键工作;□代表节点的最早开始时间;△代表节点的最迟开始时间。

第四节 时间坐标网络计划

一、时间坐标网络计划的概念

前面讨论的网络计划是一般网络计划,在一般网络计划中,工作的工期(工作的持续时间)在箭线下方标出,各项工作的开始时间和结束时间不能直接看出来,不能反映整个计划的时间进程。

时间坐标网络计划,简称时标网络计划,是在一般网络计划的上方或下方增加一个时间坐标,箭线的长短即表示该工作的工期,是网络计划的另一种表达形式。它克服了一般网络计划的缺点,使网络计划更易于理解,更便于施工组织管理和计划调整。

二、时间坐标网络计划的绘制

时间坐标网络计划图可以按节点最早时间、节点最迟时间标画。这种时间坐标网络计划图主要供计划管理人员分析计划和实施资源优化使用。

1. 按节点最早时间标画时标网络

例 4-14：将图 4-36 所示的一般网络图，按节点最早时间标画成时标网络图。

具体步骤如下：

（1）先计算各节点的时间参数，并找出关键线路，如图 4-36 所示。

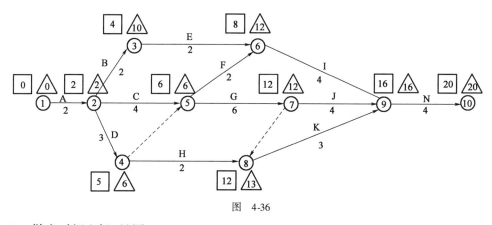

图 4-36

（2）做出时间坐标，见图 4-37。
（3）按节点最早时间把关键线路标画在图中适当位置，如图 4-37 所示。

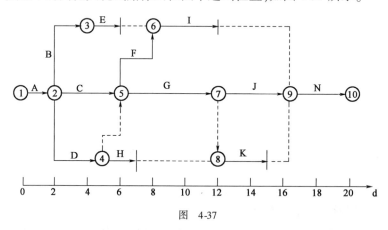

图 4-37

（4）按节点最早时间标画非关键线路，标画时应注意：①工作用实箭线表示，箭线的长度表示工作持续时间的长短；②虚工作仍用虚箭线表示；③机动时间用虚线表示，并在实箭线与虚箭线分界处加一个截止短线；④纵向没有时间含义。按以上步骤可画得如图 4-37 所示的时标图。

总结：按节点最早时间标画的时间坐标网络图，可以直接得到局部时差。如图 4-37 中，各工作的机动时间（虚线部分）即各工作的局部时差。

2. 按节点最迟时间标画时标网络

按节点最迟时间标画时标网络图与按节点最早时间标画时标网络图,其具体步骤完全相同,只是各工作的机动时间画在左侧,各节点由最早位置移动到最迟位置。仍以图 4-36 为例,得到的时标网络如图 4-38 所示。

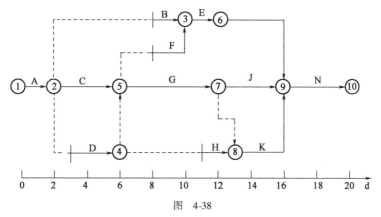

图 4-38

注意:按节点最迟时间标画的时标网络图不能直接得到任何时差,即图 4-38 中各工作的机动时间(虚线部分)不表示任何时差。

三、时标网络计划的特点和应用

1. 时标网络计划的特点

(1)时标网络计划图能直观地反映出整个计划的时间进程,与横道图比较接近。

(2)时标网络计划图能直接反映出各项工作的开始和结束时间、机动时间及关键线路;在计划执行过程中,可以随时确定哪些工作应该已经完成,哪些工作正在进行及哪些工作将要开始,如果实际执行过程中偏离了计划,应及时调整。

(3)时标网络计划图能清楚地表示出哪些工作可以平行进行,以帮助材料员确定在同一时间内各种材料、机械等资源的大致需要量。

(4)时标网络计划图的调整比较麻烦,当工期发生变化或资源供应有问题及其他原因而导致某些工作不能正常进行时,某些箭线的长度和节点的位置需要变动,这样往往导致整个网络图发生变动。

2. 时标网络计划的应用

(1)对工作项目少或工艺过程较简单的施工进度计划,利用时标网络计划图能迅速方便地边绘制、边计算、边调整。

(2)对于大型复杂的工程,可以先用时标网络计划图的形式绘制各分部工程或分项工程的网络计划图,然后再综合起来绘制出比较简单的总网络计划,即把每一个分部工程或分项工程的网络计划图看作是总网络计划图的一个工作(形成子网络图)。在执行过程中,如果有偏差,或其他原因等需要调整计划,只需调整子网络计划,而不必改动总网络计划。

(3)在时间坐标的表示上,根据网络图的层次,时间的刻画每一小格可以是 1 天、1 个月、1 个季度或 1 年。在时间安排上,应考虑节假日和雨季期的影响,留有调整余地。

第五节 单代号网络计划图的绘制与计算

一、单代号网络计划图的构成

单代号网络计划图与双代号网络计划图一样,也由三要素组成,但含义却完全不相同。

5.单代号网络图的组成与绘制

1. 节点

单代号网络计划图中的节点可以用圆圈或方框表示,一个节点表示一项具体的工作。节点所表示工作的名称(或工作的代号)、持续时间和节点的编号一般都标注在圆圈内。

计算所得的时间参数一般标注在节点的两侧,如图4-39所示。

2. 箭线

在单代号网络计划图中,箭线表示工作之间的相互关系,它既不消耗时间也不消耗资源。

单代号网络计划图中不用虚箭线,箭线的箭头方向表示工作的前进方向。如图4-40中,A 为 B 的紧前工作,B 为 C、D 的紧前工作,C、D 工作同时结束。

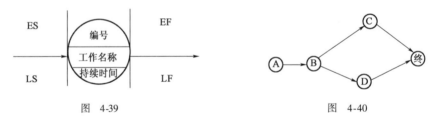

图 4-39　　　　　　　　　　　图 4-40

3. 代号

在单代号网络计划图中,一项工作只能有一个代号,不能重复。箭头节点的编号应大于箭尾节点的编号。

二、单代号网络计划图的绘制

单代号网络计划图与双代号网络计划图所表达的计划内容是一致的,两者的区别仅在于绘图的符号所表示的意义不同。单代号网络计划图的绘制过程与双代号网络计划图的绘制过程一样,也是先将工程任务分解成若干项具体的工作,然后确定这些工作之间的相互关系,以及各项工作的持续时间。

(一)工作关系的模型(与双代号相比较)

1. 两个工作同时开始且同时结束

单代号网络与双代号网络是表示两个工作同时开始且同时结束的网络图,如图4-41所示。

2.约束关系

(1)全约束(图4-42)。

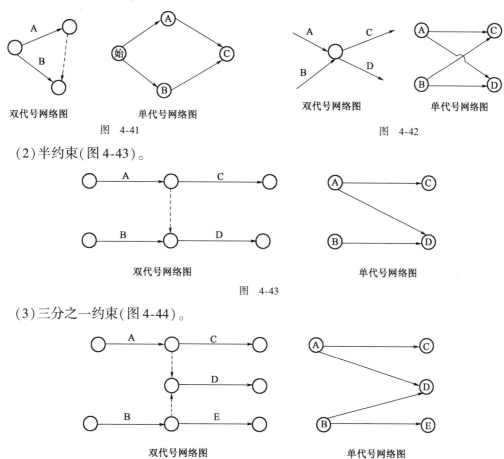

双代号网络图　　单代号网络图　　　　双代号网络图　　单代号网络图

图 4-41　　　　　　　　　　　图 4-42

(2)半约束(图4-43)。

双代号网络图　　　　　　　　　单代号网络图

图 4-43

(3)三分之一约束(图4-44)。

双代号网络图　　　　　　　　　单代号网络图

图 4-44

(二)绘制单代号网络计划图的基本规则

(1)双代号网络计划图中所列出的基本规则,在单代号网络计划图中原则上都应遵守。

(2)在单代号网络计划图中,若有几个工作同时开始,应引入一个"始"节点;若有几个工作同时结束,应引入一个"终"节点。引入的"始"节点和"终"节点都是虚拟的节点,它们不消耗时间和资源。

(三)单代号网络计划图的绘图

例 4-15:绘出表4-17 工作关系的单代号网络计划图(见图4-45,其双代号网络计划图见前面的例6)。

表4-17

工作	A	B	C	D	E	F	G	H	I
紧后工作	C、D、E、F	E、F	G	H	H	I	—	—	—

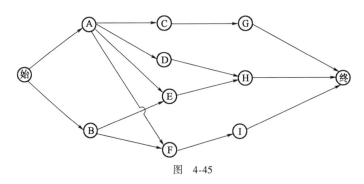

图 4-45

总结：①单代号网络图的绘制比较简单，其各项工作之间的相互关系容易表达；②单代号网络图的绘制不用虚箭线，便于检查和修改；③需要常用"暗桥法"解决交叉问题；④由于单代号网络图无节点时间参数，所以不能改画成时标网络图。

三、单代号网络计划图的时间参数计算

6.单代号网络图时间参数的计算

（一）工作的最早时间参数

1. 工作的最早可能开始时间 ES

（1）定义：工作的最早可能开始时间表示该工作的所有紧前工作都已完工，本工作可以开工。

（2）计算方法：从开始节点起，沿箭线方向，依次计算每一个节点时，只看内向箭线，取所有紧前工作中最早结束时间最大者，作为该工作最早可能开始时间 ES_i，直至结束节点。

（3）规定：开始节点最早可能开始时间为零，即 $ES_1 = 0$。

2. 工作的最早可能结束时间 EF

工作的最早可能结束时间 EF_i 为：

$$EF_i = ES_i + D_i \quad (i = 1,2,3,\cdots,n) \tag{4-10}$$

式中：D_i——第 i 项工作的持续时间；

n——网络图中终节点的编号。

（二）工作的最迟时间参数

1. 工作的最迟必须结束时间 LF

（1）规定：结束节点最迟必须结束时间等于结束节点的最早可能结束时间，即 $LF_n = EF_n$。则 $LS_n = LF_n - D_n$。

（2）计算方法：从结束节点开始，逆箭线方向，依次计算每一个节点时，只看外向箭线，取所有紧后工作中，最迟必须开始时间的最小者，作为该工作的最迟必须结束时间，直至开始节点。

2. 工作的最迟必须开始时间 LS

（1）定义：工作的最迟必须开始时间表示该工作开工不能迟于这个时间，若迟于这个时

间,将会影响计划的总工期。

(2)计算:工作的最迟必须开始时间 LS_i 为:

$$LS_i = LF_i - D_i \quad (i = 1,2,3,\cdots,n) \tag{4-11}$$

(三) 工作的各种时差计算

1. 总时差 TF_i

在单代号网络计划图中,工作的总时差的概念与双代号网络图完全相同。其计算公式为:

$$TF_i = LF_i - ES_i - D_i = LF_i - EF_i = LS_i - ES_i \tag{4-12}$$

2. 局部时差 FF_i

由于单代号网络计划图中,无节点时间参数,工作 i 的所有紧后工作中,最早可能开始时间不一定相同,因而在计算工作的局部时差时公式稍有变化,为:

$$\begin{aligned}FF_i &= \min\{ES_j\} - ES_i - D_i \\ &= \min\{ES_j\} - EF_i \quad (i < j)\end{aligned} \tag{4-13}$$

式中:$\min\{ES_j\}$——工作 i 的所有紧后工作中最早可能开始时间的最小者。

3. 相干时差 IF_i

$$IF_i = TF_i - FF_i \tag{4-14}$$

4. 独立时差 DF_i

$$DF_i = FF_i - \max\{IF_h\} \quad (h < i) \tag{4-15}$$

式中:$\max\{IF_h\}$——工作 i 的所有紧前工作中相干时差的最大者,当 $DF_i < 0$ 时,取 $DF_i = 0$。

例 4-16:计算图 4-46 所示的单代号网络计划图的各种时间参数,并确定关键线路。

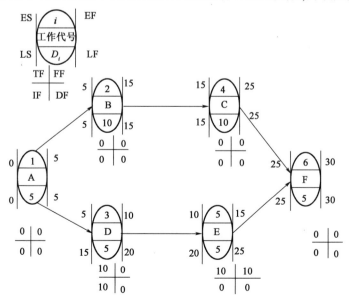

图 4-46 例 4-16 图

(四)关键线路的确定

单代号网络计划图中确定关键线路的方法与双代号网络计划图基本相同。只是由于没有节点时间参数,所以不能用节点时间参数均相等这种方法来判别关键线路。

在单代号网络计划图中,总时差为零的工作为关键工作,由关键工作所组成的自始至终的线路为关键线路。

关键线路为①②④⑥。

第六节 网络计划的优化

一、工期优化

7.工期优化

在网络计划中,关键线路控制着施工任务的总工期,当计划的总工期超过了上级要求的总工期时,我们必须从关键线路着手(本节中涉及时间的单位为天,用 d 表示,图中省略单位)。缩短关键线路的方法有:①优化原来的组织计划;②压缩关键工作的持续时间。

(一)优化原来的组织计划

(1)将顺序工作调整为平行工作(A 工作与 B 工作不在同一工作面上),见图 4-47。

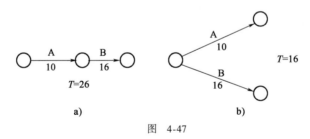

图 4-47

(2)将顺序工作调整为交叉工作。

如:某一辅线工程,里程是 3km,计划分为三个工程项目,即施工准备工作 18d;路基工程 15d;路面工程 6d。

①若顺序施工,工期 $T = 39d$,见图 4-48。

图 4-48

②若采用交叉作业,工期 $T = 25d$,见图 4-49。

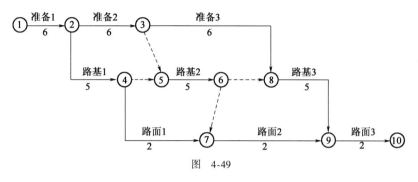

图 4-49

将这段路分成三个施工段,按流水作业方法组织,则工作关系见表 4-18。

表 4-18

工作	准备 1	准备 2	准备 3	路基 1	路基 2	路基 3	路面 1	路面 2	路面 3
紧前工作	—	准备 1	准备 2	准备 1	准备 2 路基 1	准备 3 路基 2	路基 1	路基 2 路面 1	路基 3 路面 2
持续时间	6	6	6	5	5	5	2	2	2

(3) 延长非关键工作的持续时间。

图 4-50 所示网络计划,计划工期 27d,上级要求工期 25d。在工作面允许的情况下,按照劳动量相等的原则,可以把 C 工作延长 2d,把 E 工作延长 1d,从 C 工作中抽走 4 人,从 E 工作中抽走 1 人,将抽走的人都放入 D 工作中,从而 D 工作缩短了 2.5d。这样就可使工期满足要求,但关键线路发生了变化,见图 4-51。

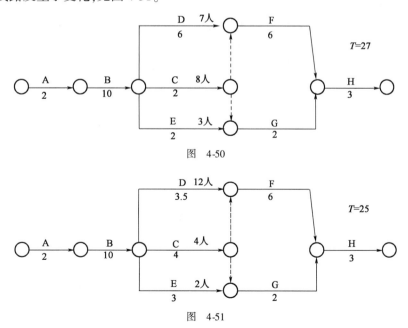

图 4-50

图 4-51

(4) 推迟非关键工作的开始。

图 4-52 所示网络计划图,计划工期 27d,上级要求 25d 完工。在工作面允许的条件下,推

迟 C 工作的开工时间,将 C 工作的 8 人全部投入 B 工作。新的网络计划图就能满足上级要求,见图 4-53。

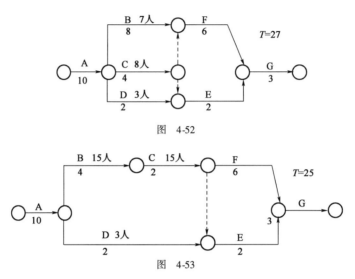

图 4-52

图 4-53

(二)压缩关键工作的持续时间

在工作面允许,资源充足的情况下,可通过从计划外增加资源,压缩关键工作的持续时间,以达到缩短工期的目的。需要注意的是,在压缩关键线路的同时,会使某些时差较小的次关键线路上升为关键线路,这时需要再次压缩新的关键线路,如此逐渐逼近,直到达到规定工期为止。

如图 4-54 所示的网络计划图,计划工期 68d,上级规定工期 60d。第一次,J 工作压缩 5d,M 工作压缩 3d,新的网络计划图见图 4-55。

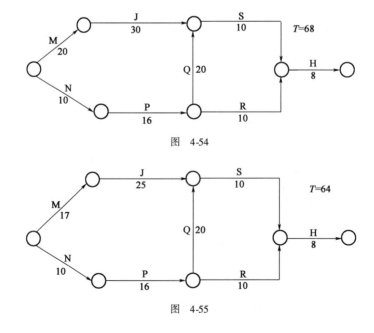

图 4-54

图 4-55

第二次,Q 工作压缩 4d,新的网络计划图见图 4-56。已满足规定工期要求。

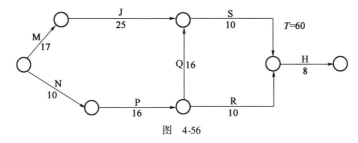

图 4-56

二、时间—费用优化

前面所讨论的工期优化,没有考虑费用问题。事实上,要想缩短工期,一般都需要增加劳动力、时间或增加其他资源,而这些都会引起费用增加,因此费用与工期有着密切的关系。公路工程项目的总费用包括直接费用和间接费用。直接费用是指完成工程所需的人工、材料、机械等费用;间接费用包括管理费用、福利、利息和一切不便于计入直接费用的其他附加费用。直接费用随着工期的缩短而增加,间接费用则随着工期的缩短而减少。因此,对于一个工程项目来说,就有一个时间—费用的优化问题。

8.费用优化

时间—费用优化的基本步骤为:

(1)按正常工作时间编制网络计划图,并计算计划工期和完成计划的直接总费用。

(2)列出构成整个计划的各项工作在正常工期时的直接费用,以及关键工作每缩短单位时间所增加的费用额,即费用斜率。

(3)根据费用最小原则,找出关键工作中费用斜率最小的首先给予压缩,这样可以使直接费用的增加最少。

(4)计算加快某关键工作后,计划的总工期和总直接费用额,并重新确定关键线路。

(5)重复(3)和(4)的内容,直到网络计划中关键线路上的工作都达到最短持续时间,而不能再压缩为止。

(6)根据以上计算结果便可以得到一条时间—直接费用曲线。如果时间—间接费用曲线也已知,叠加此二曲线便可得出计划的总费用曲线。

(7)总费用曲线上的最低点所对应的工期,就是整个项目计划总费用最低的最优工期。

三、资源优化

这里所说的资源包括人力、材料、动力、机械设备等。如果工作进度安排不恰当,就会在计划的某些阶段出现对资源需求的"高峰",而在另一些阶段出现对资源需求的"低谷"。这种资源的不均衡,会造成资源供应不足,或资源供应过剩,同时,也会给工程组织和管理带来许多麻烦。资源优化的目的,就是为了解决这些问题。下面介绍两种资源优化的情况。

9.资源优化

1.规定工期的资源均衡

在工期限定的情况下,当对资源的需求出现"高峰"时,我们通常对非关键工作进行调整,以使资源尽量达到均衡,调整的方法有以下三种。

(1)利用时差,推迟某些工作的开始时间。推迟规则为:①优先推迟资源强度小的工作(资源强度是指单位时间内的资源需要量);②当有几项工作的资源强度相同时,优先推迟机动时间大的工作。

(2)在条件允许的情况下,可在资源需求量超限的时段内中断某些工作,以减少对资源的需要量。

(3)改变某些工作的持续时间。

2. 资源有限使工期最短

当一项工程计划经过调整资源均衡之后,如果所需要的资源很充足,就可以下达实施了。但是,当资源供应有限时,就要根据有限的资源去安排工作。下面介绍一种资源有限的分配方法——备用库法。

备用库法分配有限资源的基本原理为:设想可供分配的资源储藏在备用库中,任务开始后,从库中取出资源,按工作的"优先安排规则"给即将开始的工作分配资源,并考虑到尽可能的最优组合,分配不到资源的工作就推迟开始。随着时间的推移和工作的结束,资源陆续返回到备用库中。当库中的资源达到能满足即将开始的一项或几项工作的资源需要时,再从备用库中取出资源,按这些工作的优先安排规则进行分配。这样反复循环,一直到所有工作都分配到资源为止。

资源分配的优先安排规则为:

(1)优先安排机动时间短的工作;

(2)当几项工作的机动时间相同时,优先安排持续时间短的和资源强度小的工作。

应注意的是:优先保障关键工作的资源安排和力争减少资源的库存积压,提高利用率。灵活地运用以上优先安排规则,并考虑尽可能最优组合。

第七节　Project 在施工组织设计中的应用

施工组织设计是统筹考虑施工活动中的人力、资金、材料、机械和施工方法等,对整个工程的施工进度和资源消耗等做出的科学而合理的安排。在项目实施的过程中,工程项目管理软件能为工程人员进行进度安排工作提供较好的支持,因此得到较为广泛的应用。

多数软件具备基于网络技术的进度计划管理功能,可以做到:定义任务,并将这些任务用一系列的逻辑关系联系起来;计算关键路径;时间进度分析;资源平衡;实际的计划执行情况;输出报告,包括横道图和网络图等。

Project 是微软公司推出的项目规划与管理软件,它凝集了现代许多成熟的项目管理理论和方法,在计算机技术高度发展的今天为项目管理提供了优秀的软件工具,可以帮助项目管理者实现时间、资源和成本的计划与控制。该软件不仅可以快速、准确地创建项目计划,而且可以帮助项目管理者实现项目进度、成本的控制、分析和预测,使项目工期大大缩短,资源得到有效利用,提高经济效益。本部分内容以 Project2021 版本为例介绍软件在公路施工组织设计中的应用。

一、Project 的工作界面

Project 的工作界面与 Office 其他组件的工作界面大致相同,由标题栏、功能区、组、状态栏与工作区组成。唯一的区别是 Project 的工作区由数据编辑区与视图区组合而成。

窗口的最上方由快速访问工具栏、标题栏与窗口控制按钮组成,下面是功能区,然后是由数据区和图表区组合而成的工作表区,具体如图4-57所示。

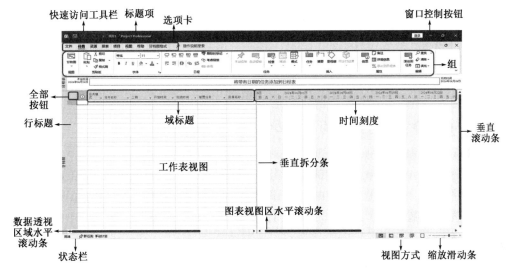

图 4-57　Project 工作界面

(1)标题栏:位于窗口的最上方,用于显示文件名称。左侧为快速访问工具栏,右侧为窗口控制按钮,中间显示程序为当前运行的文件名称。

(2)快速访问工具栏:位于标题栏的左侧,用于存放一些常用命令。

(3)窗口控制按钮:位于标题栏的右侧,用于缩小、放大与关闭 Project 窗口。

(4)选项卡:在 Project 中,主要包括文件、任务、资源、项目、视图等选项卡。

(5)组:在 Project 中,直接单击组中的命令可快速实现对 Project 的各种操作。

(6)全选按钮:单击该按钮,可选择 Project 中的整个数据编辑区。

(7)域标题:类似于 Excel 中的列标题,为 Project 工作表视图中每列顶部的灰色区域,单击域标题可选择该列。

(8)行标题:为每行左侧的灰色区域,任务工作表和资源工作表的行标题通常包含每项任务或资源的标识号。

(9)水平拆分条:双击或拖动该按钮可以将工作表视图水平拆分成两部分,拆分任务视图时,将在底部显示"任务窗体"视图,而拆分资源视图时,将在底部显示"资源窗体"视图。

(10)垂直拆分条:用于分割甘特图、资源图表、资源使用状况、任务分配状况视图中的表与图表部分,或图例与图表部分。

（11）时间刻度：在甘特图、资源图表、任务分配状况、资源使用状况视图顶部包含时间刻度的灰色分割宽线，时间刻度下方的区域显示了以图表方式表示的任务或资源信息。

（12）状态栏：位于界面的底部，主要显示当前的操作或模式的状态。在状态栏中包含了当前编辑状态与新任务的当前模式。

（13）工作表视图：位于界面的中央，垂直折分条的左侧为数据视图区，主要用来编辑项目任务名称、工期、开始时间等项目信息，而垂直折分条的右侧为图表视图区，主要用来显示甘特图、资源图表、资源使用状况、任务分配状况视图中的以图形显示的任务或资源信息。

（14）缩放滑块：位于状态栏的最右侧，可快速缩放视图的时间分段部分，可用于甘特图、网络图、日历视图以及所有的图形视图中。

（15）滚动条：分为垂直滚动条、图表视图区水平滚动条与数据视图区水平滚动条，主要用来调节工作表视图的显示内容。

（16）视图方式用来切换工作表的视图，包括甘特图、任务分配状况、工作组规划器与资源工作表 4 种模式。

二、Project 编制项目计划的基本步骤

通过 Project 编制工程项目施工进度计划，既要保证工程质量和安全，又要确保按期完工。根据实际工程的特点，针对工程重点控制关键工期，确定各主要分部、分项工程的施工进度，满足项目管理的需要。结合施工企业的技术、资源等状况，制定工程进度目标，采取一定的技术管理措施和先进的施工技术，编制施工进度计划。

1. 任务分解

简单来讲，任务分解就是把复杂的项目逐步分解成一层一层的要素，直到具体明确为止，是对项目工作由粗到细的分解过程。首先确定整个项目的实施步骤，列出项目的主要内容，然后将这些步骤分解为更详细的任务，确定项目步骤与项目任务之后，再规划项目任务的实施时间。

2. 创建项目文档

Project 创建新文档，可以通过以下三种方法来创建。

（1）创建空白项目文档。创建空白项目文档有两种方法，分别是工具栏法和命令法。

①快速访问工具栏。启动 Project 之后，单击"自定义快速访问工具栏"的下拉按钮，在其下拉列表中选择"新建"选项，将该命令添加到"自定义快速访问工具栏"中，然后单击"自定义快速访问工具栏"中的"新建"按钮可以快速创建空白项目文档，见图 4-58。

图 4-58　快速访问工具栏创建空白项目文档

②命令法。启动 Project,执行"文件/新建"命令,在展开的列表中选择"空白项目"选项,并单击"创建"按钮。

(2)利用模板创建

模板是一种特殊的项目文档,是 Project 预先设置好任务、资源及样式的特殊文档。通过模板可以创建具有统一规格、统一框架的项目文档。

执行"文件/新建"命令,在展开的列表中选择"可用模板"选项,见图 4-59。

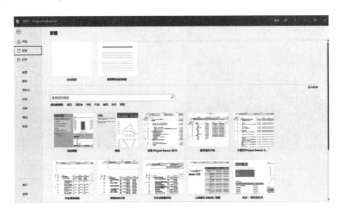

图 4-59　模板创建项目文档

(3)根据现有项目创建

"根据现有项目创建"是根据用户保存在本地计算机中的项目文档来创建新的项目文档。执行"文件/新建"命令,在展开的列表中选择"根据现有项目新建"选项,见图 4-60。

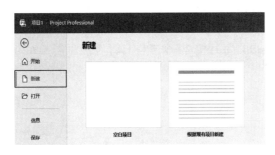

图 4-60　根据现有项目创建项目文档

3.设置项目信息

创建项目文件之后,使用 Project 编制项目计划时首先应做一些系统设置。选择"项目"/"属性"/"项目信息",在弹出的对话框中设置各项信息。

(1)设置项目开始日期或完成日期

通常 Project 从给定日期开始向后编排项目。这个日期就是在"开始日期"框中设置的日期。所有任务在确定时间或设置相关性之前,都以该日期作为开始日期。

(2)设定项目日程排定方法

在大多数情况下,我们从项目的"开始日期"根据所有任务的工期与关联性计算出项目的完成日期,并显示在"完成日期"中。这样的日程排定为"正排计划"。在"日程排定方法"选项下选定"从项目开始之日起"排定时就是按这种方法排定的。

有时可使用"倒排计划"方法,即先设定完成日期,再按任务的工期和相关性向前推算项目的开始日期。在"日程排定方法"选项下选定"从项目完成之日起"就是按这种方法排定的。按这种方法,系统便会把计算出来的开始日期放到"开始日期"框中。见图4-61。

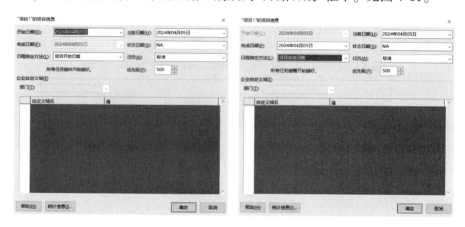

图4-61　日程排定方法

4. 设置项目日历

（1）新建日历

Project 为用户提供了"标准日历",标准日历的设置为：

①工作日：星期一到星期五。星期六和星期日休息。

②工作时间：8:00—12:00,13:00—17:00。

③没有特定的假日。

④每天工作8h,每周40h,每月按20个工作日计算。见图4-62。

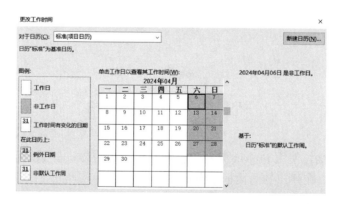

图4-62　标准日历

但是,并不是所有的项目都适应于标准日历,例如,工程施工是基本不考虑周六、周日的,此时,标准日历无法满足工程项目的需要,我们需要为项目创建一个新的日历。执行"项目/属性/更改工作时间",单击"新建日历"按钮,输入日历名称,并输入相应的选项。一般选"复制",方便我们随时使用默认的基准日历。见图4-63。

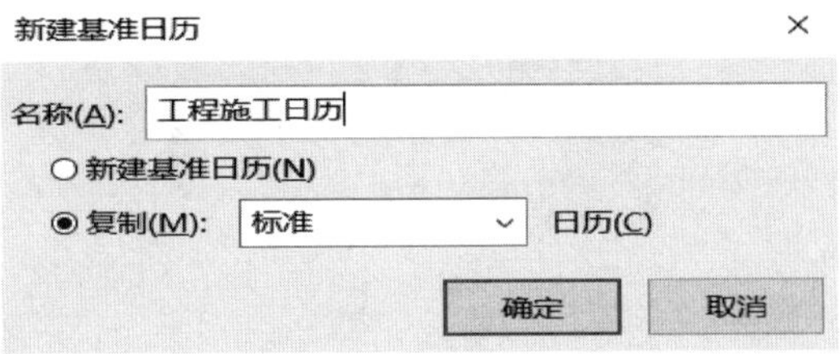

图4-63 新建日历

(2) 调整工作周

创建新日历之后还需要调整日历的"工作周",来满足工程施工的要求。点击"工作周/详细信息",将周六和周日选为"对所列日期设置以下工作时间",输入开始时间和结束时间后点击确定,日历视图中周六和周日两列由灰色变为白色。见图4-64。

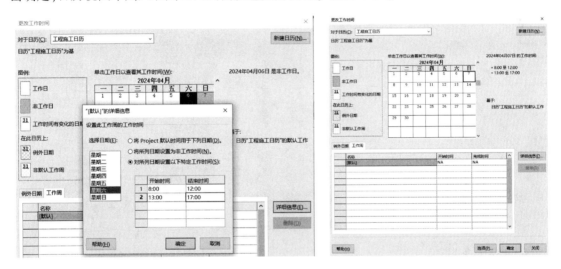

图4-64 调整工作周

(3) 设置工作日

在项目执行过程中,经常会因为某种原因,人员需适当的加班或休息。例如,春节需放假。此时,激活"例外日期"选项卡,输入例外日期的名称、开始与完成时间,并单击"详细信息"按钮,设置相应的选项。同理,加班时间也可进行设置。

5. 创建项目任务

设置好项目的基本信息后,开始创建任务。将已经分解好的项目任务一一输入。一般情况下,在"甘特图"视图中输入项目任务。选择"任务名称"域标题中的第1个单元格,在单元格中输入任务名称,系统会自动在行标题处显示行号。输入任务名称后,系统会自动将"任务模式"设置为"手动计划",此时还要输入任务对应的工期、开始时间与完成时间。见图4-65。

手动输入任务较快捷,但却无法设置更多的任务信息,可先选择"任务名称"域中的单元格,执行"任务/属性/信息"命令,在弹出的对话框中设置相应的任务信息,见图4-66。

图 4-65　创建任务

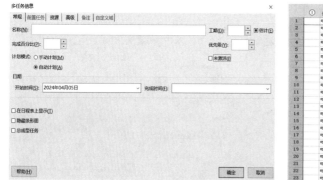

图 4-66　设置任务信息

6. 组织任务

创建项目任务之后,为使各任务按照预定的顺序与时间实施,还需为任务设置结构与执行时间。为便于管理任务,需对任务进行分级,任务分级主要包括创建摘要任务与子任务的大纲结构,以及创建工作分解结构这两种形式。

(1)大纲结构在 Project 中,可通过降级和升级项目任务的方法,来创建摘要任务和子任务的大纲,从而细分任务列表,使其更具有组织性与可读性。

①摘要任务和子任务:默认情况下,摘要任务是以粗体显示并已升级,而子任务降级在摘要任务之下。

②组织任务的方法:摘要任务又称为"集合任务",用于汇总其子任务的数据。可通过下列两种方法来组织任务列表。

自上而下:首先确定主要阶段,再将主要阶段分解为各个任务。

自下而上:首先列出所有的任务,再将其组合为多个阶段。

确定了用于组织任务的方法后,便可以大纲形式将任务组织为摘要任务和子任务。

在"甘特图"视图中,选择需要降级的任务,执行"任务/日程/降级命令",可将所选任务降级为子任务,见图 4-67。

图 4-67　降级任务

一般情况下，摘要任务汇总了所有包含子任务的最早开始日期到最后完成日期之前时间段的信息，并且摘要任务的值处于不可编辑状态，用户可通过修改各个子任务值的方法来更改摘要任务的值。

（2）工作分解结构

工作分解结构又称为 WBS 代码，该代码由字母和数字组成，主要用来表示相关联任务在项目层次结构中所处的位置。另外，WBS 代码类似于大纲数字，每个任务只有一个 WBS 代码，该代码是唯一值。执行"项目/属性/WBS/定义代码"命令，在弹出的对话框中设置代码类型即可，见图 4-68。

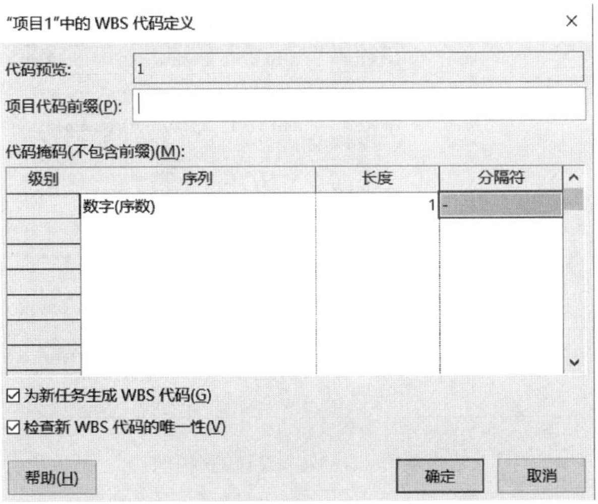

图 4-68　设置 WBS 代码

然后,右击“任务模式”域标题,执行“插入列”命令,选择“WBS”选项即可。见图4-69。

	WBS	任务模式	任务名称	工期	开始时间	完成时间
1	1		道路工程施工项目	1 个工作日?	2024年04月05日	2024年04月05日
2	1-1		前期准备	1 个工作日?	2024年04月05日	2024年04月05日
3	1-1.1		工程预算	1 个工作日?	2024年04月05日	2024年04月05日
4	1-1.2		设置提示牌	1 个工作日?	2024年04月05日	2024年04月05日
5	1-1.3		清理路面	1 个工作日?	2024年04月05日	2024年04月05日
6	1-2		路面工程	1 个工作日?	2024年04月05日	2024年04月05日
7	1-2.1		清除路面垃圾	1 个工作日?	2024年04月05日	2024年04月05日
8	1-2.2		挖掘沟槽	1 个工作日?	2024年04月05日	2024年04月05日
9	1-2.3		铺设水管	1 个工作日?	2024年04月05日	2024年04月05日
10	1-2.4		压力试验	1 个工作日?	2024年04月05日	2024年04月05日
11	1-2.5		填沟埋槽	1 个工作日?	2024年04月05日	2024年04月05日
12	1-3		电力工程	1 个工作日?	2024年04月05日	2024年04月05日
13	1-3.1		设置电杆	1 个工作日?	2024年04月05日	2024年04月05日
14	1-3.2		拉装电缆	1 个工作日?	2024年04月05日	2024年04月05日
15	1-3.3		安装变压器	1 个工作日?	2024年04月05日	2024年04月05日
16	1-3.4		电力入户	1 个工作日?	2024年04月05日	2024年04月05日
17	1-4		路面清理	1 个工作日?	2024年04月05日	2024年04月05日
18	1-4.1		清理路面垃圾	1 个工作日?	2024年04月05日	2024年04月05日
19	1-4.2		修剪树枝	1 个工作日?	2024年04月05日	2024年04月05日
20	1-4.3		铺设路面	1 个工作日?	2024年04月05日	2024年04月05日
21	1-5		后期工作	1 个工作日?	2024年04月05日	2024年04月05日
22	1-5.1		撤销提示牌	1 个工作日?	2024年04月05日	2024年04月05日
23	1-5.2		恢复交通	1 个工作日?	2024年04月05日	2024年04月05日

图4-69　插入“WBS”代码列

7. 设置任务工期

任务工期是完成某项任务的工作时间,通过设置每项任务的工期,可以获得项目的总工期。

(1)设置任务时间

在项目管理中,任务时间即为每项任务所完成的时间。只能为子任务设置任务时间,每个子任务的累计时间便是摘要任务的时间。

在“甘特图”视图中,工期值后面都带有一个问号“?”,这表示系统目前使用的是估计工期。当在工期单元格中输入工期值,估计工期便会变成计划工期了,工期值后面的“?”也会自动消失。见图4-70。

甘特图	WBS	任务模式	任务名称	工期	开始时间	完成时间	前置任务
1	1		道路工程施工项目	16 个工作日	2024年04月05日	2024年04月26日	
2	1-1		前期准备	6 个工作日	2024年04月05日	2024年04月12日	
3	1-1.1		工程预算	6 个工作日	2024年04月05日	2024年04月12日	
4	1-1.2		设置提示牌	1 个工作日	2024年04月05日	2024年04月05日	
5	1-1.3		清理路面	2 个工作日	2024年04月05日	2024年04月08日	
6	1-2		路面工程	15 个工作日	2024年04月05日	2024年04月25日	
7	1-2.1		清除路面垃圾	3 个工作日	2024年04月05日	2024年04月09日	
8	1-2.2		挖掘沟槽	10 个工作日	2024年04月05日	2024年04月18日	
9	1-2.3		铺设水管	15 个工作日	2024年04月05日	2024年04月25日	
10	1-2.4		压力试验	6 个工作日	2024年04月05日	2024年04月12日	
11	1-2.5		填埋沟槽	5 个工作日	2024年04月05日	2024年04月11日	
12	1-3		电力工程	16 个工作日	2024年04月05日	2024年04月26日	
13	1-3.1		设置电杆	8 个工作日	2024年04月05日	2024年04月16日	
14	1-3.2		拉装电缆	12 个工作日	2024年04月05日	2024年04月22日	
15	1-3.3		安装变压器	16 个工作日	2024年04月05日	2024年04月26日	
16	1-3.4		电力入户	7 个工作日	2024年04月05日	2024年04月15日	
17	1-4		路面清理	13 个工作日	2024年04月05日	2024年04月23日	
18	1-4.1		清理路面垃圾	3 个工作日	2024年04月05日	2024年04月09日	
19	1-4.2		修剪树枝	6 个工作日	2024年04月05日	2024年04月12日	
20	1-4.3		铺设路面	13 个工作日	2024年04月05日	2024年04月23日	
21	1-5		后期工作	1 个工作日	2024年04月05日	2024年04月05日	
22	1-5.1		撤销提示牌	1 个工作日	2024年04月05日	2024年04月05日	
23	1-5.2		恢复交通	0 个工作日	2024年04月05日	2024年04月05日	

图4-70　直接输入设置任务时间

设置任务时间也可通过“任务信息”对话框,选择任务名称,执行“任务/属性/信息/”命令,输入工期值即可,见图4-71。

图 4-71 "任务信息"对话框设置任务时间

(2) 创建里程碑任务

项目中有些任务不属于过程性任务,只是一个重要的时间点,这类任务称为"里程碑任务",如"设计评审完成"。创建里程碑任务有以下两种方法:

① 任务工期为 0 的里程碑。

默认情况下,只要工期是 0 的任务,系统会自动将其设置为里程碑。对于已经输入的任务,在任务对应的"工期"单元格中,将工期值改为 0 即可,见图 4-72。

图 4-72 工期值改为 0 设置里程碑任务

当在已输入任务之间设置里程碑任务时,需要选择插入里程碑任务之下的任务名称,执行"插入/里程碑"命令,系统会自动插入一个新任务,并将新任务的工期显示为零,此时,只需在插入的新任务中输入任务名称即可,见图 4-73。

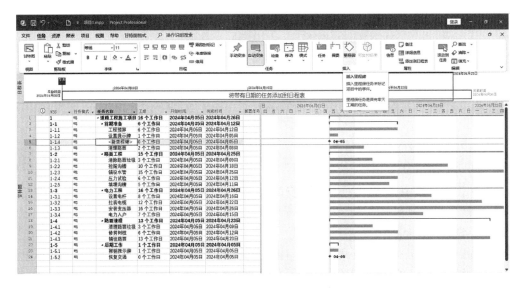

图 4-73 插入里程碑设置里程碑任务

任务工期大于0的里程碑。有些任务工期不为0,也可标记为里程碑任务。例如,项目包含一个"验收"的任务,它的工期为5d,是项目中一个重要的时间点,可将它设置为里程碑。执行"任务/信息/高级"命令,选中"标记为里程碑"复选框即可,见图4-74。

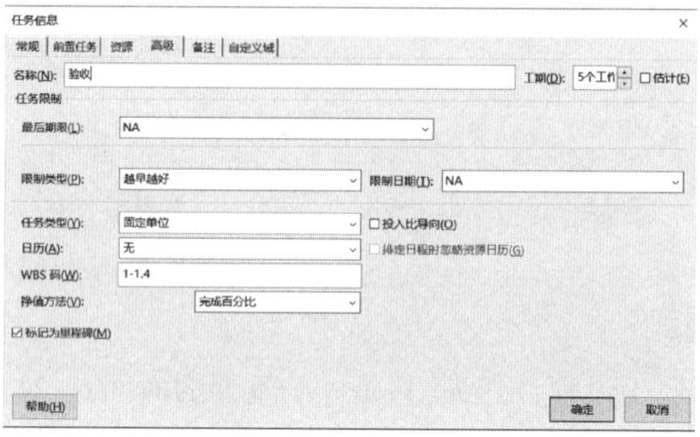

图4-74 标记任务工期大于0的任务为里程碑任务

(3)创建周期性任务。

对于定期发生的事件,即每天、每周、每月或每年发生的周期性任务,可以指定每次发生的工期、发生时间,以及重复的时间或次数。

执行"插入/任务/任务周期"命令,在弹出的"周期性任务信息"对话框中,设置相应的选项,见图4-75。

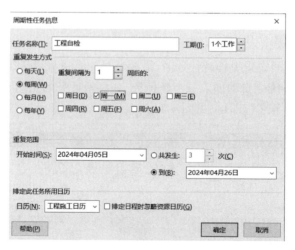

图4-75 创建周期性任务

8. 设置任务信息

在项目管理过程中,经常根据项目自身的特点设置相匹配的任务类型、任务日历与任务限制,以保证整个项目顺利完成。

(1)任务类型

在 Project 中,任务类型主要用于控制工时、工期或工作分配单位的更改对另外两种类型的影响。一般情况下,可在"任务信息"对话框中的"高级"选项卡中设置任务类型。在"任务类型"选项中主要包括固定单位、固定工期与固定工时3种类型,见图4-76。

图 4-76 设置任务类型

①固定单位。Project 在默认情况下会自动创建一个被称为固定单位任务的资源任务。固定单位任务类型是不管任务工时量或工期如何更改,工作分配单位都将保持不变。

②固定工期。固定工期的任务类型是一种工时不受资源数量影响的任务时间安排类型。固定工期任务类型是不管工时量或分配的资源数量如何更改,任务工期都将保持恒定。

③固定工时。固定工时的任务类型是一种保持任务工时数不变的任务时间安排类型。固定工时任务类型是不管任务工期或分配给任务的资源数量如何更改,工时量都将保持不变。

投入比导向任务是在固定工期和固定单位任务中,根据资源数量的变化来修改分配给任务资源的总工时百分比。当创建投入比导向任务时 Project 会重新为任务中的资源分配相同的工时。另外,当用户将"任务类型"选项设置为"固定工时"时,"投入比导向"复选框将变成不可用状态。

(2)任务日历

任务日历是项目任务实施时所使用的日历,不同的项目需要设置不同的日历,以适应项目计划的需求。设置任务日历的方法较为简单,选择要更改日历的任务,执行"任务/属性/信息/高级"命令,选择相应选项,见图 4-77。

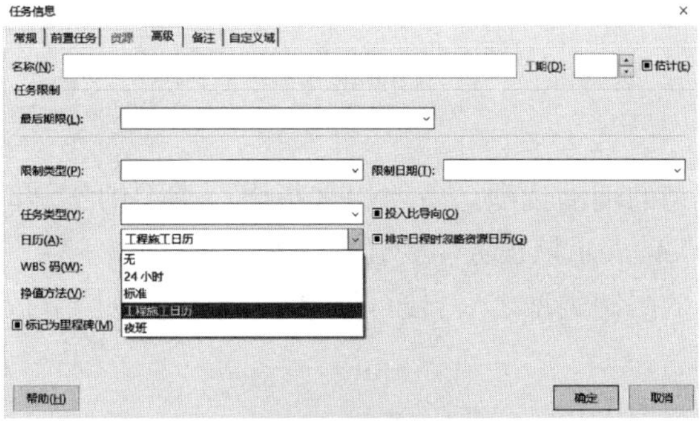

图 4-77 选择任务日历

(3)任务限制

当一个任务在特定时间开始或完成对于任务的完成或项目的完成很重要时,可以使用日期限制。

①限制类型。

限制类型用于指定任务的开始或完成期限。Project 提供了下列 8 种限制类型。

越早越好:表示排定任务尽可能早开始,而任务的开始日期不早于项目的开始日期。默认情况下,自动选择该选项。

必须开始于:表示任务必须在指定的日期开始。

必须完成于:表示任务必须在指定的日期完成。

不得晚于…开始:表示任务的开始日期不得晚于指定日期,即排定任务在指定日期或指定日期之前开始。

不得晚于…完成:表示任务的完成日期不得晚于指定日期,即排定任务在指定日期或指定日期之前完成。

不得早于…开始:表示任务的开始日期不得早于指定日期,即排定任务在指定日期之后开始。

不得早于…完成:表示任务的完成日期不得早于指定日期,即排定任务在指定日期或指定日期之后完成。

越晚越好:表示排定任务尽可能晚开始,而任务的完成日期不晚于项目的结束日期,并且不能延迟后续任务。

综上所述,可以发现"必须完成于"与"必须开始于"限制类型表示限制任务在指定日期开始或结束,而其他限制类型则限制任务在特定的时间范围内完成,见图 4-78。

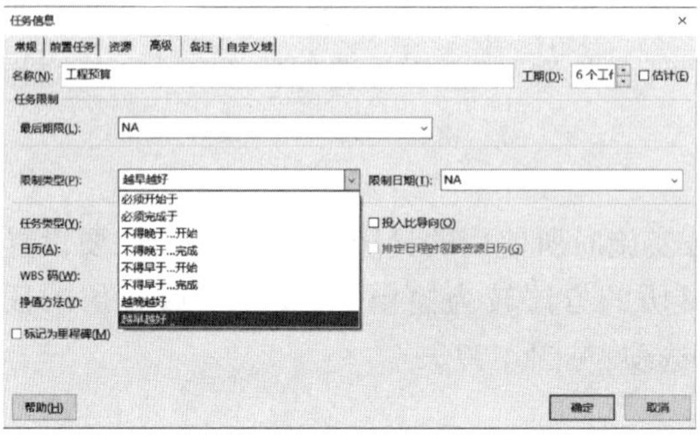

图 4-78 任务限制类型

②限制日期。

限制日期是限制类型的辅助选项。主要用来指限制类型的实施时间。默认情况下,Project 将限制日期设置为 NA,表示该任务不受任何限制。

当用户指定了任务的限制类型之后,便可以单击"限制日期"下拉按钮,并在弹出的日期列表中选择相应的日期。

③最后期限。

当用户不设置任务限制只标注任务的一个期限时,可以使用 Project 中的"最后期限"功能。其中,设置期限并不影响任务的排定方式,但是,如果任务的完成日期被安排为晚于期限日期,将在标记列中显示一个标记(带有惊叹号的红色菱形),起提醒作用。可在"任务信息"对话框中设置任务的期限。

9. 设置任务的相关性

前面我们已经学习了如何创建项目任务,设置摘要任务和子任务的大纲,设置任务的工期及任务信息。但是,到目前为止,我们几乎假设所有的任务,不论是摘要任务还是子任务,都是从同一天开始,这显然与实际情况不符。这就需要设置任务之间的相关性,即需要链接各项任务以显示它们之间的关系。

在 Project 中,任务之间的相关性是通过"链接"功能来实现的,默认的链接类型为"完成—开始",除此之外,还有其他的链接类型。具体见表 4-19。

链接类型说明 表 4-19

链接类型	符号	说明	链接类型	符号	说明
完成—开始	FS	前置任务完成后,后续任务才开始	完成—完成	FF	前置任务完成后,后续任务才完成
开始—开始	SS	前置任务开始后,后续任务才开始	开始—完成	SF	前置任务开始后,后续任务才可以完成

(1)默认链接类型

选择多个子任务,执行"任务/日程/链接任务"命令,即可为选择的任务创建"完成—开始"类型,见图 4-79。

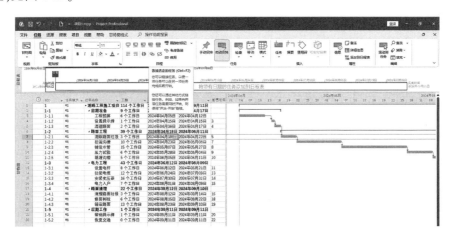

图 4-79 默认链接类型

(2)其他链接类型

除了使用默认的链接类型设置任务的相关性之外,还可以使用"任务信息"对话框为特定的任务设置其他连接类型的相关性,见图 4-80。

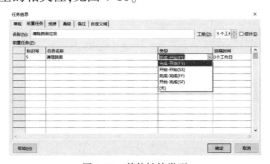

图 4-80 其他链接类型

执行"任务/属性/信息/前置任务"命令,输入链接任务的相关信息。另外,还可通过执行"任务/日程/取消链接任务"命令,取消任务之间的相关性。当前置任务完成之后,后续任务无法按照链接任务安排的时间进行工作时,执行"任务/属性/信息/前置任务"命令,在"延隔时间"一栏输入延迟的时间,即可延迟链接任务。当前置任务未完成时,便要开始后续任务的工作,也可通过设置"延隔时间",重叠链接任务,此时输入的延迟时间一般为负值。

10. 创建资源列表

任何项目都会用到资源,资源一般包括人力、材料、机械设备等,资源的可用性和分配直接影响到每个任务的完成日期,进而影响到整个项目的工期。因此,在进行项目规划之前应先建立一个可供使用的资源列表。

在 Project 中,资源主要分为工时资源、材料资源和成本资源 3 种资源类型。每种资源的含义如下。

（1）工时资源

工时资源是执行工时以完成任务的人员和设备资源,是一种需要消耗时间来完成任务的资源。在设置工时资源时,需要根据工时及任务的灵活性来区分人员资源与设备资源。

（2）材料资源

材料资源是一种可消耗材料或供应品的资源,在项目中设置材料资源是为了便于跟踪项目的消耗量及成本额。材料资源会随着项目的进度而消耗,例如,工程项目中的木板、水泥、钢筋等。

（3）成本资源

成本资源与材料资源一样,不参与工作,也不影响日程的安排,其主要作用是将成本与任务关联,表示出项目的财务成本。

要想建立资源列表,可通过执行"视图/资源工作表"命令,将视图由系统默认的"甘特图"视图切换至"资源工作表"视图,然后,在"资源名称"单元格中输入资源名称,在"类型"单元格中选择资源类型,并设置其他相应选项,见图 4-81。

图 4-81 建立资源列表

除了利用"资源工作表"之外,还可通过执行"资源/属性/信息"命令,在"资源信息"对话框中输入资源名称及相应的资源信息。

11. 分配资源

建立了资源列表后,还需要将这些资源分配到任务中去。任务和资源之间存在"多"对

"多"的关系,即一种资源可同时分配在多个任务上,而一个任务也可由多种资源共同来完成。

不同的资源类型需要使用不同的分配方式。分配资源可以使用甘特图来进行分配,在"甘特图"视图中,选择任务名称对应的"资源名称"单元格,在其下拉列表中选择资源名称,即可分配给对应的任务,见图4-82。

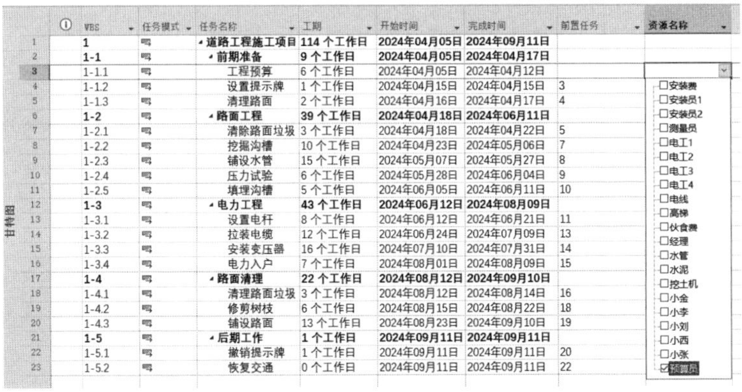

图4-82 分配资源

分配资源还可使用"分配资源"对话框,在"甘特图"视图中,选择任务名称,执行"资源/工作分配/资源分配"命令,选择资源名称,单击"分配"按钮。

12. 关键路径与项目工期

在项目各任务构成的各条路径中,最长的路径称为关键路径。构成项目关键路径的所有任务都称之为关键任务。因此,关键任务是指那些必须按时完成,从而才能保证整个项目如期完成的任务。反之,只要关键任务延迟,整个项目完成日期也必将延后。

(1) 显示关键路径

理解了关键路径后,我们知道,项目日程控制的要点是追踪关键任务。因此,我们需要清楚地查看项目中的关键任务。

在"甘特图"视图中,执行"格式/条形图样式"命令,选择"关键任务"复选框,见图4-83。

图4-83 显示关键路径

(2) 缩短关键路径

当需要缩短项目日程的时候,可通过缩短关键路径中工期的方法,在缩短项目施工时间的同时降低项目费用。一般情况下,可通过减少关键任务的工期,以及重叠关键任务两种方法,解决日程安排问题。

减少关键任务工期的方法如下:

①添加资源:向关键任务中添加资源,当向固定工期任务中添加资源时,将无法减少任务

的工作时间。

在"甘特图"视图中,选择某项任务,在"任务信息"对话框中,将"任务类型"更改为"固定单位",并启用"投入比导向"复选框。启用"投入比导向"复选框后,Project会在已分配的资源中重新分配工时,见图4-84。

图4-84 添加资源减少关键任务工期

然后,执行"资源/工作分配/分配资源"命令,选择资源名称,单击"分配"按钮,为任务添加资源。

②使用加班时间:可在关键任务中使用加班时间。

首先,在"甘特图"视图中选择任务名称,执行"视图/资源使用状况"命令,创建一个包含"任务窗体"的复合视图。然后,选择"任务窗体"视图,输入"加班工时"列,为资源添加加班时间值即可,见图4-85。

图4-85 使用加班时间减少关键人物工期

另外,可通过下列方法重叠关键任务,以减少项目的总工期。

调整相关性:可以将"完成—开始"链接类型更改为"开始—开始"链接关系。

限制任务日期:可通过调整任务日期的限制类型,或延隔时间的方法来重叠关键任务。以上两种方法均可在"任务信息"对话框中进行设置,前面已讲,不再赘述。

前面已学习了如何创建一个项目计划,只要为每个任务输入名称、工期、相关性和限制条件,Project会自动为每个任务计算开始时间和完成时间,同时也可计算项目的完成日期,从而建立项目的计划模型。此外，前面还学习了如何建立资源信息库，如何将资源分配到任务上等问题，从而更加科学、合理、有效地利用资源，使利用 Project 编制的项目计划更加准确，更符合项目实际。

Project 包含了项目管理的多方面的重要的技术和方法，是一个功能强大而且可以灵活运用的项目管理工具，施工单位可以利用 Project 更好地控制项目进度，提高管理水平，更好地实现项目的目标。

1. 网络计划的特点和分类是什么？
2. 双代号网络计划图的三要素及各自的含义是什么？双代号网络计划图的基本原则和绘制步骤是什么？
3. 单代号网络计划图的三要素及各自的含义是什么？单代号网络计划图的基本原则和绘制步骤是什么？
4. 图算法如何计算节点时间参数？工作时间参数的计算步骤是什么？时差参数怎样计算？
5. 关键线路定义及其确定方法是什么？如何缩短关键线路？
6. 时间坐标网络计划的绘制步骤是什么？其特点是什么？
7. 时间—费用优化的基本步骤是什么？
8. 试述总时差在实际工程施工中的意义和作用？
9. 双代号网络图中，虚工作怎样表示？其作用是什么？
10. 简述网络计划控制工程进度的操作步骤。
11. 根据表 4-20 绘制双代号网络图，并指出关键线路和计算出工期。

表 4-20

工序名称	A	B	C	D	E	F	G	H	I	J	K	L
紧前工作	—	—	A	A	A,F	B,C	F	D,E	E,G	E,G	H,I	J
持续时间	5	3	2	4	5	3	1	3	2	5	3	5

12. 根据表 4-21 绘制单代号网络图，指出关键线路并计算出工期。

表 4-21

工作代号	A	B	C	D	E	F	G	H	I	J
紧后工作	—	—	A,B	B	B	C,D	C,D,E	D,E	F	F,G,H
持续时间	3	5	3	5	4	5	4	3	4	5

13. 根据表 4-22 绘制时间坐标网络图。

表 4-22

工序名称	A	B	C	D	E	F	G	H	I
紧前工作	—	—	A	B	B	A,D	E	C,F,E	G
持续时间	2	5	3	5	2	5	4	5	2

14. 某路线工程有 4 座盖板通道采用流水作业,持续时间见表 4-23,并完成下列内容:
(1) 绘制双代号网络图;
(2) 用图算法计算时间参数;
(3) 确定关键线路并分析与一般流水作业的区别。

表 4-23

施工工序	施工段			
	持续时间			
	一	二	三	四
挖基	3	5	6	4
砌片石	6	4	7	5
现浇墙体	8	10	9	12
盖板安装	2	4	3	2

15. 根据表 4-24 资料绘制网络图,并在图上计算节点时间。

表 4-24

工序名称	A	B	C	D	E	F	G	H	I
紧前工作	—	—	A	B	A	B	C,D	C,D	E,G
紧后工作	C,E	D,F	G,H	G,H	I	—	I	—	—
作业时间	3	1	4	2	5	6	7	8	9

第五章 公路施工组织设计图表绘制

第一节 施工组织设计资料的调查

一、调查的目的和方法

公路施工涉及面广，专业多，材料及机具种类繁多，投资大，需要协调的问题复杂。如果原始资料不全或出现错误，对施工组织设计的编制和施工作业的正常进行都会造成不利影响，常常导致工期延误、质量低劣、设计变更、工程事故等严重后果。因此，施工前应有计划、有步骤地认真做好原始资料的调查、搜集和分析工作。

为编制设计阶段的施工组织设计文件，设计单位在野外勘察阶段由调查组进行原始资料的调查、搜集。为编制施工阶段的施工组织设计文件而进行的原始资料调查，由施工单位在施工准备阶段进行，是对设计阶段调查结果的复核和补充。设计阶段和施工阶段的调查方法和内容基本相同，都要深入现场，通过实地勘察、座谈访问、查阅历史资料，并采取必要的测试手段获得所需数据和资料。

调查工作的基本要求是：座谈有纪要、协商有协议、调查有证明、政策规定应索取原件或影印件。特别是要注意所有资料均应真实可靠、手续齐全、措辞严谨、依法生效。

二、自然条件调查

1. 地形、地貌

应重点调查公路沿线、大桥桥位、隧道、附属加工厂、工程困难地段的地形、地貌。调查资料用于选择施工用地、布置施工平面图、规划临时设施、掌握障碍物及其数量等。

2. 地质

通过试验、观察和地质勘探等手段确定公路沿线地质情况，用以选择路基土石方施工方法、确定特殊路基处理措施、复核地基基础设计及其施工方案、选定自采加工材料料场、制定障碍物的拆除计划等。

3. 水文地质

(1)地下水。判定水质及其侵蚀性质和施工注意事项、研究降低地下水位的措施、选择基础施工方案、复核地下排水设计。

(2)地面水。调查汛期和枯水期地面水的最高水位,用于制定水下工程施工方案、施工季节、复核地面排水设计。

4. 气象

(1)气温。调查冬季最低气温、冬季期月数及夏季最高气温。用于确定冬季施工项目及夏季防暑降温措施,估计混凝土、水泥砂浆的强度增长情况,选择水泥混凝土工程、路面工程及砌筑工程的施工季节。

(2)降雨。调查雨季期月数和降雨量,用于确定雨季施工措施、工地排水及防洪方案,确定全年施工作业的有效工作天数及桥涵下部构造的施工季节。

(3)风力及风向。调查当地最大风力、风向及大风季节,用于布置临时设施,确定高空作业及吊装的方案与安全措施。

5. 其他自然条件

其他自然条件如地震、泥石流、滑坡等,必要时也应进行调查,并注意它们对基础和路基的影响,以便采取专门的施工保障措施。

三、施工资源调查

1. 筑路材料

(1)外购材料:发货地点、规格、品种、可供应数量、运输方式及运输费用等。

(2)地方材料:分布情况、质量、单价、运输方式及运输费用等。

(3)自采加工材料:料场选择、料场位置、可开采数量、运距等。

2. 运输情况调查

公路沿线及邻近地区的铁路、公路、河流的位置;车站、码头存储货物的能力及到工地的距离;装卸费和运杂费标准;公路及桥梁的最大承载能力;航道的运输能力;当地汽车修理厂的情况及水平;民间运输能力。

3. 供水、供电、通信情况调查

当地水源位置、供水数量、水压、水质、水费。当地电源位置、供电的容量、电压、电费、每月停电次数。对于通信,调查当地邮电机构设置情况。如果以上供水、供电、通信当地都有能力解决,应签订相应的协议书,以利于有关部门提前做好准备。

4. 劳动力及生活设施

(1)公路沿线可利用的劳动力人数、技术水平,还应了解沿线民风、民俗。

(2)公路沿线有无可利用的房屋、面积有多大。

(3)公路沿线的文化教育、生活、医疗、消防、治安情况及支援能力。

(4)环境条件,周围有无有害气体、液体、有无地方性疾病。

5. 地方施工能力调查

如当地钢筋混凝土预制构件厂、木材加工厂、采石厂等建筑施工附属企业的生产能力,能否满足公路施工的需求量。

四、施工单位能力调查

在公路工程设计阶段,施工单位尚不明确,应向建设单位调查落实施工单位。对施工单位,主要调查其施工能力,如施工技术人员数量、施工人数、机械设备的装备水平、施工单位的资质等级及近几年的施工业绩等。对实行招、投标的工程,在设计阶段不能明确施工单位,编制施工组织设计时,应从工程设计的角度出发,提出优化的、最合理的意见作为依据。在施工阶段,施工单位已确定,施工单位能够调动的施工力量及技术装备水平,都是编制施工组织设计的依据。

五、施工干扰调查

调查行车、行人干扰,用于确定施工方法和安全措施。

第二节　施工进度图

一、施工进度图的作用

(1)它是对全部施工项目进行时间组织的成果。
(2)确定了各工程项目之间的衔接关系。
(3)它是控制施工进度、指导施工活动的依据。
(4)它是编制作业计划、物资供应计划、机具调度计划、资金使用计划等施工组织文件的依据。

施工进度图简单易懂,有助于相关部门抓住关键,统筹全局,合理布置人工、材料、机具、设备,正确指导施工生产活动的顺利进行;有利于明确目标,更好地发挥主动精神;有利于施工企业内部及时配合。

二、施工进度图的分类

(一)按施工进度图的形式分类

1. 横道图

横道图也叫水平图表,其常用的格式如图 5-1 所示。它由两大部分组成,左面部分是以分部分项工程或工序为主要内容的表格,包括工程量、劳动量、工作日等;右面部分是进度图表,横道线的长短表示施工的期限,横道线所在的位置表示施工的内容,线上可以用数字标出劳动力或其他资源的需要数量。

序号	施工工序	天数	2	4	6	8	10	12	14	16	18	20	22	24	26	28	30	32	34	36	38	40	42	44	46	48	50
1	控制测量	4	■	■																							
2	施工测量	2			■																						
3	场地平整	6				■	■	■																			
4	0号桥台基础开挖	10					■	■	■	■	■																
5	0号桥台基础模板安装	4										■	■														
6	0号桥台基础混凝土浇筑	9												■	■	■	■										
7	1号桥台基础开挖	10					■	■	■	■	■																
8	1号桥台基础模板安装	4										■	■														
9	1号桥台基础混凝土浇筑	9												■	■	■	■										
10	0号桥台脚手架搭设	12																■	■	■	■	■	■				
11	0号桥台模板安装	16																■	■	■	■	■	■	■	■		
12	0号桥台混凝土浇筑	16																		■	■	■	■	■	■	■	■
13	1号桥台脚手架搭设	12																■	■	■	■	■	■				
14	1号桥台模板安装	12																■	■	■	■	■	■				
15	1号桥台混凝土浇筑	16																		■	■	■	■	■	■	■	■
16	箱梁施工支架搭设	20																					■	■	■	■	■
17	箱梁施工模板安装	26																									
18	箱梁施工荷载试验	6																									
19	箱梁施工钢筋制安装	22																									
20	箱梁施工混凝土浇筑	20																									
21	人行道板预制	10																									
22	人行道板安装	8																									
23	拦杆预制	10																									
24	拦杆安装	8																									
25	桥面施工	14																									
26	搭板施工	14																									
27	挡护工程	28																									

图 5-1 双曲拱桥工程

进度(天)

| 52 | 54 | 56 | 58 | 60 | 62 | 64 | 66 | 68 | 70 | 72 | 74 | 76 | 78 | 80 | 82 | 84 | 86 | 88 | 90 | 92 | 94 | 96 | 98 | 100 | 102 | 104 | 106 | 108 | 110 | 112 | 114 | 116 | 118 | 120 |

进度图(横道图)

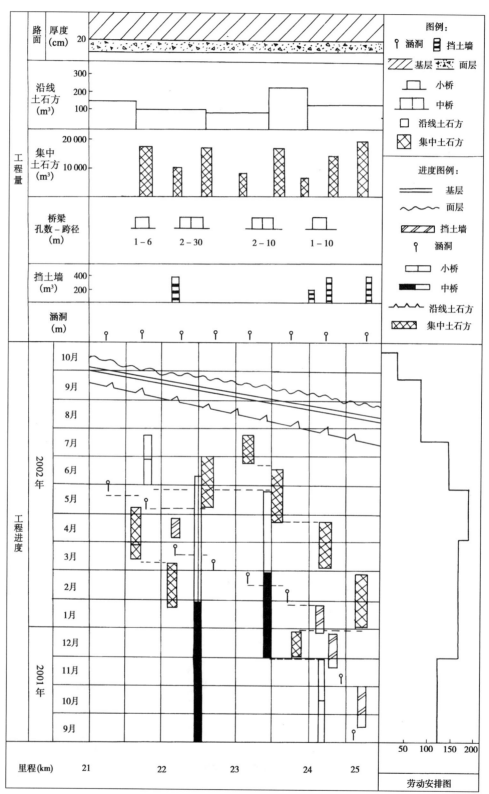

图 5-2 某路线垂直进度图

横道图的优点是简单、直观、易懂、容易编制,但有以下缺点:
(1)工程量的实际分布情况不清楚,也无法表示。
(2)施工日期和施工地点的关系不明确,即什么日期在什么地点施工不明确。
(3)不能表示各工程项目之间的衔接情况及施工专业队之间的相互配合关系。
(4)不能绘制对应施工项目的平面示意图。

2. 垂直图

垂直图也叫斜线图,其常用的格式如图5-2所示,以纵坐标表示施工日期,以横坐标表示里程或工程位置,用不同的线条或符号表示各项工程及其施工进度,资源平衡可在图表右侧以曲线表示。

垂直图的优点是工程量的分布情况、工程项目的相互关系、施工的紧凑程度、施工期限都十分清楚。从垂直图中,可以找出任何一天各施工队的施工地点和正在进行的施工项目。但仍有一些不足之处:
(1)不能反映哪些工作是关键工作。
(2)计划安排的优劣程度很难评价。
(3)反映不出某些工作的时差。
(4)不能使用计算机,因而绘制和修改进度图的工作量很大。

3. 网络图

网络图也叫流程图。与横道图、垂直图比较,网络图不仅能反映施工进度,而且能清楚地表达各施工项目、各施工专业队之间错综复杂的联系、制约、协作等关系。它的最大优点是在计划的执行过程中可以很方便地根据当时的条件进行调整,指导工程施工按最佳的进度运行。因此,不论是集中性工程还是线性工程,都可以用网络图表示工程进度,尤其是时标网络图更能准确、直观地表达工程进度。图5-3是三座管涵的施工网络图,施工采用流水作业,自然分成三个施工段(一个管涵一个施工段),四个专业队即挖槽、砌基础、安管、做洞口。

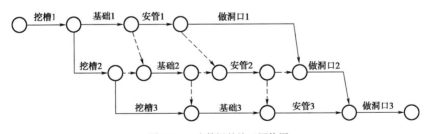

图5-3 三座管涵的施工网络图

(二)按设计阶段分类

(1)工程概略施工进度图,见图5-4,它主要用于初步设计,是施工方案的组成文件。
(2)施工进度图,见图5-2,它主要用于施工图设计,是施工组织计划的组成文件。
(3)实施性施工进度图,见图5-1,它是施工准备阶段编制的,是指导施工生产活动的依据。

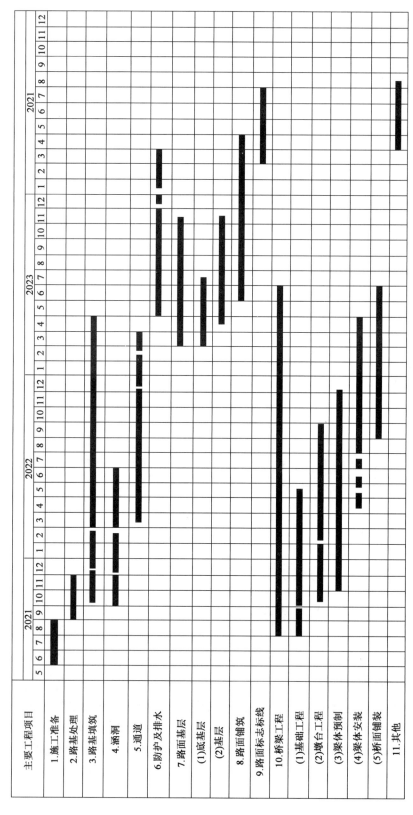

图5-4 工程概略施工进度图

三、编制施工进度图的依据和步骤

(一)编制施工进度图的依据

(1)工程的全部设计图纸。
(2)有关地形、地质、水文、气象等自然调查资料及技术经济资料。
(3)上级或合同规定的开工、竣工日期。
(4)各类有关定额。
(5)劳动力、材料、机械设备等供应情况。

(二)编制施工进度图的步骤

1. 确定施工方法

确定施工方法主要是针对本工程的主导施工工序而言,各工程项目均可以采用各种不同的方法进行施工,每一种方法都有其各自的优点和缺点。确定施工方法时,首先应考虑工程特点、现有机具的性能、施工环境等因素,选择适用于本工程的先进、合理、经济的施工方法,从而达到降低工程成本和提高劳动生产率的预期效果。例如,以下为某施工单位根据工程特点和本单位所拥有的机械设备、技术力量等,对路基、路面所确定的施工方法。

(1)石方挖方:本合同段路基施工的主要特点是石方开挖量大,约占总挖方的70%以上,其中又以弱风化花岗岩为主。

施工方法:采用进口大型凿岩机打岩,采取松动爆破方法,严格控制装药量,精确计算,确保施工安全。

(2)土方挖方:采用挖掘机配合自卸汽车或推土机、装载机配合自卸汽车运土。对地势平坦,土量集中的路段,使用大型铲运机。

(3)填方路基:按技术规范要求清理场地后,当地面横坡不大于1∶10时,直接填筑路堤;采用推土机配合平地机摊土、石,严格掌握虚铺厚度,按工艺要求充分碾压,土、石材料分层填筑、分段使用。对填石路堤采用大吨位振动式压路机;土方适用于钢轮压路机,配合振动压路机碾压。对于地面横坡大于1∶10的路段,分别采取翻松或挖土质台阶的方法。

(4)路面基层施工:采用路拌法和集中厂拌法,下承层检查合格后,用摊铺机配合平地机摊平。经初压后,用振动式压路机压实。

(5)路面面层施工:第一步,首先做好沥青混凝土的配合比试验。在准备好的基层上喷洒透油层,将合格的热拌混合料用自卸汽车运到摊铺路段。采用德国产S1800型摊铺机整幅摊铺。第二步,碾压。沥青路面碾压必须使用双钢轮压路机及轮胎式压路机组合或使用15t普通压路机与轮胎式压路机组合。

2. 选择施工机具

施工方法一经确定,施工机具的选择就应以满足它的需求为基本依据。但是,在现代化的施工条件下,许多时候是以选择施工机具为主来确定施工方法的,所以施工机具的选择往往成为主要的问题。在选择施工机具时,应注意以下几点。

(1) 只能在现有的或可能获得的机械中进行选择。尽管某种机械在各方面都是适合的,但如不可能得到,就不能作为一个供选择的方案。

(2) 所选择的机具必须满足施工的需要,但又要避免大机小用。

(3) 选择施工机具时,要考虑相互配套,充分发挥主机的作用。

(4) 在选择施工机具时,必须从全局出发,不仅要考虑在本工程或某分部工程施工中使用,还要考虑同一现场上其他工程或其他分项工程是否也可以使用。

3. 选择施工组织方法

根据具体的施工条件选择最合理的施工组织方法,是编制工程进度图的关键。流水作业法是公路工程施工较好的组织方法,但不能孤立采用,有些工程技术复杂、工程量大,还可以考虑采用平行流水作业法、立体交叉流水作业法、网络计划法等。有些工程工程量小、工作面窄小、工期要求不紧,可以采用顺序作业法。

4. 划分施工项目

施工方法确定后,就可以划分施工项目。每项工程都是由若干个相互关联的施工项目所组成,如桥梁工程由施工准备、基础工程、下部工程、上部工程、桥面系、引道工程等施工项目组成。施工项目划分的粗细程度,与工程进度图的阶段即用途有关(施工项目可以是单位工程、分部工程、分项工程、工序等)。一般按所采用的定额的细目或子目来划分,这样,便于查阅定额。

划分施工项目时,必须明确哪一项是主导施工项目。一般情况,主导施工项目就是施工难度大、耗用资源多或施工技术复杂、需要使用专门的机械设备的工序或单位工程。主导施工项目常控制施工进度,因此,首先应安排好主导施工项目的施工进度,其他施工项目的进度要密切配合。在公路工程中,高速公路、一级公路路面,集中土石方,特殊路基,大、中桥等一般都是主导施工项目。

5. 排序

排序即列项。按照客观的施工规律和合理的施工顺序,将所划分的施工项目进行排序,如施工准备、路基处理、路基填筑、涵洞、防护及排水、路面基层、路面铺筑等。路面基层施工项目必须放在路基填筑、涵洞施工项目的后面。注意不要漏列、重列。工程进度图的实质就是科学合理地确定这些施工项目的排列次序。

6. 划分施工段,并找出最优施工次序

在一般的横道图中,一般采用横线工段式,见图5-1和图5-4。设计阶段所进行的施工进度图,一般不明确划分施工段。在实施性施工进度中,如果组织流水作业,为了更好地安排施工进度,缩短施工工期,就应该划分施工段,并尽可能按约翰逊—贝尔曼法则找出最优或较优施工次序,并在施工进度图中表示出来。图5-1中,A台及锥坡、B台及锥坡、中墩可以看作是三个施工段,挖基础是先行工序,砌基础是后续工序,按约翰逊—贝尔曼法则最优施工次序为:A台及锥坡──→B台及锥坡──→中墩,实际也是这样组织的。

7. 计算工程量与劳动量

当划分完施工项目并排序后,即可根据施工图纸及有关工程数量的计算规则,计算各个施工项目的工程数量,并填入相应表格中,工程数量的单位,应与所采用的定额单位一致。当划分施工段组织流水作业时,必须分段计算工程数量。此外,还应考虑为保证施工质量和安全的附加工程数量。

计算劳动量时要注意施工现场的具体情况和施工的难易程度。同样工程数量,都是挖基坑,挖普通土和挖硬土的劳动量不同;同样工程数量的砌筑工程,搬运材料的运距不同,劳动量也不同。

劳动量是施工项目的工程量与相应的时间定额的乘积。也就是实际投入的人数与施工项目的作业持续时间的乘积。人工操作时叫劳动量,机械操作时叫作业量。

劳动量可按式(5-1)计算:

$$D = Q \times S \tag{5-1}$$

式中:D——劳动量(工日或台班);

Q——工程量;

S——时间定额。

8. 计算各施工项目的作业持续时间

具体的计算方法见前面第三章第三节,计算过程中应结合实际的施工条件认真考虑以下几点:①各施工项目均应按一定技术操作程序进行。②保证工作面和劳动人数的最佳施工组合。③相邻施工项目之间应有良好的衔接和配合,互不影响工程进度。④必须保证施工安全和工程质量。⑤确定技术间歇时间(混凝土的养生、油漆的干燥等),确定组织间歇时间(施工人员或机械的转移及施工中的检查、校正等属于最小流水步距以外增加的间歇时间)。

9. 初步拟定工程进度

按照客观的施工规律和合理的施工顺序,采用前面确定的施工组织方法、施工段间最优或较优施工次序及各施工项目的作业持续时间就可以拟定工程进度。在拟定时应考虑施工项目之间的相互配合,例如:某一路线工程,采用流水施工,为了使各施工项目尽早投入施工生产,首先集中人力、物力进行第 1km 的施工准备工作,第 1km 的施工准备工作完成后,小桥涵等人工构造物可以投入施工,小桥涵等人工构造物完成后,路基施工开始,路基完成后,路面施工开始,等等。各项工作有序向前推进,其他辅助工作(材料加工及运输等)应与工程进度相配合。

拟定工程进度时,应特别注意人工的均衡使用。施工开始后,人工数量应逐渐增加,然后在较长时间内保持稳定,接近完工时又应逐渐减少。另外,还要力求材料、机械及其他物资的均衡使用。初拟方案若不能满足规定工期要求或超过物资资源供应量,应对工程进度进行调整。

10. 检查和调整施工进度计划

无论采用流水作业法还是网络计划法组织施工,都要在初拟方案的基础上通过优化调整,最后得到工程进度图。在优化过程中重点检查的内容有:

(1)施工工期。施工进度计划的工期应符合上级或合同规定的工期。

(2)施工顺序。检查施工项目的施工顺序是否科学、合理,相邻施工项目之间衔接、配合是否良好。

(3)劳动力等资源的消耗是否均衡。劳动力需要量图反映了施工期间劳动力的动态变化,它是衡量施工组织设计合理性的重要标志。不同的工程进度安排,劳动力需要量图呈现不同的形状,一般可归纳为如图5-5所示的三种典型图式。图5-5a)出现短暂的劳动力高峰,图5-5b)劳动力需要量为锯齿波动形,这两种情况都不便于施工管理并增大了临时生活设施的规模,应尽量避免。图5-5c)在一个较长时间内劳动力保持均衡,符合施工规律,是最理想的状况。

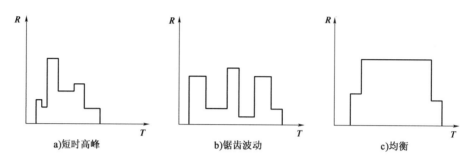

图5-5 劳动力需要量图

劳动力消耗的均衡性,用劳动力不均衡系数 K 表示。劳动力不均衡系数应大于或等于1,越接近于1越合理,一般不允许超过1.5。其值按式(5-2)计算:

$$K = \frac{R_{\max}}{R_{平均}} \tag{5-2}$$

式中:$R_{\max}$——施工期间人数最高峰值;

$R_{平均}$——施工期间加权平均人数,即总劳动量/计划总工期。

针对出现的问题,采取有效的技术措施和组织措施,使全部施工在技术上协调,在人工、材料、机具的需要量上均衡,力争达到最优状态。调整结束后,采用恰当的形式绘制工程进度图。

四、注意事项

(1)安排工程进度时,应扣除法定节假日,并充分估计因气候或其他原因的停工时间。上级规定或合同签订的施工工期减去这些必要的停工时间之后,才是实际可安排的施工作业时间。此外,还要考虑必要的准备工作时间,必需的外部协调时间。

(2)注意施工的季节性。如桥梁的基础施工应避开洪水期,沥青路面和水泥混凝土路面应避免冬季施工等。

(3)公路工程是野外施工,影响施工的因素很多,即使计划周密详尽也很难一一实现。安排工程进度时应保证重点、留有余地、方便调整。特别是对于施工难度大、物资资源供应条件差的工程,更应注意留有充分的调整余地。

(4)各种施工间歇时间(技术间歇时间、组织间歇时间等),由于不消耗资源,往往容易被忽视。采用网络计划法组织施工时,可以将间歇时间作为一条箭线处理(不消耗资源,但消耗时间,故仍为实箭线)。

(5)在对初步方案进行优化时,注意外购材料和各种设备分批到达工地的合同日期,需要这些材料和设备的施工项目的开工时间不得早于合同日期。

编制工程进度图是一项十分细致而又复杂的工作,因此在编制前必须做好深入的调查研究和资料的收集工作,编制时要认真负责,充分估计可能发生的各种情况,根据现场的条件实事求是地进行编制。

五、施工进度图的绘制

(一)横道图的绘制步骤

1. 编制作业工期计算表

(1)准备好作业工期计算表,见表5-1。

作业工期计算表　　　　　表5-1

施工项目	施工方法	工程数量		定额编号	主导工期	人工劳动量		实用人数		人工作业工期
		单位	数量			定额	数量	作业班制	每班人数	
1	2	3	4	5	6	7	8	9	10	11

机械作业量(台班)						实用机械台数与作业工期								
机		机		机		机			机			机		
定额	数量	定额	数量	定额	数量	班制	台数	工期	班制	台数	工期	班制	台数	工期
12	13	14	15	16	17	18	19	20	21	22	23	24	25	26

(2)按前面"三"中所讲的方法划分施工项目、确定施工方法。

(3)列项。按前面"三"中所讲的列项要求,将施工项目(工序)列项,并填入表5-1中的第1栏,同时将施工方法填入第2栏。

(4)在表5-1中逐项计算工程数量、劳动量(作业量)。某些工程数量可从图纸或概、预算中抄录过来。

(5)在表5-1中逐项确定施工单位作业班制、实用人数和机械台数、作业工期或确定主导工期,反求人工和机械数量。

(6)在表5-1中逐项确定主导工期。

2. 绘制施工进度线

(1)参照图5-1或图5-4,绘制进度图的图框和表格。

(2)将"作业工期计算表"中的施工项目、有关数据抄录于图中。

(3)按合同或上级规定的开、竣工日期,在图中填列日历。

(4)按"作业工期计算表"计算的主导工期,根据施工项目(工序)之间的逻辑关系,确定施工作业组织方法(顺序作业法、平行作业法、流水作业法等);在进度图上合理设计各施工项目的施工起止日期。即用直线或不同符号、不同颜色的线条在施工进度图上绘制作业进度;进度图的习惯表示方法是:以线的位置表示施工项目,以线的长短表示工期,线上的注字说明人工、机械数量和作业班制,线的符号表示不同施工段、工种、专业队等。

(5)绘制劳动力、材料等资源的数量—时间曲线,见图5-1。

(6)在施工项目进度安排上进行反复比较、修改,同时修改作业工期计算表,直至合理为止。

(7)编写施工进度图的说明,并抄录于进度图的适当位置。

(8)在进度图的适当位置,列出图例。

3. 择优比选

多方案反复平衡、比较、择优定案。

(二)垂直图的绘制步骤

1. 编制作业工期计算表

编制垂直图的作业工期计算表内容和方法,与横道图作业工期计算表的编制内容和方法基本相同。但列项时,线性工程要按里程顺序,以公里为单位计量列项;集中性工程要按工程的桩号顺序,单独计量列项。

2. 绘制施工进度线

(1)根据施工项目的多少,参照图5-2绘制图表轮廓、表格、标注里程。

(2)将作业工期计算表中的施工项目,按数量、里程、不同符号,展绘于进度图的上部各栏内。

(3)按合同或上级规定的开、交(竣)工日期,将进度日历绘于图左的纵标上。

(4)将工程的空间组织,即施工平面设计草图,按里程展绘于进度图的下部。

(5)按各施工项目的主导工期、施工方法、施工作业组织方法,依据施工组织原理,用不同符号的斜线或垂线,进行施工项目的进度安排设计。此项设计工作要反复比较、修改,具体设计方法如下。

①小桥涵工程:首先要明确施工组织方法(顺序、平行、流水等),然后根据每座小桥涵工程的开、竣工日期,在各小桥涵的相应位置用直线或其他符号垂直地绘出施工工期。

②大中桥工程:其绘制方法与小桥涵工程相同。但习惯上将桥梁上、下部工程用两种线条符号表示。

③路基工程:当路基工程的施工组织方法确定之后,可根据工程量、施工力量配制施工条件,逐公里或逐施工段按主导工期,以斜线表示时间—里程之间的进度关系。在绘制路基进度线时,必须充分考虑各项施工项目之间的关系。由于多方面的原因,路基施工进度线可能是一条或多条直线,也可能是一条或多条连续或间断的折线。注意:所有斜线不能和桥涵线相交。

④路面工程:路面工程一般组织成一段或多段连续施工,所以进度线一般是一条或多条斜线。斜线的垂直高度为路面施工的总工期,斜线的水平长度等于路面总里程。安排路面施工

进度时,不得与路基进度线相交,避免路基施工间断。

(6)绘制资源(人工、材料等)消耗数量—时间曲线。

(7)进行反复比较、修改,检查总工期是否符合合同或上级规定,资源需要量是否均衡等。

(8)编写施工进度图的说明。

(9)绘制图例。

3. 择优比选

进行多方案比较,评价,择优定案。

(三)网络图的绘制步骤

1. 工程任务分解

将一个庞大的工程项目,划分为若干个单项工作(工序),或将横道图中各个施工项目(工序)在各个施工段上的操作,重新命名为其他工作名称,如第四章第一节。

2. 确定施工方法

工程任务分解后,即可确定各单项工作的施工方法,其施工方法的确定见本节"三"。

3. 确定施工作业组织方法

应尽量采用流水作业法或综合运用几种作业方法。

4. 划分施工段

按第三章流水作业法的要求划分施工段,因为这样更容易得到最佳的网络计划。

5. 确定各单项工作(工序)的相互关系

明确单项工作(工序)之间的逻辑关系,即明确指出紧前或紧后工作关系,并列出"工作关系草表",形式同第四章一样。

6. 确定各单项工作的持续时间(流水节拍)

具体方法见本节"三"中的"7",但是还要估计因气候或其他原因的停工时间。将各单项工作的持续时间(流水节拍)填入"工作关系草表"。

7. 列表

将前6项内容反复斟酌,确认无不合理之处后,列出正规的"工作关系表"。通常"工作关系表"的内容包括:工作代号、工作名称、紧前(紧后)工作、持续时间等。

8. 绘制双代号网络草图

根据"工作关系表",按照第四章所讲的绘图技巧和绘图方法,绘制双代号网络草图,并进行网络图的计算,找出关键线路,确定计划总工期。

9. 整理成图

经过网络图的计算和反复检查调整,确认工期满足要求,资源基本平衡,将优化后的网络草图,合理布局,重新成图。对于规模较大、内容复杂的网络图,可先规划,分块绘制,再拼接起来,统一检查调整。

第三节　资源需要量计划及其他图表

一、劳动力需要量计划

如果施工进度计划已确定，即可计算出各个施工项目每天所需的人工数，将同一时间内所有施工项目的人工数累加，即可绘出劳动力需要量图，根据劳动力需要量图，可以编制劳动力需要量计划，见表 5-2。劳动力需要量计划是确定临时生活设施和组织施工工人进场的依据。

劳动力计划表　　　　　　　　　　　　　　表 5-2

工种名称	总人数	需要人数及时间										备注
		年					年					
		一季度	二季度	三季度	四季度	合计	一季度	二季度	三季度	四季度	合计	
1	2	3	4	5	6	7	8	9	10	11	12	13

二、主要材料计划

主要材料计划包括施工需要的材料、构件和半成品等的名称、规格、数量以及来源和运输方式等内容，它是运输组织和布置工地仓库的依据。

主要材料应包括钢材、木材、水泥、沥青、石灰、砂、石料、爆破器材等公路施工中用量大的材料。特殊工程使用的土工织物、各种加筋带、外掺剂等也应列入主要材料计划。

主要材料计划的编制过程与劳动力计划相同，一般按年度和季度编制，见表 5-3。

主要材料计划表　　　　　　　　　　　　　表 5-3

材料名称及规格	单位	数量	来源	运输方式	年度、季度需要量										备注
					年					年					
					一季度	二季度	三季度	四季度	合计	一季度	二季度	三季度	四季度	合计	
1	2	3	4	5	6	7	8	9	10	11	12	13	14	15	16

三、主要施工机具与设备计划

在确定施工方法时，已经考虑了哪些施工项目需用何种施工机具或设备。为了做好施工机具、设备的供应工作，在工程进度确定之后，将每个施工项目采用的机械名称、规格和需要数量以及使用的日期等综合汇总,编制成施工机具、设备计划表,见表5-4。

主要施工机具、设备计划表　　　　　表5-4

机具名称及规格	数量		使用期限		年度、季度需要量															备注
	台班	台数	开始时间	完成时间	年								年								
					一季度		二季度		三季度		四季度		一季度		二季度		三季度		四季度		
					台班	台数	台班	台数	台班	台数	台班	台数	台班	台数	台班	台数	台班	台数	台班	台数	
1	2	3	4	5	6	7	8	9	10	11	12	13	14	15	16	17	18	19	20	21	22

资源需要量计划是根据工程进度图编制的,而资源需要量的均衡性又反映了工程进度的合理性。因此,上述人工、材料、机械等的需要量计划,在实际工程中是结合工程进度图的编制、调整、优化过程同时进行的。

四、技术组织措施计划

为了保证工程质量,提高劳动生产率、降低成本、安全生产等所采取的技术组织措施。尤其是采用新材料、新工艺的工程及技术复杂的工程等,此项工作是必不可少的,其表格形式见表5-5。

技术组织措施计划表　　　　　表5-5

措施名称及内容提要	经济效果(元)	计划依据	负责人	完成日期

五、临时工程计划

在施工组织设计中,除了临时建筑(如宿舍、仓库、试验室等)外,还会遇到其他的临时工程设施,如便道、便桥、临时车站、码头、通信设施等,其表格形式见表5-6。

临时工程计划表　　　　　表5-6

设置地点	工程名称	说明	单位	数量	工程数量										备注
1	2	3	4	5	6	7	8	9	10	11	12	13	14	15	16

表5-6的格式和内容可根据实际情况进行删减或增加。第6~15栏一般可填写临时便道、便桥等的工程数量(如土方、石方、基层、面层等)。若临时工程中只有一些加工场地,临时建筑等简单设施,第6~15栏可删去。

六、公路临时占地计划

公路临时占地包括:临时便道、便桥、临时车站、码头、通信设施占地,工地加工场地,临时仓库、工地试验室、施工队驻地、监理驻地、工程指挥所临时驻地等,其表格形式见表5-7。

公路临时占地计划表　　　　　　　　　　表5-7

位置或桩号	工程名称	占地数量(m²)			土地类别		土地隶属(县、乡、村、个人)
		长度(m)	宽度(m)	数量(m²)	荒地	良田	
1	2	3	4	5	6	7	8

第四节　工地运输与临时设施设计

为保障公路工程正常施工,除了安排合理的施工进度之外,还需在正式开工前充分做好各项准备工作,如各种临时设施(临时道路、临时供水、供电、通信、工棚、办公室、仓库、工地运输等)的设计。

各种临时设施设计是施工平面图设计中的一部分,尤其是实施性施工平面图设计,除了应确定各临时设施的相互位置外,还应确定各个临时设施的容量、面积等。

一、工地运输设计

工地运输设计应解决的问题有:确定运输量、选择运输方式、确定运输工具数量。

(一)确定运输量

工地需要运输的物资有:建筑材料、构件、半成品、机械设备、施工生活用品等。其运输量用式(5-3)计算:

$$q = \frac{\sum Q_i L_i}{T} \times K \tag{5-3}$$

式中:q——每日运输量,t·km;

Q_i——各种物资的年度或季度需用量,t;

L_i——运输距离,km;

T——工程年度或季度计划运输天数,d;

K——运输工作不均衡系数,公路运输取 1.2,铁路运输取 1.5。

(二)选择运输方式

目前工地运输的方式有:铁路运输、公路运输、水路运输和特种运输(索道、管道)等。选择运输方式,必须充分考虑各种影响因素,如运输量大小、运距和物资性质,现有运输设备条件,利用永久性道路的可能性,地形、地质、水文等自然条件,运杂费用等。

一般情况,当货运量较大,运距远,又具备条件时,宜采用铁路运输。运距短、地形复杂、坡度较陡时,宜采用汽车或当地的拖拉机运输。当有几种可能的运输方式可供选择时,应通过比较后确定。

(三)确定运输工具数量

运输方式确定后,即可计算运输工具的数量。运输工具数量可用式(5-4)计算:

$$m = \frac{QK_1}{qTnK_2} \tag{5-4}$$

式中:m——所需的运输工具台数;
Q——年度或季度最大运输量,t;
K_1——运输工作不均衡系数,场外运输一般采用 1.2,场内运输一般采用 1.1;
T——工程年度或季度的工作天数,d;
K_2——运输工具供应系数,一般采用 0.9;
q——汽车台班产量,t/台班,根据运距按定额确定;
n——每日的工作班数。

二、临时设施设计

(一)工地临时加工场地设计

工地临时加工场地施工组织的任务主要是确定建筑面积和结构形式。

工地临时加工厂(站、场)的建筑面积,通常参照有关资料或按经验确定,也可按以下公式计算:

(1)钢筋混凝土构件预制厂、木工房、钢筋加工间等的场地或建筑面积,用式(5-5)计算:

$$F = \frac{KQ}{TS\alpha} \tag{5-5}$$

式中:F——所需建筑面积,m^2;
Q——加工总量,m^2、t 等;
K——运输工作不均衡系数,取 1.3~1.5;
T——加工总工期,月;
S——每平方米场地的月平均产量;
α——场地或建筑面积利用系数,取 0.6~0.7。

(2)水泥混凝土搅拌站面积用式(5-6)计算:

$$F = NA \tag{5-6}$$

式中:F——搅拌站面积,m^2;

A——每台搅拌机所需的面积,m^2;

N——搅拌机台数,台,按式(5-7)计算:

$$N = \frac{QK}{TR} \tag{5-7}$$

式中:Q——混凝土总需要量,m^3;

T——混凝土工程施工总工作日;

K——运输工作不均衡系数,取 1.5;

R——混凝土搅拌机台班产量。

大型沥青混凝土拌和设备的场地面积,根据设备说明书的要求确定。

上述建筑场地的结构形式应根据当地条件和使用期限而定,使用年限短的用简易结构,使用年限长的宜采用砖木结构。

(二)临时仓库设计

工地临时仓库分为转运仓库、中心仓库和现场仓库等,其施工组织的任务是:确定材料储备量和仓库面积、选择仓库位置和进行仓库设计等。

1. 确定材料储备量

材料储备量既要保证连续施工的需要,又要避免积压。对于场地窄小、运输方便的现场可少储存;对供应不易保证、运输困难、受季节影响大的材料可多储存些。

对常用材料,如砂、石、水泥、钢材、木材等的储备量可按式(5-8)计算:

$$P = T_e \times \frac{Q_i K}{T} \tag{5-8}$$

式中:P——材料储备量,m^3、t 等;

T_e——储备期,d,按材料来源确定,一般不小于 10d,即保证 10d 的需用量;

Q_i——材料、半成品等的总需要量;

K——材料使用不均衡系数,取 1.2~1.5;

T——有关施工项目的总工日数。

对于不经常使用或储备期长的材料,可按年度需用量的某一百分比储备。

2. 确定仓库面积

一般仓库面积可按式(5-9)计算:

$$F = \frac{P}{qK} \tag{5-9}$$

式中:F——仓库总面积,m^2;

P——仓库材料储备量,由式(5-8)确定;

q——每平方米仓库面积能存放的材料数量;

K——仓库面积利用系数(考虑人行道和车道所占面积),一般为 0.5~0.8。

特殊材料,如爆炸品、易燃或易腐蚀品的仓库面积,按有关安全要求确定。

在设计仓库时,除满足仓库总面积外,还要正确地确定仓库的平面尺寸。仓库的长度应满足装卸要求,宽度要考虑材料存放方式、使用方便和仓库结构形式。

(三)行政、生活、福利临时建筑设计

此类临时建筑的建筑面积主要取决于建筑工地的人数,包括职工和家属人数。建筑面积按式(5-10)计算:

$$S = NP \tag{5-10}$$

式中:S——建筑面积,m^2;

N——工地人数;

P——建筑面积指标,见表5-8。

行政、生活临时建筑面积指标　　　　表5-8

序号	名称	面积定额(m^2/人)	说明
1	办公室	2.1~2.5	
2	宿舍	3.0~3.5	
3	食堂	0.7	
4	卫生所	0.06	
5	浴室及理发室	0.1	
6	招待所	0.06	包括家属招待所
7	会议及文娱室	0.1	
8	商店	0.07	
9	锅炉房	10~40	指总面积

进行施工组织设计时,应尽量利用工地附近的现有建筑物,或提前修建能利用的永久房屋,如道班房、加油站等,不足部分再修建临时建筑。

临时建筑按节约、适用、拆装方便的原则设计,其结构形式按当地气候、材料来源和工期长短确定。

(四)工地临时供水、供电、供热设计

工地临时供水、供电、供热应解决的主要问题有:确定用量、选择供应来源、设计管线网路等。如需工地自行解决供应来源,还需确定相应的设备。

1. 工地临时供水

1)用水量计算

(1)施工工程用水

$$q_1 = K_1 \times \sum \frac{Q_1 N_1}{T_1 b} \times \frac{K_2}{8 \times 3\,600} \tag{5-11}$$

式中:q_1——施工工程用量,L/s;

K_1——未预见的施工用水系数,$K_1 = 1.05 \sim 1.15$;
Q_1——年度或季度工程量(以实物计量单位表示);
N_1——施工用水定额,见表5-9;
T_1——年度或季度有效作业日;
b——每天工作班数;
K_2——用水不均衡系数,见表5-10。

施工用水定额表　　　　　　　　　　　表5-9

序号	用水对象	单位	耗水量(L)	备注
1	浇筑混凝土全部用水	m³	1 700~2 400	
2	搅拌混凝土	m³	250~350	
3	混凝土养生	m³	200~700	
4	湿润、冲洗模板	m³	5~15	
5	洗石子、砂	m³	600~1 000	
6	砌砖工程全部用水	m³	150~250	
7	砌石工程全部用水	m³	50~80	
8	搅拌砂浆	m³	300	
9	抹灰	m²	4~6	不包括调制用水
10	素土路面、路基	m²	0.2~0.3	
11	消化生石灰	t	3 000	
12	浇砖	千块	500	

施工用水不均衡系数表　　　　　　　　　　　表5-10

K号	用水名称	系数
K_1	未预见用水	1.05~1.15
K_2	施工工程用水	1.5
	生产企业用水	1.25
K_3	施工机械、运输机具	2.00
	动力设备	1.05~1.10
K_4	施工现场生活用水	1.30~1.50
K_5	居住区生活用水	2.00~2.50

(2)施工机械用水

$$q_2 = K_1 \times \sum Q_2 \times \frac{N_2 K_3}{8 \times 3\,600} \tag{5-12}$$

式中:q_2——施工机械用水量,L/s;
K_1——未预见的用水系数,$K_1 = 1.05 \sim 1.15$;
Q_2——同一种机械台数,台;

N_2——施工机械台班用水定额,见表5-11;
K_3——施工机械用水不均衡系数,见表5-10。

施工机械用水量参考定额表 表5-11

序号	机械名称	单位	耗水量(L)	备注
1	内燃挖掘机	L/(台班·m³)	200~300	以斗容量m³计
2	内燃起重机	L/(台班·t)	15~18	以起重吨数计
3	蒸汽打桩机	L/(台班·t)	1 000~1 200	以锤重吨数计
4	内燃压路机	L/(台班·t)	12~15	以压路机吨数计
5	拖拉机	L/(昼夜·台)	200~300	—
6	汽车	L/(昼夜·台)	400~700	—
7	空气压缩机	L/[台班·(m³/min)]	40~80	以压缩空气排气量计
8	内燃动力装置	L/(台班·kW)	160~480	直流水
9	内燃动力装置	L/(台班·kW)	35~55	循环水
10	锅炉	L/(h·t)	1 000	以小时蒸发量计
11	锅炉	L/(h·m²)	15~30	以受热面积计
12	电焊机	L/h	100~350	—
13	对焊机	L/h	300	—
14	冷拔机	L/h	300	—
15	凿岩机	L/min	8~12	—

(3)施工现场生活用水

$$q_3 = \frac{P_1 N_3 K_4}{8 \times 3\,600} \times b \tag{5-13}$$

式中:q_3——施工现场生活用水量,L/s;
P_1——施工现场高峰人数,人;
N_3——施工现场生活用水定额,一般为20~60L/人·班;
b——每天工作班数;
K_4——用水不均衡系数,见表5-10。

(4)生活区生活用水

$$q_4 = \frac{P_2 N_4 K_5}{24 \times 3\,600} \tag{5-14}$$

式中:q_4——生活区生活用水量,L/s;
N_4——生活区生活用水定额,见表5-12;
P_2——生活区居住人数,人;
K_5——用水不均衡系数,见表5-10。

生活区用水量参考定额表　　　　　　　　　　　　表 5-12

序号	用水名称	单位	耗水量(L)	备注
1	生活用水	L/(人·日)	20~30	盥洗、饮用
2	食堂	L/(人·日)	15~20	—
3	浴室	L/(人·次)	50	入浴人数按出勤人数的30%计
4	洗衣	L/人	30~35	—
5	理发室	L/(人·次)	15	—
6	工地医院	L/(病床·日)	100~150	—

(5) 消防用水量

消防用水量用 q_5 表示,见表 5-13。

消防用水量参考表　　　　　　　　　　　　表 5-13

序号	用水区域	用水情况	火灾同时发生次数	用水量(L/s)
1	生活区	5 000 人以内	一次	10
		10 000 人以内	二次	10~15
		25 000 人以内	二次	15~20
2	施工现场	施工现场在 $25 \times 10^4 m^2$ 以内	一次	10~15
		施工现场每增加 $25 \times 10^4 m^2$	一次	5

(6) 总用水量

总用水量并不是所有用水量的总和。因为,施工用水是间断的,生活用水时多时少,而消防用水又是偶然的,因此,工地总用水量按式(5-15)~式(5-17)计算:

①当 $(q_1 + q_2 + q_3 + q_4) \leq q_5$ 时,则:

$$Q = q_5 + 0.5(q_1 + q_2 + q_3 + q_4) \quad (5-15)$$

②当 $(q_1 + q_2 + q_3 + q_4) > q_5$ 时,则:

$$Q = q_1 + q_2 + q_3 + q_4 \quad (5-16)$$

③当工地面积小于 $5 \times 10^4 m^2$,而且 $(q_1 + q_2 + q_3 + q_4) < q_5$ 时,则:

$$Q = q_5 \quad (5-17)$$

式中:Q——总用水量,L/s。

其余符号意义同前。

2) 水源选择

工地临时供水水源,首先应考虑当地的自来水,如不可能时,才另选天然水源。天然水源有河水、湖水、水库蓄水等地面水及泉水、井水等地下水。

任何临时水源都应满足以下要求:①水量充足稳定,能保证最大需水量供应。②符合生活饮用和生产用水的水质标准。③取水、输水、净水设施安全可靠。④施工安装、运转、管理和维护方便。

2. 工地临时供电

(1) 工地总用电量

工地用电可分为动力用电和照明用电两类,用电量可用式(5-18)计算:

$$P = (1.05 - 1.10)\left(K_1 \frac{\sum P_1}{\cos\phi} + K_2 \sum P_2 + K_3 \sum P_3 + K_4 \sum P_4\right) \tag{5-18}$$

式中:P——工地总用电量,kW;

P_1、K_1——电动机额定功率,kW;需要系数 $K_1 = 0.5 \sim 0.7$,电动机 10 台以下取 0.7,超过 30 台取 0.5;

P_2、K_2——电焊机额定容量,kW;需要系数 $K_2 = 0.5 \sim 0.6$,电焊机 10 台以下取 0.6;

P_3、K_3——室内照明容量,kW;需要系数 $K_3 = 0.8$;

P_4、K_4——室外照明容量,kW;需要系数 $K_4 = 1.0$;

$\cos\phi$——电动机的平均功率因数,根据用电量和负荷情况而定,最高为 0.75~0.78,一般为 0.65~0.75。

(2) 选择电源及确定变压器

根据所确定的总用电量来选择电源,并确定变压器。

如果选择当地电网供电,要考虑当地电源能否满足施工期间最高负荷,电源距离较远时是否经济;如果设临时电站,供电能力应满足需要,避免浪费或供电不足,电源位置应设在设备集中、负荷最大而输电距离最短的地方。

一般首先考虑将附近的高压电通过工地的变压器引入。变压器的功率按式(5-19)计算:

$$P = K\left(\frac{\sum P_{\max}}{\cos\phi}\right) \tag{5-19}$$

式中:P——变压器的功率,kW;

K——功率损失系数,取 1.05;

$\sum P_{\max}$——各施工区的最大计算负荷,kW;

$\cos\phi$——功率因数。

(3) 选择导线截面

合理的导线截面应满足三个方面的要求:①足够的机械强度,即在各种不同的敷设方式下,确保导线不致因一般机械损伤而折断或损坏漏电。②应满足通过一定的电流强度,即导线必须能承受电流长时间通过所引起的温度升高。③导线上引起的电压差必须限制在容许范围之内。按这三项要求,选其截面最大者。

(4) 配电线路的布置要点

线路宜架设在道路的一侧,并尽可能选择平坦路线。线路距建筑物的水平距离应大于 1.5m。在380/220V 低压线路中,木杆间距为 25~40m。分支线及引入线均应从电杆处接出。

临时布线一般都用架空线,因为架空线工程简单、经济、便于检修。电杆及线路的交叉跨越要符合有关输变电规范。配电箱要设在便于操作的地方,并设有防雨、防晒设施。各种施工用电机具必须单机单闸,绝不可一闸多用。闸刀的容量按最高负荷选用。

3. 工地临时供热

工地临时供热的主要对象是:临时房屋(办公室、宿舍、食堂等)的冬季采暖、给某些冬季施工项目供热、预制场(钢筋混凝土构件的蒸汽养生等)供热。

建筑物内部采暖耗热量,按有关建筑设计手册计算。

临时供热的热源,一般都设立临时性的锅炉房或个别分散设备(煤火炉),如果有条件,也利用当地的现有热力管网。

临时供热的蒸汽用量用式(5-20)计算:

$$W = \frac{Q}{IH} \tag{5-20}$$

式中:W——蒸汽用量,kg/h;

Q——所需总热量,按相关建筑采暖设计手册计算,J/h;

I——在一定压力下蒸汽的含热量,查有关热工手册,J/kg;

H——有效利用系数,一般为 0.4~0.5。

蒸汽压力根据供热距离确定,供热距离在 300m 以内时,蒸汽压力为 30~50kPa 即可;在 1 000m 以内时,则需要 200kPa。确定了蒸汽压力后,又按式(5-20)计算得到了蒸汽用量,即可查阅锅炉手册,选定锅炉的型号。

(五)其他临时工程设施设计

在施工组织设计中,除了前面提到的临时设施,还会遇到其他临时工程设施,如便道、便桥、临时车站、码头、通信设施等。

全部临时建筑及临时工程设施都应在设计完成之后,再编制临时工程一览表。临时工程一览表是施工组织设计规定的文件之一,它的内容及格式见表 5-6。

第五节 施工平面图

工程进度图是施工过程时间组织的具体成果,施工平面图是施工过程空间组织的具体成果。它们都是施工组织设计规定的文件。

工程进度图表达了各个工程项目和时间的关系。

施工平面图表达了施工期间各项临时设施、管理机构、永久性建筑之间的空间关系。施工组织平面布置得当,可以降低运输费用,保证运输方便,减少临时性建筑物的修建费用,减少占地及青苗补偿等费用。辅助企业的布置原则,应尽量靠近其他服务区及服务对象,并保证对外交通运输的方便。施工组织平面布置合理与否,对施工图预算的编制有较大影响。

一、施工平面图布置的原则和依据

(一)施工平面图布置的原则

(1)在保证顺利施工的前提下,充分利用原有地形、地物,少占农田,以降低工程成本。

(2)充分考虑水文、地质、气象等自然条件的影响。

(3)生产作业区的区域布置及其设施,必须从所采用的施工手段和施工方法出发,如大桥工程施工,由于钢筋骨架、构件体积大,质量大,因此所有轨道、吊车等的布置,应以方便使用为目的。

(4)辅助生产区域的布置和设施,必须方便施工操作,在内部要满足工艺流程的需要;如公路建设项目,桥梁、涵洞都分布在沿线,不可能每座桥涵处都设一座混凝土预制厂。所以混凝土预制厂的选址就必须认真考虑,既要靠近现有交通线附近,又要靠近预制构件需要量大的工程附近,这样既方便砂、石、水泥、钢筋等材料的进场,又能减少预制构件的运输费用,降低预算成本。

(5)场内运输形式的选择及运输线路的布设,应尽量减少物资的运输量和起重量,即减少二次搬运和运输距离。

(6)施工管理机构的位置必须有利于全面指挥和管理施工现场。

(7)生活区的布置及其设施,必须方便职工生活,利于休息,与施工现场互不干扰。

(8)施工平面布置图必须符合安全生产、文明生产的规定和要求。

(二)施工平面图布置的依据

(1)工程地形图。
(2)施工进度图和施工组织计划图表(为设计临时设施面积提供数据)。
(3)施工组织调查资料。
(4)各类临时设施的性质、形式、面积等。
(5)设计图纸。
(6)其他有关资料。

二、施工平面图的类型及其内容

(一)施工总平面图

1.施工总平面图的内容

(1)拟建公路工程的主要施工项目。如路线及里程,大中桥、隧道、集中土石方、交叉口、特殊路基等重点工程的位置,道班房、加油站、高速公路收费站、服务区等公路养护、运营管理使用的永久性建筑。

(2)为工程施工服务的临时设施及其位置。如采石场、采砂场、便道、便桥、仓库、混凝土拌和基地、沥青混合料拌和基地、生活用房屋等。

(3)工地附近与施工有关的永久性建筑设施。如已有公路、铁路、车站、码头、居民点、地方政府所在地等。

(4)施工管理机构。如施工现场指挥部、监理机构、工程处、施工队、办事处等。

(5)重要地形、地物。如河流、山峰、文物、自然保护区、高压铁塔、重要通信线等。

(6)其他与施工有关的内容。如地质不良地段、国家测量标志、气象台、水文站、防洪、防火、安全设施等。

2. 施工总平面图的形式

施工总平面图可用两种形式表示。一种是根据公路路线的实际走向按适当的比例绘制，如图5-6所示。这种图形直观，图中所绘内容的位置准确。另一种是将公路路线绘成水平直线，将图中各点的平面位置以路中线为基准做相对移动，这种图纵横比例可以不同，一般用于斜条式工程进度图中。

(二) 重点工程施工场地平面图

重点工程是指公路立交枢纽、集中土石方工程、大中桥、隧道等施工技术复杂或施工条件困难的重点工程地段。

由于施工总平面图的范围很大，比例太小，而重点工程的施工环节多，需要的机械、设备、人力多，为了做好施工现场的场地布置，需要用较大比例尺（一般为1:500至1:100）绘制施工场地平面图。绘制这类施工平面布置图，可以参考设计文件中的地形图，并绘出各种临时设施的相对位置、面积大小。即在图上详细绘出施工作业现场，辅助生产设施（如钢筋加工场地、木工房、工地试验室、机械修理车间、水泥混凝土拌和站、沥青混合料拌和基地等），办公和生活等区域的布置情况。对原有的地物，特别是已有公路、铁路、车站、码头、居民点、学校等应适当绘出，与施工密切相关的资料，如洪水位线、地下水出入处、供电、供水、供热管线等也应在图上注明。

图5-7是某立交桥工程的施工场地布置图。该立交桥工程位于某省会郊区，该立交桥建成后将是某高速公路与市区主干道的立交枢纽。该立交桥工程周围都是农田，为了少占耕地，降低工程成本，该立交桥工程施工场地布置充分利用了该工程的特点，即将辅助生产设施（如工地试验室、机械修理车间、水泥混凝土拌和站、砂石料场等）分别布置在四个匝道中，钢筋加工场地、木工房等布置在主桥引道位置，主桥建成后，钢筋加工场地、木工房等将撤离施工场地。桥梁上部构造全部采用现浇，故没有设置构件预制厂。由于施工期较长（三年），所以在生活区内盖了一部分砖房，一部分简易纤维板房，并设有医务室、浴室、锅炉房。由于附近没有合适的水源，所以在生活区内钻了一口水井，供生活区和施工现场用水。冬季无混凝土施工，所以施工现场没有供热设施。电源由附近引入，非常方便。

(三) 其他施工场地平面图

还有一些工程项目，虽然不属于复杂工程，但由于施工期限长，施工占地大，管理工作量大，有必要绘制其施工平面图，这类工程有：

(1) 沿线砂石料厂。
(2) 大型附属企业，如水泥混凝土构件预制厂、沥青混合料拌和基地等。
(3) 临时供水、供电、供热基地及管线分布平面图。

施工场地平面布置图没有固定的模式，必须因地制宜，密切联系实际，充分收集资料，针对工程特点和施工现场的环境条件，共同商议讨论，才能编制出切实可行的施工场地布置图。

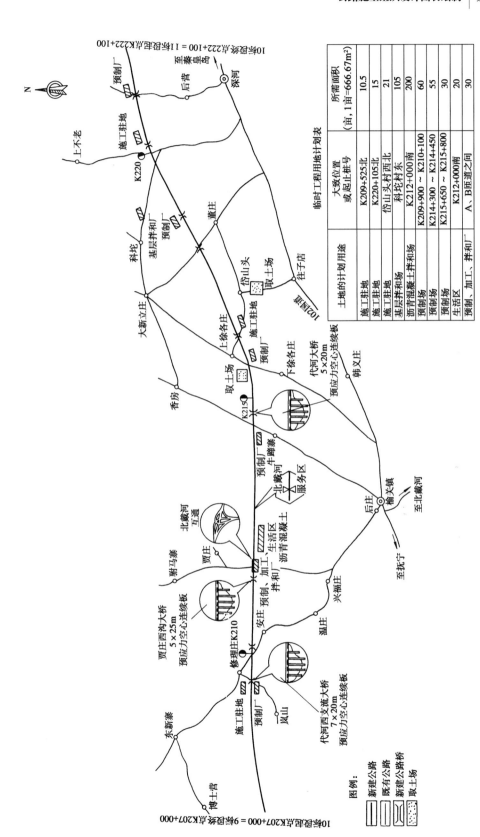

图 5-6 施工总平面图

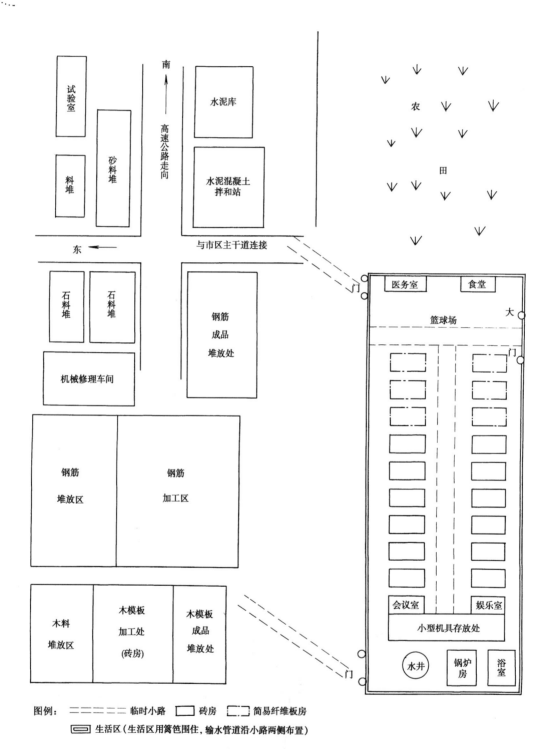

图 5-7 某立交桥施工场地布置示意图

注：施工区的输电线路、输水管道未示出，此图未按比例画，仅反映布置者的意图，为教学用。

1. 施工组织计划由哪几部分内容组成?
2. 施工进度图分为哪几类?编制施工进度图的依据和步骤是什么?
3. 工地用水量如何计算?
4. 施工平面图布置的原则和依据是什么?
5. 施工平面图的内容是什么?

第六章 机械化施工组织设计

第一节 概述

一、机械化施工组织设计的意义

随着我国公路建设的迅速发展,机械化施工已成为公路施工的主要施工方法。公路施工具有周期长、流动性大、施工协作性高,以及易受外界干扰等特点,因此,公路实施机械化施工,必须事先做好计划,即编制好机械化施工组织设计。公路机械化施工具有以下优点。

1. 机械化施工有利于降低工程成本

采用大规模机械化施工,可节约资金和降低成本。如大型构件的预制安装、顶推施工法、回旋钻机钻孔、铲运机及自卸车运土等,这些机械将过去高投入、低产出的工程变为技术型、低投入、高产出的工程。另外,工程造价中机械费用占有很大比重,科学合理地组织机械化施工,减少机械使用费,就可以大幅度降低工程造价。

2. 机械化施工可大大缩短施工工期

现今工程施工周期大为缩短,这应当归功于机械化施工的推广。例如,一座特大桥的施工工期,过去一般需要近十年时间,而现在的工期只有原来的三分之一左右。

3. 机械化施工可提高工程质量

随着工程设计精度的提高、工程难度的加大,对连续施工的要求更高,只有机械化施工才能满足要求。例如:高速公路的路面平整度,只有在机械摊铺的条件下才能达到规范要求;特大桥的大体积混凝土,必须采用混凝土输送泵运送才能保证连续浇注;大型构件的运输等也只有机械化作业才能满足要求,这些都是人力施工达不到的。

4. 机械化施工可优化社会资源,节约社会劳动

机械化施工减少了之前施工组织计划中对劳动力的需求,将更多的社会劳动力调配到更

适合的工作岗位上,从而为社会节约了大量的劳动力。当然,机械化施工也刺激新型劳动力的成长,使工程施工的机械化得到普及和提高。

二、机械化施工的现状

我国公路工程建设中机械化施工推广始于20世纪60年代,但快速发展的时间始于20世纪80年代。国内各地的公路施工企业相继引进了各种先进的机械设备,逐步实现了机械化施工的目标。

在经过50年的发展,我国公路工程机械化施工水平得到了显著提升。目前,我国公路工程施工机械化普及率已经超过50%。而在生产技术水平先进的地区和城市,甚至超过了80%。机械化施工不仅能提升作业工效、提高安全系数、改善作业环境、降低作业强度,还能保证工程质量。随着人工成本的不断上涨,机械化施工也可以节约成本。

现代公路工程施工机械,智能化水平越来越高。例如钢筋工程采用数控钢筋加工设备进行钢筋的切断弯曲施工,机器人进行钢筋焊接施工;预应力工程采用智能张拉系统、真空辅助自动压浆系统施工;以及大量自动数据收集和质量检测系统的采用,不仅提升了施工速度,也提高了施工质量。同时,随着人工智能技术的不断进步和应用,很多工种在未来会通过人工智能技术来实现自动化,从而大幅提高公路工程施工机械化的效率。

三、机械化施工组织设计的内容

无论是施工企业、业主,还是监理单位,对一个工程项目来说,施工组织设计的内容安排、文件编制等方面的要求都是一致的。例如招投标的组织文件、开工前的组织文件、施工中阶段性组织文件,都会对机械化施工的组织提出相应的要求。对于整个工程项目,其具体内容分机械化施工总体计划和分部分项工程计划。

1. 机械化施工总体计划内容

(1)确定施工计划总工期。
(2)重点工程的机械施工方案和方法。
(3)机械化施工的步骤和操作规程、相关的机械管理人员。
(4)机械最佳配置、各季度计划台班数量。
(5)机械施工平面设置与机械占地布设。
(6)确定机械作业的总体进度计划。

2. 机械化施工分部分项工程计划内容

(1)分部分项工程日进度计划图表。
(2)工程项目机械配合施工的安排计划(施工方法、机械种类)。
(3)机械施工技术、安全保证措施。
(4)机械检修、保养计划和措施。
(5)机械的临时占地布设和现场平面组织措施。

四、机械化施工组织设计的基本原则

机械化施工生产过程中,与其他施工组织措施的配合是否合理、经济,能否保证整个工程项目施工连续均衡地进行,只有通过对施工机械加以限制和规定,让其成为施工过程中配合、刺激进度的因素,才能使整个施工组织设计更好地完成。一般应该遵循以下原则:

(1)施工连续高效运转,确保满足工程质量标准、技术标准。
(2)主导机械选择、控制合理,配套机械的选择与周围环境条件协调一致。
(3)提高机械的使用率,满足均衡使用要求,降低人员的工作强度。
(4)安装调试简便,转场运输方便,不形成交叉作业。
(5)降低机械使用费,减少机械闲置,配套机械协调作业达到经济目标。

五、机械化施工组织设计的影响因素

1. 机械完好率

机械需要经常维修和保养,才能保证在施工中连续作业达到最大负荷运转,这是保证机械完好率的先决条件。机械在使用过程中总是会消耗、损耗机件,在所有施工工期范围内,机械不可能永远满负荷作业。而在机械施工中,要求机械满负荷运转,只有经常维修和保养,才能达到施工的要求,以保证施工组织计划的顺利实施。

2. 气候影响

机械作业产生大量的热,所以在夏天应考虑机械的散热和降温,如补加机油、常换冷却水、间隔施工、机械交替作业等,这些都会影响施工组织计划,必须在开工前对机械可能遇到的发热、危险情况做充分的准备或设计。冬季气温降低,必须做好防冻措施,比如加防冻液或夜间放掉冷却水;同时也要做好施工运转时的保温措施,如搭建遮风棚、包裹油箱、热水加温等。

3. 施工方案与机械搭配

施工机械在型号、功率、容积、长度等方面要达到施工方案的要求,否则就会影响工程进度,降低工程质量,甚至损耗机器。由于公路工程机械种类多,而施工方案也不能一概而论,故本章第四节只列出了常见的机械搭配方法,仅供参考。

4. 机械配套技术

工程主导机械的选择如果是正确的,其配套机械的合适与否就会直接影响施工的进度。配套机械的技术规格应满足工程的技术标准要求;配套机械必须具有良好的工作性能和具有足够的可靠性;应尽量采用同厂家或品牌的配套机械,以保证最佳的匹配度和便于维修保养。为了提高工作效率,还应尽量控制配套机械数量,不宜太多,以避免相互干扰和影响;所有配套机械必须定时定期检修,不能因为一台机器的故障,而影响整个施工进度。

5. 机械操作工

影响施工的另一个因素是机械操作工。建筑工程机械操作工主要操作挖掘机械、铲土运输机械、起重机械、压实机械、桩工机械、钢筋混凝土机械、路面机械、凿岩机械等。机械操作工

必须熟知机械操作规程,熟悉技术标准和施工规范。机械操作工的有效配合是保证机械化施工顺利进行的必要条件。

6. 使用寿命与台班总数量

机械的耐用总台班是指机械在正常施工作业条件下,设备从开始投入使用至报废前,按规定应达到的使用总台班数。使用寿命是在正常施工作业的条件下,在其耐用总台班内,按规定的大修理次数划分的工作周期数。实用台班数量如果超过耐用总台班,则经济效益好;反之则差。在施工组织管理中,正确估价和计算现场机械的使用寿命和已用总台班,有利于合理处理闲置的台班数量,以保证施工现场机械的连续运转。否则,当机械已接近或达到使用寿命,使用完耐用总台班还在超负荷运转,就会出现现场停机或施工中断现象。

第二节 机械化施工组织原理

一、机械化施工进度图的绘制

机械化施工进度图表一般使用横道图、垂直图、管理曲线图、网络图。横道图与垂直图在第三章已做过详细介绍,网络图在第四章已作详细介绍,本章只从机械化施工方面来讲这三种图的具体制作方法,并简单介绍管理曲线方法。

(一)横道图、垂直图与网络图

1. 横道图(垂直图)制作

横道图(垂直图)的常规制作方法和制作步骤已在第五章作过介绍,在此介绍机械化施工台班的横道图制作方法和步骤。

(1)确定各机械化施工工序的主导机械种类、功率。

(2)绘制一般工程施工进度横道图,完全按第五章的方法制作,但仅限于有机械施工的工序。

(3)将横道线上的数字用机械台班的数字代替。

(4)绘制机械台班分布图,并将分布图统计为详细计划表。

(5)合理确定配套机械的种类、功率。

2. 网络图的制作

网络图的制作方法和步骤已在第四章介绍,在此介绍机械化施工台班网络图的制作方法和步骤。

(1)确定各机械化施工工序的主导机械种类、功率。

(2)分析各项工作之间的相互关系,列出逻辑表达式。

(3)尽量采用水平箭线或折箭线,按从左到右、从上到下的方向排列。

(4)在保证网络图逻辑关系正确的前提下,合理布局图面,应层次清晰、重点突出、减少箭线交叉,工作密切相关的应相邻布置。

(5)使用虚箭线将没有逻辑关系的工作断开。
(6)绘制机械台班分布图,并将分布图统计为详细计划表。
(7)合理确定配套机械种类、功率。

3. 横道图(垂直图)编制

机械作业量以台班为单位,机械台数、作业时间的计算详见第三章。如图 6-1 为某工程主导机械施工横道图计划,图 6-2 为某工程机械化施工垂直图计划,图 6-3 为某工程机械化施工网络图。同种机械的施工计划可以用横道图表现,也可直接以表格形式统计,某工程电焊机施工横道图形式见图 6-4。

序号	名称	数量	单位	台班数量	工序工期	机械化施工进度										备注
						1月	2月	3月	4月	5月	6月	7月	8月	9月	10月	
0	准备工作	2 714	m²	90	2											载重车
1	汽车运输材料	6 147	m³	2 140	11											载重车
2	集中土方开挖	53 471	m³	182	9											挖掘机
3	汽车运输土石方	63 714	m³	1 452	12											自卸车
4	桥梁混凝土	1 436	m³	120	1											自卸车
5	管涵安装	625	m³	68	1											起重机
6	板涵吊装	382	m³	45	1											起重机
7	沿线设施安装	253.5	t	120	1											电焊机

图 6-1 某工程主导机械施工横道图计划

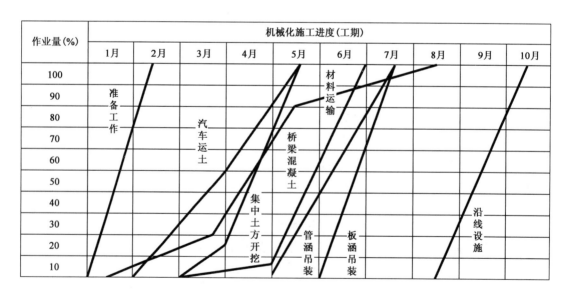

图 6-2 某工程主导机械施工垂直图计划

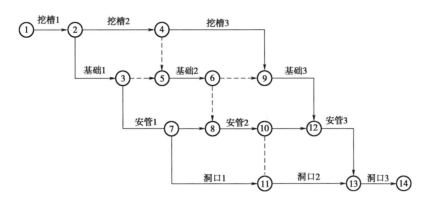

图6-3 某工程主导机械施工网络图

序号	名称	数量	单位	台班数量	工序工期	1月	2月	3月	4月	5月	6月	7月	8月	9月	10月	备注
0	准备工作	2 714	m²	40		1										电焊机
1	汽车运输材料	6 147	m³	0					0							电焊机
2	集中土方开挖	53 471	m³	0				0								电焊机
3	汽车运输土石方	63 714	m³	0					0							电焊机
4	桥梁混凝土	1 436	m³	120						1						电焊机
5	管涵安装	625	m³	68							1					电焊机
6	板涵吊装	382	m³	45							1					电焊机
7	沿线设施安装	253.5	t	120									1			电焊机

图6-4 某工程电焊机施工横道图计划

机械化施工计划确定后,相应的机械预定计划表、动力材料消耗计划表也可以确定,见表6-1和表6-2。

机械预定计划表(单位:d)   表6-1

规格名称	工程	所需机械台数 9月																			
		9	10	11	12	13	14	15	16	17	18	19	20	21	22	23	24	25	26	27	28
推土机	清除障碍物	12	12	5	5	5	5	5	5	5	5	5					15	15	10	10	10
	清除表土			4	4	4	4	4	4	4	4	4	4	4					5	5	5
	排水	1	1	1	1	1	1	1	1	1	1	1	1	1	1	1					
	挖掘										1	1	1	1	1	5	5	7	7		
	铺平										1	1	1	1	1	1	1	1	1		
	搬运便道	2	2	2																	

续上表

规格名称	工程	所需机械台数 9月																			
		9	10	11	12	13	14	15	16	17	18	19	20	21	22	23	24	25	26	27	28
轮式铲运机	清除表土				4	4	4	4	4	4	2	2	2								
	挖掘								6	6	6	10	10	10	9	9					
	表面终压															1	1	1	1	1	1
	便道铲土	1	1	1																	
羊足碾压路机	碾压							1	1	1	1	1	1	1	1	1	1	1	1		
平地机	表面刮削				1	1	1	1	1	1	1	1									
	铺平							1	1	1	1	1	1	1							
	表面精加工															2	2	2	2	2	2
挖掘机	挖掘								2	2	2	2	2	2	2	2	2				
	排水				1	1	1														
压路机(10t)	表面终压															1	1	1	1	1	1
压路机(20t)	表面终压															1	1	1	1	1	1
翻斗车	排水				6	6	6	6	6												
	挖运								9	9	9	9	9	9	9	9	9				

动力材料消耗计划表 表6-2

时间(年)		需要量									备注
		主要工地				辅助生产				
		汽油(t)	柴油(t)	电(kW·h)	煤(t)	汽油(t)	柴油(t)	电(kW·h)	煤(t)	
2005	9	8.5	14.2	3 800	3.8	0	2.5	4 500	0	
	10	8.5	14.2	3 800	3.8	0	2.5	4 500	0	
	11	4.8	16	1 600	10.5	1.2	0	3 200	15	
	12	2	25	2 400	14.5	8	1.2	3 100	18	
2006	1	3.8	18.5	3 400	16.5	1.1	3.7	4 500	18	
	2	3.2	2.2	560	3.5	5	8	400	2.5	
	3									
	4									

制表：　　　　　　　　　　　　　　　　　　　　审核：

(二) 管理曲线方法

管理曲线方法是建立在横道图方法的基础上，机械的成本费用、机械作业计划与实际进度的差别，都能够形象地反映在图纸上。一般地，机械作业量及其累计量画在纵坐标上，时间作为横坐标。其绘图步骤如下：

(1) 做好横道图计划的复制件，并将机械施工工序的机械作业量计算出来，按累计方法计

算累计时间段的累计量(可按机械成本总费用比例与机械总台班数量比例两种方法累计);

(2)在横道图上用累计百分比的方法标注纵坐标刻度,以时间单位为横坐标刻度;

(3)按计算出来的累计量在图纸上标点,并用曲线尺连接各点形成 S 形曲线;

(4)当做出进度计划的曲线以后,随着实际日进度的完成,统计机械作业量,将累计量在图纸上标点,并用曲线尺逐点连接各点,看是否形成 S 形曲线,并与计划 S 形曲线比较;

(5)时刻关注实际进度点与计划点的差异,做出书面报告并及时汇报。

限于篇幅,管理曲线的制作过程及方法不作详细介绍,其形式如图 6-5 所示。

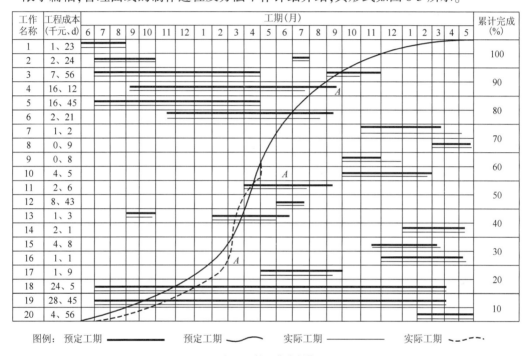

图 6-5 管理曲线制作

二、经济车辆数的确定

机械化施工中工程运输车辆需要量很大,费用所占比重也很大,现以土石方运输的汽车与挖掘机、装载机配套的工程运输车为例予以说明。

1. 一般方法

(1)铲斗容积比的选择:挖掘机和汽车的利用率达到最高值时的理论铲斗容积比(汽车容量与挖掘机斗容量之比),是随着运距的增加而提高,随着汽车平均行驶速度增快而降低,也就是随着汽车循环时间的增加而提高的。当运距为 1~2.5km 时,理论的铲斗容积比为 4~7;运距 3~5km 时,容积比为 7~10。结合我国当前的情况,自卸汽车容量较小,容积比可取 3~5,最大不超过 7~8。实践表明,铲斗容积比宜取低值,但车厢不能过小,以免装载不便而延长装卸时间,而且容易损坏车厢。

(2)汽车载质量的利用程度:它与铲斗容积比、汽车载质量或车厢容积以及土的密度等因素有关。装满自卸车车厢所需的铲装次数 n 一般应满足下列条件:

$$n \leqslant \frac{V}{V_1}, \text{且} n \leqslant \frac{Q}{W} \tag{6-1}$$

式中：Q——自卸车的载质量，t；

W——铲斗中土的质量，t；

V_1——铲斗中土的松方容积，m^3；

V——铲斗容积，m^3。

与挖掘机、装载机配套使用的车辆，其铲装次数一般在 3~5 范围内，而车辆载质量的利用程度也是考核配套合理性的另一个重要指标。

(3) 与一台挖掘机、装载机配套的自卸车车辆数 N：

$$N = \frac{T}{t_1} \tag{6-2}$$

式中：T——自卸车的工作循环时间，可由下式计算：

$$T = t_1 + t_2 + t_3 + t_4 \tag{6-3}$$

式中：t_1——用装载机械装满一车厢所需时间，min；

t_2——重车运输行驶时间和空车返回的行驶时间，min；

t_3——在卸料点倒车转向和卸料的时间（表 6-3），min；

t_4——在装载机械近旁的调车时间（表 6-4），不包括因等候装车耽误的时间，如果计算因等候装车耽误的时间，应按实际发生的时间（或平均时间）计算。

运输车辆的倒车转向和卸料时间 t_3（单位：min） 表 6-3

作业条件	后卸车	底卸车	侧卸车
顺利	1.0	0.4	0.7
一般	1.3	0.7	1.0
不顺利	1.5~2.0	1.0~1.5	1.5~2.0

运输车辆的调车时间 t_4（单位：min） 表 6-4

作业条件	后卸车	底卸车	侧卸车
顺利	0.5	0.15	0.15
一般	0.3	0.5	0.5
不顺利	0.8	1.0	1.0

所求车辆数一般取大于自卸车车辆数的整数，以满足运输车辆的要求。配套汽车的生产率应取挖掘机、装载机的生产率或车队生产率这两者之中的最小值。在生产率计算中，应计入配套机械的时间利用率，使其符合实际情况。

2. 优化方法——排队论法

上述计算车辆数量的式中，装车时间和行驶时间均假定是固定不变的。但实际上，车辆的工作循环时间难以保持相等，因为在装载机械附近有时是排队等候装车，有时会无车可装，因而降低了装载机械的生产率。

排队论法是用统计学来处理装车时间和行驶时间变化的方法。工程实践表明,采用排队论法求出的机械实际生产率和最经济的车辆数比较符合实际情况。运用这一方法时,认为装载时间出现的概率呈泊松分布或指数分布。

设 N 为车队中汽车的车辆数;a 为汽车的平均到达率,以每小时达到的次数计(按无延误计算,不包括装车时间);L 为挖掘机每小时平均装车辆数;$\gamma = a/L$ 为每小时到达率与每小时装车辆数的比值。设 P_0 为挖掘机无车可装的概率;P_t 为挖掘机有一辆车或 N 辆车可装的概率,因此在挖掘机前不是无车可装,就是有一辆车可装,概率 P_0 和 P_t 之和必须为1,故得:

$$P_0 = 1 - P_t$$

为了计算 P_t 和 P_0 值,可先按下述方法求出 γ 值:

$$a = \frac{1}{t_2}$$

$$L = \frac{1}{t_1} = \frac{Q_W}{V}$$

$$\gamma = \frac{a}{L} = \frac{t_1}{t_2} = \frac{V}{Q_W \cdot t_2} \tag{6-4}$$

式中:Q_W——挖掘机的生产率;
V——汽车车厢的堆装容积。

挖掘机无车可装的概率 P_0 和有车可装的概率 P_t,取决于汽车的量数 N 和 γ_0,P_0 值可用式(6-5)精确计算。

$$P_0 = \left[\sum_{i=0}^{N}\frac{N!}{(N-i)!}(\gamma)^i\right]^{-1} \tag{6-5}$$

运用排队论法确定挖、运机群可能达到的生产率 Q,可用式(6-6)计算:

$$Q = 1.03 Q_W \cdot P_t \tag{6-6}$$

式中:Q_W——挖掘机的正常生产率;
1.03——计算值与现场实测值比较的校正系数。

与一台挖掘机配套的最适宜车辆数的近似值 N' 可由式(6-7)计算:

$$N' = \frac{1}{\gamma} \tag{6-7}$$

在沥青路面、水泥混凝土路面面层机械化施工中,也可用排队论法求得经济车辆数。

三、机械的维修及保养计划

机械化施工组织设计中,应包括机械维修保养计划,同时它也是机械化施工管理的组成部分。工地上的土木技术人员有时只顾眼前的工作,忽视机械的状态而强行工作,常常导致机械功率降低,甚至造成机械故障或更严重的后果。所以,正确使用机械是提高工作效率、降低机械使用费的主要途径。一台机械在生产、维修、质量和安全方面的重要性,从以下几点来进行评价。

1. 生产

(1)机械在生产使用中的状态(重点在运转效率)。

(2)工地及计划中是否有闲置的备用机械。

(3)机械故障的出现对机械的影响程度及对进度的影响程度。

2.维修

(1)机械发生故障的频率(是否尽快维修)。

(2)机械发生故障的维修时间是否导致长时间停工。

(3)机械修理故障所消耗的费用是否值得。

3.质量

(1)带故障的机械对工程质量是否有影响。

(2)故障机械的修理费用与影响质量效果的比重。

4.安全

(1)因机械故障可能引起的伤害程度。

(2)机械故障可能引起的公害程度。

从以上四个方面综合评价机械的现状及维修的重要性,以便在施工组织中合理权衡各方面的关系。机械维修从开始到结束都要做好记录,一是备查,二是统计费用,三是对操作员负责的机械进行追踪管理。机械维修存档记录采用表6-5的形式。

机械维修存档记录表   表6-5

机械规格名称	厂家名称	维修原因	维修方式	维修部位	维修时间	备 注

机械师: 记录员:

保养大致可分为定期保养和日常保养。定期保养是拆卸分解整套机械的保养,恢复其原来的性能,使它能长期使用;日常保养指每周、每月进行的保养。机械故障检查记录见表6-6,保养存档记录见表6-7。

机械故障检查记录表   表6-6

机械规格名称	操作员	厂家名称	正在施工的作业	受损部位	初步结论	时间	备注

检修员: 记录员:

机械保养存档记录表   表6-7

机械规格名称	厂家名称	操作员	保养部位	维修部位	保养级别	保养时间	备 注

机械师: 记录员:

(1) 每日保养

每日保养是每天开始运转和运转结束后必做的保养,由机械操作员和辅助操作人员负责完成,包括擦拭、检查、调整和补充燃料、润滑油脂和冷却水。

(2) 每周保养

每周保养是对每日保养涉及不到的润滑油进行补充和离合器、制动器调整等进行保养的工作,每周保养一次。保养工作除操作人员及其辅助操作人员以外,还需机械师指导保养。应及早发现漏油、裂缝、螺栓螺母的松动以及反常发热等异常情况,发现后必须清理机械、记录结果、填报记录。

(3) 每月保养

每月保养主要在当地的机械维修基地进行,由机械师和操作员进行检查、保养。保养规模大,除更换一些零部件外,也拆卸一部分外围部件进行保养。同时记录结果,填报记录表。

(4) 润滑管理

机件长期得不到润滑是机械故障的主要原因之一。润滑工作的标准因机械种类不同而不同,一般按机械使用说明书所记载的标准执行即可。如果有特殊的规格,或有特殊的运转条件时,就要和机械制造厂家协商,采取适当的维护保养措施。进行正确的润滑工作,必须遵守四个原则:①润滑必须在适当的时期进行;②润滑必须在适当的部位进行;③润滑必须选用适当的润滑油;④润滑油用量要适中。

第三节 施工机械

一、路基工程机械

(一) 推土机

推土机是一种自行式短距离铲土运输机械,它的特点是所需作业面小、机动灵活、转移方便、短距离运土效率高、干湿地都可独立工作(图6-6)。土石方施工的季节性较强,对工程量较为集中的土石方工程一般采用履带式推土机。推土机一般用于经济运距为50～100m的短距离推运土方、石方、渣土等作业,也用于开挖河渠、填筑堤坝、平整场地、砍树挖根、堆积砂砾石等作业。此外,还用于进行局部碾压、给铲运机助铲和预松土,以及牵引各种拖式土方机械等作业。

推土机在施工工艺上根据地形、地物的具体情况,其作业方式分为波浪式铲土法、多刀推土法、槽式推土法、并列推土法和下坡推土法五种。

图6-6 推土机

(二)铲运机

铲运机(图6-7)是一种循环作业式的铲土运输机械,主要用于中等运距的土方工程,如填筑路堤、开挖路堑和大面积平整场地等,它本身能完成铲装、运输和卸铺作业,并兼有一定压实和整平能力。有拖式、自行式的机械传动,液压传动,电力传动和静压传动等形式。在施工作业时,铲运机铲土分为一般铲土、波浪式铲土、跨铲铲土法、下坡铲土法和顶推铲土法五种。

铲运机的经济运距和行驶道路坡度是铲运机选型的重要依据。一般来说,运距短、坡度大、路面松软,以拖式铲运机为宜;如果运距较长,坡度大,宜采用双发动机驱动的自行式铲运机比较经济;路面较平坦则选用单发动机驱动的自行式铲运机较为经济。铲运机适用于中等运距(100~200m)和道路坡度不大条件下的大土方量转移工程。如果运距太短(100m以内)采用铲运机是不经济的,这时采用推土机或轮胎式自装自运较为适宜,运距特长(200m及以上)则采用自卸汽车较为经济。

(三)挖掘机

挖掘机是一个刚性或挠性的连续铲斗,以间隔重复式循环进行工作,是一种周期作业的自行式土方机械。挖斗有正铲挖掘机、反铲挖掘机(图6-8)、拉铲挖掘机、抓斗挖掘机等形式。正铲挖掘机的基本作业有侧向开挖和正向开挖两种;反铲挖掘机的基本作业有沟端开挖法和沟侧分段开挖法两种;拉铲挖掘机基本作业有沟侧开挖法和沟端开挖法。

图6-7 铲运机　　　　　　　　　图6-8 反铲挖掘机

挖掘机具有挖掘能力强,构造通用性好,能适合不同作业要求的特点。在公路建设中,遇到开挖量较大的路堑和填筑路堤等大工程量时,挖掘机与运输车辆配合作业可以获得最好的经济效果,汽车数量可按运输距离所需的运转循环时间和挖掘机的作业循环时间来确定,数量不宜过多,以保证生产率最高,成本最低为标准。

(四)装载机

装载机形式有轮胎式及履带式的全回转式、半回转式和非回转式三种(图6-9),它兼有推土机和挖掘机两者的工作能力,可以进行铲掘、推土、平整、装卸和牵引等多项作业。

装载机常用于公路建设中的土石方铲运,以及推土、起重等多种作业,在运距不大或运距和道路坡度经常变化的情况下,如采用装载机与自卸车配合装运作业,会使工效下降,费用增高。在这种情况下,可单独采用装载机作为自铲运设备使用。根据经验总结,如果整个采装运作业循环时间少于3min,把装载机作为自铲运设备使用,是经济合理的。如果运距较远,采用轮胎式装载机配合自卸车采运土石方,也可以提高作业效率。

图6-9 装载机

(五)平地机

平地机是一种以铲土刮刀为主,配以其他多种可换作业装置,进行土地平整和整形连续作业的筑路机械。主要工作装置是一把刮刀,它可以调整四种作业动作,即刮刀的平面回转、刮刀的左右端升降、刮刀左右引伸和刮刀机外倾斜来完成刮刀刀角铲土侧移、刮刀刮土侧移、刮刀刮土直移和机外刮土等作业。自行式平地机机动灵活、生产率高,被广泛采用。

平地机主要用于修筑路堤横断面,路基边坡整理工程的刷坡作业,开挖边沟及路槽,平整场地等;还可用来在路基上拌和摊铺路面材料,对碎石路面和土路面进行养护;清除路肩上的杂草以及冬季道路除雪等。

(六)压实机械

压实机械有静作用碾压机械、振动碾压机械和夯实机械三类(图6-10)。在机械选择时还有钢制钢轮压路机和钢制羊角碾压路机两种形式。静作用碾压机械用碾轮沿被压实材料表面作往复滚动,靠自身的静作用力,使被压层产生永久变形以达到压实的目的。振动压路机用碾轮沿被压实材料表面做往复滚动,以一定频率、振幅振动,使被压层同时受到碾轮的静作用力和振动力的综合作用,以提高压实效果。

钢轮压路机的线压力较小,压实深度也浅,而且压实不均匀,不适合于土坝、河堤、围堰的碾压。钢轮压路机的自重也可以在一定范围内调整以改变单位线压力,一般用于整理性压实工作,对于密度要求较低的黏性土、砂砾料、风化料、冲击砾质土较为适合。

羊角碾压路机具有很大的单位面积压力及挤压力,压实深度大而均匀,并能挤碎土块,因而有很好的压实效果和较高的生产率,广泛用于黏性土料的分层碾压。羊角碾压路机的自重也可以在一定范围内调整以改变单位面积压力。羊脚碾压路机对非黏性土料和高含水率黏土的压实效果不好,不宜采用。

轮胎压路机(俗称轮胎碾)具有弹性,在碾压时与土体同时变形,其碾压作用力主要取决于轮胎的内压力。接触面积与压实深度有着密切的关系,为了得到较大的接触面积,又增加压实深度,在轮胎允许范围内尽可能增加轮胎碾的负荷。一般地,刚性碾轮由于受到土壤极限强度的限制,机械质量不能太大,而轮胎碾则没有这个缺点,所以轮胎碾适合于压实黏性土及非黏性土,如壤土、砂壤土、砂土、砂砾料等土质,同时在路面施工中也常常采用。

a)静力钢轮压路机

b)振动压路机

c)轮胎压路机

d)羊角碾

图 6-10 压实机械

振动式压路机(俗称振动碾),其钢轮碾和羊角碾适用于不同土质条件,主要优点:一是单位面积压力大,可适当增加压实厚度,碾压遍数也可适当减少;二是结构质量轻,外形尺寸小。其最大缺点就是振动及噪声大,使机械操作人员过度疲劳。

目前压路机多采用大直径的碾轮,并配以液压机械式传动系统(即全液压传动系统);而且全轮驱动、前后碾轮直径相同,承担的重力也大致相同,行驶一遍等于碾压两遍,同时也使爬坡能力、转向、通过性能和稳定性得到改善。振动式压路机采用轮胎减振、铰接式机架、液压传动等多种新型结构,减振问题已经基本得到解决,故在土石方及路面施工中较多采用 5~15t 振动式压路机来压实。

(七)凿岩穿孔机械

凿岩穿孔机械包括凿岩机(图 6-11)、穿孔机及其辅助机械设备,它们都是钻凿炮孔的石方工程机械,凿岩机是属于小型机具,包括风动凿岩机、液压凿岩机、电动凿岩机和内燃凿岩机等形式,适用于钻凿小直径炮孔。穿孔机适用于钻凿大直径的炮孔,凿岩穿孔机施工操作简便,性能单一,在此不详述。

图6-11 凿岩机

二、路基工程机械

1. 土石方机械组合条件

土石方机械根据性能及地质、地貌、运距、功率或容量(载质量)的不同,在选型配套方面,本着经济、安全、快速的原则,从施工企业自身的机械施工能力、技术实力出发,在多种可供选择的方案下,尽量选择经济、进度快、重复工作量小、一次到位的施工方案。尽量利用地形开辟工作面,在合理组织下,发挥机械施工的最大效益。在这里提供表6-8的组合方法供参考。

土石方机械设备组合条件　　　　　表6-8

修筑方法	路堤或路堑高(m)	级别(坚实程度)	运土距离(m)	工作段最小长度(m)	选择施工机械设备	
					主要机械	辅助机械
从路基两侧取土坑取土填方(在平地上)	<1	Ⅰ~Ⅳ	<15	500	自动平地机	松土器(Ⅳ类土必要时使用)、推土机轮胎压路机或羊足碾
从路基一侧或两侧取土填方			<30	不限制	推土机	松土器(Ⅳ类土必要时使用)、自动平地机轮胎压路机或羊足碾
	1~2		<50	50	推土机、铲运机(6m³)	松土器、自动平地机轮胎压路机或羊足碾
自路堑取土填筑路堤(移挖作填)	<3	Ⅰ~Ⅳ	<100	不限制	推土机	松土器、自动平地机轮胎压路机或羊足碾
			100~500		铲运机(斗容量<10m³)	推土机、松土器、轮胎压路机、羊足碾
			500~1 000	100		推土机、重型压路机、轮胎压路机、羊足碾

续上表

修筑方法	路堤或路堑高(m)	级别(坚实程度)	运土距离(m)	工作段最小长度(m)	选择施工机械设备 主要机械	选择施工机械设备 辅助机械
自路堑取土填筑路堤（移挖作填）	>3	I～IV	>1 000	在一个工作段内(5 000m³)	装载机或挖掘机配自卸汽车	推土机、自动平地机、轮胎压路机、羊足碾
			>500			空气压缩机、凿岩机、推土机
自专用借土坑取土填筑路堤(取土填方)	不限制	I～IV	<500	50	铲运机(10m³)	推土机、轮胎压路机、羊足碾
			>500	100	铲运机(10m³)、装载机配自卸车	推土机、自动平地机、轮胎压路机、羊足碾
纵向运土的斜坡填方			<500	50	铲运机(6m³)、万能推土机	自动平地机、轮胎压路机、羊足碾
傍山半填半挖	山坡<20°	IV～VI	<30	100	推土机	铲运机(6m³)、轮胎压路机
	山坡>20°	V～IV			挖掘机	推土机、空气压缩机、凿岩机
将土推往弃土堆（挖方）		I～IV	<50		推土机	自动平地机、重型压路机

2. 压实机械组合

压实机械组合所受约束较多,现以沈大高速公路某施工队碾压机械在沥青路面施工中的组合为例进行介绍,见表6-9。考虑压实温度和摊铺机生产率,与气温相适应的碾压长度为:常温(25℃),40～50m;气温偏低(小于10℃),20～40m;气温偏高(大于20℃),50～80m;高温(30℃),100m左右。

压实机械组合表　　　　　　　　　　　　　　　　　　　　　表6-9

碾压流程	型号	台数	轮宽(m)	碾压速度(km/h)
初压	2Y8/10 双轮压路机	2	1.25	3.6
复压	VL9/16 轮胎压路机	1	2	5.0
	3Y12/15 三轮压路机	2	2×0.53	4.5
终压	2Y8/10 双轮压路机	2	1.25	3.6

3. 装载机与自卸汽车组合

装载机的斗容量和自卸车的装载质量及运距有关。当运距不大、运输道路上有坡度时,只能将装载机作为自铲运设备使用,一般要求这样的作业循环时间不超过3min,否则就使用装载机配合自卸车联合作业。前者与生产的强度有关,如生产强度高,装载机一次装载的质量一定,则要求铲运的合理运距尽量缩短,其合理运距见表6-10;后者是根据斗容量配备自卸车装载质量的,如2.25m³的斗配备10t自卸车效果最佳,见表6-10。

装载机与自卸车配合表　　　　　　　　　表6-10

年生产量(×10⁴t)	10		30		50		80		100以上	
装载机斗容量(m³)	2.25	2.25	4	2.25	4	2.25	4	2.25	4	
汽车载质量(t)	10	10	27	10	27	10	27	10	27	
装载机载质量(t)	装载机合理运距(m)									
2	470	170	260	110	160	80	110	71	65	
4	760	280	450	190	280	130	190	118	108	
5	920	350	540	240	340	170	230	155	143	

三、路面工程机械

路面工程机械包括稳定土拌和机及厂拌设备,沥青乳化设备、沥青运输车及洒布车,沥青混合料拌和设备及摊铺机,水泥混凝土摊铺机等。

(一)稳定土拌和机及厂拌设备

稳定土拌和机有履带式和轮胎式的中置式、后置式三种,主要是把无机结合料(石灰、粉煤灰、水泥)、土(碎石土、砾石土、天然料)、细料(碎砾石、炉渣)、水等材料,按照施工配合比在路上直接拌和的机械(图6-12)。更换工作装置后,还可进行切削旧沥青路面和路基的工作。

稳定土厂拌设备是将土(碎石土、砾石土、天然料)、碎石、砾石、碎砾石和无机结合料(水泥、石灰、粉煤灰)、水等材料按施工配合比在固定地点拌和均匀的专用设备(图6-13)。其优点是所需配套设备少、占地少,级配精度高,拌和质量好;缺点是需安装在固定地点作业,整机庞大,还需配置运输车辆才能将成品运至施工现场,因此成本较高。

图6-12　稳定土拌和机　　　　　　　　图6-13　稳定土厂拌设备

(二)沥青乳化设备

沥青乳化机是将沥青破碎成微小的颗粒,稳定而均匀地分散到含有乳化剂的水溶液中,形成水包油液体的机械,它是沥青乳化的关键设备。乳化机有搅拌式、胶体磨式、喷嘴式三种。

乳化设备分开式系统和闭式系统两种。开式系统作业直观,作业完毕清洗方便,但容易混入空气,产生气泡。闭式系统不用乳化机漏斗接液,而用两个匹配好的泵直接把沥青和乳化剂水溶液经管路泵入乳化机内,靠流量斗指示流量,所以不容易混入空气,便于自动化操作,可以提高产量,但清洗麻烦。

(三)沥青混合料拌和设备

沥青混合料拌和设备对集料进行加热、干燥、掺配,并与沥青拌和,是专业生产沥青混合料的大型配套设备(图6-14)。拌和设备有强制式和滚筒式,其中滚筒式分为固定式、半固定式及移动式三种。拌和设备可提高沥青混合料成品品质,减少环境污染,实现振动搅拌和无尘搅拌。

固定式拌和设备规模大,安装地点固定,生产效率高,设备性能完善,可以进行多种级配料的生产,适合工程量集中的长距离路面工程的施工。半固定式设备有几个分解的部件,由几个半平挂车装卸运输和搬迁,拼装灵活方便,多用于工程量较大的养护工程和工程量较小的新建工程,如匝道、连接线等。目前拌和设备多使用强制式拌和设备,先将集料粗配、烘干、加热,然后再筛分、精确称量,最后加入矿粉和沥青,强制搅拌生产出混合料。但生产中产生粉尘,组件较多,结构复杂,设备庞大,需较大的用地面积。

(四)沥青混合料摊铺设备

沥青混合料摊铺机(图6-15)是沥青路面专用施工机械,可自动控制面层厚度、自动调整路拱横坡、自动控制平整度,是现代化施工技术的体现,工作效率高、质量佳,故其已被广泛用于各等级公路的新建、改建、扩建工程中。

沥青混合料摊铺机分小型、中型、大型和超大型四种。小型摊铺机最大摊铺宽度一般不小于3.6m,超大型摊铺宽度能达到16.5m。按走形方式分为拖行式和自行式,拖行式主要用于三级及以下等级公路施工,自行式摊铺机多为大型、超大型,用于高等级公路施工。沥青混合料摊铺机的选型是根据道路的设计宽度、摊铺工艺及摊铺质量等要求综合选定。

图6-14 沥青混合料拌和站

图6-15 沥青混合料摊铺机

(五)水泥混凝土摊铺机

水泥混凝土摊铺机是将水泥混凝土均匀地摊铺在路面基层上,经过振实、整平等作业程序,完成水泥混凝土路面铺筑的路面机械。现在水泥混凝土路面施工设备主要是滑模摊铺机(图6-16)。滑模摊铺机的摊铺高度和厚度可实现自动控制,将各作业装置安装在同一机架上,通过位于模板外侧的行走装置随机移动滑动模板,就能按照要求使路面板挤压成形,并可实现多种功能的摊铺,如摊铺路肩等。

滑模摊铺机不设固定边模,需用的模板和辅助立模的人工均较少,具有较高的生产率,但对水泥混凝土搅拌设备的要求高,必须保证水泥混凝土及时供应,并严格控制坍落度。另外滑模摊铺机只包括较少的组合机械数量,但所有机械都需要安装由导向钢丝控制的自动找平和自动转向系统,整套设备的自动化程度高、技术难度大,造价和维修成本高。

图6-16 滑模摊铺机

路面混凝土机械的配套,指拌和机与摊铺机、运输车辆之间的配套。当主导机械摊铺机选定后,可根据机械的有关参数和施工中的具体情况计算出摊铺机械的生产率。拌和机械与之配套即是在保证摊铺机械生产率充分发挥的前提下,使拌和机械的生产率得到正常发挥,并在施工中保持均衡、协调一致。车辆的配套根据排队论方法,找出合理的配套方案。考虑到装载点与车辆的配套是一个动态系统,即随着摊铺作业的推进,车辆的运输路程随时间的增加而增加。在运输装载过程中,随机影响因素又较多,如道路状况、操作水平、设备运行状况等,因此配套方案有一个优化过程。

滑模摊铺机施工机械的配套选用见表6-11。

滑模摊铺机施工机械的配套表 表6-11

工序	可考虑选用的机械	工序	可考虑选用的机械
混凝土拌和	拌和机、装载机、自动配料机	混凝土养护	洒水车
混凝土运输	混凝土搅拌运输车	表面修整	修整机、纵向表面修整机、斜向表面修整机
卸料	布料机	修整粗糙面	拉毛机、压(刻)槽机
摊铺	滑模摊铺机	接缝施工	切缝机

滑模摊铺机的几种常见配套方法,见表6-12。

滑模摊铺机的几种常见配套方法 表6-12

前方系统（最大铺筑宽度8~12m）				后方系统	
Wirtgen SP850型摊铺机为主导机械的配套机械		SF-1700型摊铺机为主导机械的配套机械		双卧轴强制拌和机的配套机械	
规格名称	数量	规格名称	数量	规格名称	数量
布料机	1	布料机	1	装载机(ZL30、ZL40)	2
养生剂喷洒器	2	养生剂喷洒器	2	自动配料机	2
养生用洒水车	1	调速调厚切缝机	2	供水泵	1
调速调厚切缝机	2	养生用洒水车	1	移动电站	1
抹光机、刻槽机	1			计量水泵(外剂用)	1
移动电站(20kW)	1				

四、水泥混凝土机械

（一）水泥混凝土搅拌站

水泥混凝土搅拌站是一种将水泥、砂、石、外掺剂和水按一定的配合比，按一定周期自动地拌制成塑性和流态混凝土的成套机械（图6-17）。在水泥混凝土工程量大，浇筑施工强度高、施工周期长，施工地点集中的大中型工程或构件预制中被广泛应用。

图6-17 混凝土搅拌站

水泥混凝土搅拌站有装配式搅拌站、整体移动式搅拌站、汽车式搅拌站等。其主机有锥形反转出料、锥形倾翻出料，强制漏浆式、强制行星式、强制单卧轴式、强制双卧轴式等形式。

装配式搅拌站的特点是拆装方便，转运便捷，既适合于现场，又适合于固定集中搅拌站，供应一定范围内的零星分散工地所需的混凝土。砂、石、水泥都能自动控制称量，自动下料，组成一条联动线，操纵简单，称量准确。整体式搅拌站是将材料储料斗、计量、搅拌、出料等设备全部安装在一个机架上集中控制，其特点是搅拌站的体积不太大，搬迁方便，结构紧凑，占地面积较少，适用于一般中小型施工现场。汽车式搅拌站是将储料斗、计量、搅拌、出料等设备全部安装在一辆专用汽车上，灵活性大，搅拌工艺先进，可视混凝土浇注现场的变动而随时转移，只要现场具备供电、供水和供材料的条件，即能进行混凝土的搅拌。

（二）混凝土搅拌运输车

混凝土搅拌运输车是搅拌与运输合一的混凝土施工机械，适用于大中型公路工程机械化施工(图 6-18)。其形式有自行式和拖式,自行式常见的有飞轮取力式、前端取力式、单独驱动式、前端卸料式、皮带输送机式、自行上料装置式、臂架混凝土泵式、拌筒倾翻机构式等。

搅拌运输车不同于散装水泥车,散装水泥车是专为散装水泥而设计制造和改装的专用汽车。气卸散装水泥车是目前应用最广泛的一种散装水泥运输车辆。它通过气压力将水泥等粉状的灰料,送至一定高度或水平距离,卸料后的剩余料很少。利用气卸散装水泥车运输水泥不仅节约水泥包装费,减少场外运输损耗,避免环境污

图 6-18 混凝土搅拌运输车

染,而且送至目的地后,还可将水泥直接快速地泵入混凝土搅拌站的水泥仓中,既省时又省力。

混凝土搅拌运输车短距离运输时,只作为运输工具使用,即将搅拌好的混凝土直接送至工地,仅作防止凝固、离析的轻微转动。混凝土搅拌运输车长距离运输时,发挥搅拌及运输的双重作用。在供应基地将干料(砂、碎石、水泥)按配合比装入搅拌鼓筒内,并将水注入配水箱。运输中在抵达现场 10~15min 时,由驾驶员启动搅拌鼓筒回转,并向鼓筒内注入定量的水,运至工地现场即可卸除。

(三)混凝土输送泵

混凝土输送泵按形式有固定式、拖式(图 6-19)、车载式(图 6-20)三种,是输送混凝土的专用设备。它配有特殊管道,可以将混凝土输送到一定水平距离和高度,沿水平方向可运达 200~700m,沿垂直方向可运达 115m,如果运输距离很长,可串接两个或更多的混凝土输送泵进行多级泵送。其特点是运输工效高,可沿水平与垂直方向连续将混凝土送至浇注地点,占地面积小,不受运输地形的影响,在输送过程中能保持混凝土原有的均匀性与塑性。但由于混凝土输送泵的进出料口及管道的直径较小,对集料粒径的大小要求较严,不宜使用过大粒径的集料;混凝土的配合比受限制,不能输送干硬性混凝土。混凝土输送泵停机时要及时清除管道及机内积存的混凝土,以免堵塞管道及泵体。混凝土输送泵主要性能指标见表 6-13。

图 6-19 拖式混凝土输送泵

图 6-20 车载式混凝土输送泵

混凝土输送泵主要性能表　　　　表 6-13

项目		HB8	ZH05	IPF—185B	DC—S115B	IPF—75B
形式				360°全回转三段液压折叠式	360°全回转全液压垂直三级伸缩	360°全回转全液压三级伸缩
最大输送量(m³/h)		8	6~8	10~85	70	10~75
最大输送距离（m）（水平×垂直）	输送管径 φ100				270×70	250×55
	输送管径 φ125			520×110	420×100	410×80
	输送管径 φ150	200×30	250×40		530×110	600×95
粗集料的最大尺寸（cm）	输送管径 φ100				25	25(砾石30)
	输送管径 φ125			40	40	30(砾石40)
	输送管径 φ150	40(卵石50)	50		40	40(砾石50)
混凝土坍落度允许范围(cm)		0.6~0.9	0.5~1.5	0.5~2.3	0.5~2.3	0.5~2.3
常用泵送压力(MPa)				4.71		3.87
布料杆工作半径（m）	输送管径 φ100				17.7	17.4
	输送管径 φ125			17.4	15.8	16.5
布料杆离地高度（m）	输送管径 φ100				21.2	20.7
	输送管径 φ125			20.7	19.3	19.3
外形尺寸(长×宽×高)(mm)				9 000×2 485×3 280	8 840×4 900×3 400	9 470×2 450×3 230
质量(t)					15.35	15.46
产地				湖北建筑机械厂	日本三菱	日本石川岛

五、桥梁工程机械

1. 桩工机械

公路桥梁桩基础施工方法主要有预制桩施工和灌注桩施工两种,因而,桩工机械也可以分为预制桩施工机械和灌注桩施工机械。预制桩施工机械主要有打桩机、振动沉拔桩机、静力压桩机(图 6-21)。灌注桩施工机械主要有冲击钻机、冲抓钻机、旋挖钻、正反循环钻(图 6-22)等。

打桩机靠桩锤冲击桩头,使桩在冲击力的作用下贯入土中,由桩锤和桩架组成,根据桩锤驱动方式不同分为蒸汽打桩机、柴油打桩机、液压打桩机。振动沉拔桩机由振动桩锤利用机械振动法使桩沉入或拔出,由振动桩锤和桩架组成。静力压桩机采用机械或液压方式产生静压力,使桩在持续静压力作用下压入至所需深度。

冲击钻机利用钻机的曲柄连杆机构,将动力的回转运动改变为往复运动,通过钢丝绳带动冲锤上下运动。通过冲锤自由下落的冲击作用,将卵石或岩石破碎,钻渣随泥浆(或用掏渣筒)排出。适用于黏性土、砂土、砾石、卵石、较软岩石。冲锤有一字形、人字形和十字形几种;冲抓钻机靠冲抓钻头的自重向孔底进行冲击,靠张开的叶片插入孔底地层,四个叶片闭合完成挖取沙土,然后整个钻头由孔下提上来。叶片的开闭是通过自动开闭机构完成的,钻头的挂卸是由自动挂卸器完成的。适用于淤泥、腐殖土、密实黏土、砂土、卵石等地质条件。旋挖钻是通过桶状钻头旋转钻进实现成孔功能的,旋挖钻机的额定功率一般为125~450kW,动力输出扭矩为120~400kN·m,最大成孔直径可达1.5~4m,最大成孔深度为60~90m。根据功率的大小分为小型机、中型机和大型机三种,主要适用于砂土、黏性土、粉质土等土层。正反循环钻机也叫旋转钻机式,其利用旋转的工作装置切下土壤,使之混入泥浆中排出孔外。根据排出泥浆和钻渣方式的不同,分为正循环和反循环两类。

a) 打桩机

b) 振动沉拔桩机

c) 静力压桩机

图 6-21 预制桩施工机械

a)

b)

c)

图 6-22 灌注桩施工机械

钻机选择原则:根据所钻孔位的地质(土及土层结构)情况结合钻机的适用能力进行钻机类型选择。钻机型号应根据设计钻孔的直径和深度结合钻机钻孔能力而定。钻机生产率应符合工程进度要求,在保证工程质量和进度的前提下,生产率不宜过大。为便于管理,配备两台以上钻机时尽可能统一其型号规格。根据施工需要也可配不同型号规格的钻机。

2. 架设机械

公路桥梁预制梁板架设施工常用的机械有起重机、架桥机以及为完成大跨径拱桥和悬索桥施工而开发的缆索吊装系统。

起重机械根据构造和性能的不同,可分为轻小型起重设备(如千斤顶、气动葫芦、滑车、卷扬机等)、桥式类型起重机(如梁(桥)式起重机、龙门式起重机等)、臂架类型起重机(如固定式回转起重机、塔式起重机、自行式动臂起重机)。

自行式动臂起重机是公路工程中最常用的起重设备之一,根据行走装置的不同分为汽车起重机(图6-23)、轮胎起重机、履带起重机。汽车式起重机机动灵活、行驶速度大,可快速转移,制造容易且较经济,但是车身较长,转弯半径大。轮胎式起重机轴距、轮距及外形尺寸可合理布置。履带式起重机的履带对地面的平均比压小,恶劣地面上作业性能优良,爬坡能力强,牵引性能好,能带载行驶,但是质量大、速度低(1~5km/h)且易破坏公路路面。

架桥机是将桥梁预制钢筋混凝土(或预应力混凝土)梁片(或梁段)吊装到桥梁支座上的专用施工机械。主要由主梁、导梁、吊梁天车、支腿、液压系统、行走系统组成。根据导梁个数不同分为单导梁和双导梁两种,根据导梁的位置不同分为上导梁和下导梁两种(图6-24)。

图6-23 汽车起重机

图6-24 下导梁架桥机

六、水平运输机械和装载机械

水平运输机械包括载重汽车、自卸汽车、平板拖车、运油加油汽车、洒水汽车及各种拖拉机等。装载机械主要有装载机和叉车。现主要介绍自卸汽车和装载机。

1. 自卸汽车

自卸汽车车身坚固,机动性能和越野性能良好,爬坡能力强,它装有金属车厢,在举升设备的顶推作用下,可将箱载的物料按一定倾斜角度进行卸货,卸载迅速,在公路建设中被普遍使用。公路工程建设中一般使用中型(4~8t)、重型(9~20t)、超重型(大于20t)自卸汽车。其中后倾斜式自卸车(俗称汽车翻斗车)、中型自卸车采用汽油发动机,重型自卸车采用柴油发动机。

自卸车应与土石方机械配套使用,如与装载机、挖掘机的配合。使用时应注意以下事项:

(1)自卸汽车的车厢容积(或吨位)与装载机械的容量配套。自卸车的车厢容积总和为装载机械容积的2~4倍为宜,但具体配置还受运距长短的影响。

(2)根据地形及路况,合理选择车型。道路条件好的平原地区和施工场地开阔的山区,可以选用中型或重型自卸车;山区、峡谷、河床宜选用中型自卸车。另外,从技术管理、物资供应、设备维修和技术培训等方面考虑,选用的车辆型号越少越好。

(3)根据工程量的大小、工期和施工进度、运距远近等确定自卸车的数量。从机械化施工的合理配套考虑,应充分发挥挖掘(或装载)机械的效能,一般以每台装载机前有1~2辆自卸车待装为佳。

(4)选择时应充分考虑到各种自卸车的优缺点。轻型车在养护工程中用得较多;中型自卸车除进行短途运输外,还可长途运输,广泛应用于中等规模的工程中;重型自卸车的生产率比中型、轻型自卸车的高,在大规模的工程中使用效益显著。

2. 装载机

装载机是广泛用于公路、铁路、矿山、建筑、水利、港口等工程的土方施工机械。它的主要功能有:铲、装、卸、运土与砂石一类散状物料;对岩石、硬土进行轻度铲掘作业;更换工作装置,还可进行推土、起重、装卸其他物料的工作。在公路,特别是高速公路施工中,它主要用于路基工程的填挖、料场装料等作业。

按行走装置的不同,装载机分为轮胎式装载机(图6-25)和履带式装载机(图6-26)两种。按传动方式分为机械传动、液压传动和电力传动三种。按发动机功率分为小型(功率 < 74kW)、中型(功率74~147kW)、大型(功率147~515kW)、特大型(功率>515kW)四种。按装载方式分为前卸式、后卸式、侧卸式和回转式四种。

图6-25 轮胎式装载机

图6-26 履带式装载机

在公路工程机械施工中还有一些机械,如起重机、架桥机、龙门架、卷扬机、打拔桩机、钻孔机械、水泵、金属加工机械,还有土、木、石加工机械,动力机械以及工程船舶等,在此就不作详细介绍。

第四节 施工机械的合理选择与组合

施工机械种类、规格繁多,各种机械都有着自身独特的技术性能和作业范围,一种机械可能有多种用途,而某一施工内容往往可以采用不同机械去完成,或者需要若干机种联合工作。

为了获得最佳的技术经济效果,根据具体的施工条件,对施工机械进行合理的选择和组合,使其发挥尽可能大的效能,是机械化施工组织设计中一个非常重要的环节。

一、选择施工机械的原则

工程量和施工进度是合理选择机械的重要依据。为了保证施工进度和提高经济效益,工程量大时采用大型机械,工程量小时采用中型、小型机械。但这不是绝对的,因为影响机械施工的因素是多方面的。

例如,一项大的工程,由于受道路、桥梁等条件的限制,大型机械不易通过,如果为了运输问题而再修道路、桥梁,这是很不经济的;考虑使用较小型的机械进行施工,更为合理。因此,选择施工机械时应遵循下述原则。

1. 保证工程质量要求

根据工程的技术要求,选择合适的施工机械是保证工程质量的重要因素之一。对于技术要求高的作业项目,应考虑采用性能优良或专用的机械,以保证工程质量和较高的生产率。但应注意不可片面追求高性能专用机械,应在满足工程质量要求的前提下,与机械的通用性相结合。

2. 安全性

在工程施工中,机械应具有可靠的安全性能,如行驶稳定,有翻车或落体保护装置,防尘隔音,危险施工项目可遥控作业等。此外,在保证施工人员、设备安全的同时,应注意保护自然环境。施工现场及其附近已有的其他建筑设施,不应因采用机械施工而受到破坏。

3. 经济性

施工机械经济性选择的基础是施工单价,施工单价和机械固定资产消耗及运行费用等因素有关。固定资产消耗包括折旧费、大修费和投资利息等,与施工机械的投资成正比;机械运行费用包括劳动工资、直接材料费、燃料费、润滑材料费、劳保设施费等,与已完成施工量成正比。采用大型机械进行施工,虽然一次性投资大,但它可以分摊到较大的工程量当中,对工程成本影响较小。因此在选择机械时,必须权衡工程量与机械费用的关系,同时要考虑机械的先进性和可靠性,这是影响经济效益的重要因素。采用先进的机械设备,由于其技术性能优良、构造简易、易于操作,故障与维修费大大降低,但是其设备可能昂贵,因此需要根据具体工程综合考虑多种因素后确定。

4. 适应性

路基工程施工范围广泛,施工条件千变万化,选用的施工机械:一方面其类型应适合于工地的气候、地形、土质、施工场地大小、运输距离、施工断面形状尺寸、工程质量要求等;另一方面,机械的容量要与工程进度及工程量任务相符合,尽量避免因机械工作能力不足或剩余,造成延缓工期或机械利用效率太低的现象。在条件允许的情况下,尽量选择最能满足施工内容的机种和机型。

5. 合理组合

合理地进行机械组合是发挥机械设备效能的重要因素,也是机械化施工的一个基本要求,它包括技术性能和机械类型及其数量两个方面合理配置的问题。

(1)主要机械与配套机械的组合。与主要机械相配套的机械,其工作容量、数量及生产率应稍有储备,以充分发挥主要机械的生产率。例如,挖掘机与运输车辆配合作业时,挖掘机的铲土容量与运输车车厢容量应协调,一般以挖掘机 3~5 斗能装满运土车车厢为宜,以保证作业的连续性。

(2)牵引车与配套机具的组合。路基施工中,经常会有些辅助性机具或拖式机械没有独立的动力行走装置,需要配以牵引车。这时,辅助性机具或拖式机械和牵引车的配合要协调、平衡,应避免动力剩余过大,造成浪费,或动力不够而不能完成要求的作业。

(3)配合作业机械组合数尽量少。组合数越多,其总效率就越低,例如,两台效率均为 0.9 的机械组合时,其总效率只有:$0.9 \times 0.9 = 0.81$,而且每一组合中,当其中一台发生故障停车时,组合中的其他机械便无法正常工作。因此,在能完成作业内容的前提下,应尽量减少机械组合的数量。

为了避免上述不利情况的发生,应尽可能地进行多个系列的组合,并列施工,从而减少因组合中一台机械停驶而造成全面停工的现象,减少配合机械工作能力的损失。

(4)尽量选用系列产品。整个机械化施工中,应减少同一功能机械的品种类型,力求尽可能使用统一、标准化的系列产品,以便于维修和管理。

除此之外,施工单位要结合机械装置情况及机械完好率、新购机械的性能等具体实际情况,对机械进行选择和组合。应因地制宜,机械化、半机械化相结合,确实做到技术上合理和经济上有利,达到两方面的有机统一。

二、施工机械选择方法

在公路工程施工中,选择机械时有各种各样的考虑。根据机械的技术性能,针对各项作业的具体情况,可从下述几个方面出发,合理地选择机械。

1. 根据作业内容选择

路基工程施工作业包括土石方挖掘、装载、运输、填筑、压实、整形及挖沟等基本作业,以及伐树除根、松土、爆破、表层清理和处置等辅助性作业,每种作业都由相应的施工机械完成。表 6-14 列出各项作业内容可选择机械的种类,仅供参考。

不同作业内容的施工机械选择　　　　表 6-14

工程类别	作业内容	选择的机械设备
准备工作	1. 清基(树丛、草皮、淤泥、黑土、岩基、冰雪等清除)和料场准备; 2. 松土、破冻土(0.2m)	伐木机、履带式拖拉机和推土机、挖掘机、装载机、水泵、高压水泵、松土器、大犁、平地机
土方开挖	1. 底宽 >2.5m 的河渠、基坑、池塘、港口、码头、采土场等; 2. 小型沟渠和基坑	推土机、铲土机、挖掘机、装载机、冲泥机、吸泥机、开挖机、清淤机
石方开挖	1. 砾石开采; 2. 岩石开采; 3. 石料破碎	挖掘机、推土机; 移动式空气压缩机、凿岩机、挖掘机、推土机、爆破设备等; 破碎机、筛分机

续上表

工程类别	作业内容	选择的机械设备
冻土开挖	河渠、基坑、池塘、港口、码头	推土机、冻土犁、冻土锯、冻土钻、冻土铲
土石填筑	1.大中小型堤坝、高质量路基、场地、台阶等； 2.小型堤坝、路基、梯田、台阶	推土机、铲运机、羊足碾、压路机； 夯板碾压机、洒水车、平地机、推土机、铲运机、大犁
运输	1.机械设备调运； 2.土石运输	火车、轮船、载货汽车、汽车、起重机； 推土机、铲运机、装载机、汽车
整形	1.削坡； 2.平整	平地机、大犁、推土机、铲运机、挖掘机； 平地机、推土机、铲运机、大犁

实践表明，对于中小型工程，选择通用性较好的机械较为经济合理；对于大型工程，应当根据作业内容进行选择，才能获得最佳的技术经济指标。具体选择时，首先选定作业的主要机械，再根据其生产能力、工作参数及施工条件选择辅助机械，以保证工程连续均衡地开展。

2.根据土质条件选择

土、石是机械施工的主要对象，其性质和状态直接影响施工机械作业的质量、工效及成本等，因此，土质条件是选择机械的一个重要依据。

(1)根据机械通行性决定

所谓通行性是用以表示车辆，特别是工程车辆在土质等条件限制下，在工地行驶的可能程度。

(2)根据土质的工程特性选择

土质条件不仅对机械的通行性有影响，而且也左右着机械进行各种施工作业的可能性和难易程度。工程特性不同的土质，施工时应选择不同的机械。

为了便于选择施工机械，将较为干燥的黏土、砂石、砂粒石、软石、块石和岩石等称为硬土；称淤泥、流沙、沼泽土和湿陷性大的黄土、黑土及软弱黏土(含水率较大)等为软土。硬土开挖、运输、压实时，机械选择见表6-15；软土开挖机械的选择见表6-16；各种土的压实机械选择可参考表6-17。

硬土开挖和运输机械的选择　　　　表6-15

土质	施工机械											
	推土机	铲运机	正铲挖掘机	反铲挖掘机	装载机	松土器	开沟机	平地机	自卸汽车	底卸汽车	钻孔机	凿岩机
黏土和壤土	√	△	√	√	√	√	√	√	√	√		
砂土	√	√	√	√	√	√	√	√	√	√		
砂砾石	√	×	√	√	×	△	△	√	△			
软岩和块岩	△	×	√	△	△	×	×	×	√	×	√	√
岩石	×	×	×	×	△	×	×	×	√		√	√

注：√-适用；△-尚可用；×-不可用。

软土开挖机械选择 表 6-16

水分状况	施工机械					
	通用推土机	低比压推土机接地相对压强(kPa)			水陆两用挖掘机	挖泥船
		19.6~29.4	11.8~19.6	<11.8		
湿地	△	√	√	√	√	×
轻沼泽地	×	√	√	√	√	×
重沼泽地	×	×	△	√	√	△
水下泥地	×	×	×	√	√	√

注：√-适用；△-尚可用；×-不可用。

不同土质压实机械的适用性 表 6-17

机械名称	土质名称								备注
	块石、圆石、砾石	砾石土	砂	砂质土	黏土、黏性土	混杂砂石的黏土、黏性土	非常软的黏土、黏性土	非常硬的黏性土	
静力式压路机	B	A	A	A	B	B	C	C	用于路基、路面
自行式轮胎压路机	B	A	A	A	A	A	C	B	最经常使用
牵引式轮胎压路机	B	A	A	A	A	A	C	B	用于坡面，坡长5~6m时最有效率
振动式压路机	A	A	A	A	C	B	C	C	用于路基基层
夯实机	A	A	A	A	C	B	C	C	用于狭窄地点的碾压作业
夯锤	B	A	A	A	B	B	C	C	用于狭窄地点的碾压作业
推土机	A	A	A	A	B	B	C	A	用于摊平作业
沼泽地区推土机	C	C	C	C	B	B	A	C	用于含水率高的土

注：A-适用；B-可用；C-不适合使用。

3. 根据运距选择

根据运距选择机械，主要针对铲土运输机械而言，考虑土的状态、性质及工程规模，结合现场条件，可参考表 6-18 和图 6-27 选用机械施工。

施工机械经济运距(单位:m)　　　　　　表6-18

施工机械	履带推土机	履带装载机	轮胎装载机	拖式装载机	自引式铲运机	轮式拖车	自卸汽车
经济运距	<80	<100	<150	100~500	200~1 000	>2 000	>2 000
道路条件	土路不平	土路不平	土路不平	土路不平	土路不平	土路不平	土路不平

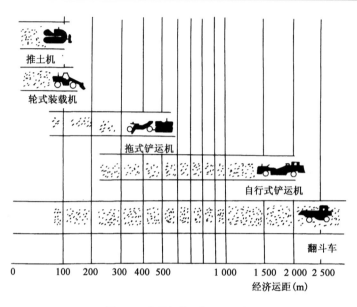

图6-27　各种机械经济运距示意图

4. 根据气象条件选择

气象条件也是影响机械施工的因素之一,如雨季、冬季施工时,应特别加以考虑。雨或积雪融水会直接影响土的状态,从而导致机械通行性下降,工作环境变差。我国大部分地区都有程度不同的连续降雨天气,即雨季。在此期间,如不停工就不得不考虑使用效率差的履带式机械代替干燥条件下机动灵活、效率较高的轮胎式机械进行作业。

5. 冬季施工使用的机械

冬季施工所使用的机械,应考虑进行冻土开挖、填筑、碾压等作业时,机械施工能否达到规定的技术要求;同时,应选用与破碎冻土等特殊作业相适应的机械,如松土器、冻土犁等。选择合适的施工机械,还要考虑与工程间接有关的条件,比如对较大的单位来说,同时可能承担几个不同的施工任务,这时应考虑机械设备相互之间的协调与配合。此外,诸如电力、燃料、润滑材料的供应,机械维修与管理,机械的迁移等,都对选择机械有一定的制约。要综合分析,抓住主要矛盾,选择经济适用的机械。

6. 作业效率

在计算施工机械生产率时,一般都是在假定的标准工作条件下进行的,但实际工程施工中,各种条件是千变万化的,那么,在特定的施工条件下,机械的工作能力(生产率),应是在计入作业效率后确定的。

对于不同的机械,在相同条件下,作业效率是不相同的,准确地计算出作业效率是困难的,表6-19是在不同作业条件和机械技术状况下作业效率的参考值。

施工机械作业效率参考值 表6-19

作业条件	机械技术状况				
	优秀	良好	普通	较差	很差
优秀	0.83	0.81	0.76	0.70	0.63
良好	0.78	0.75	0.71	0.65	0.60
普通	0.72	0.69	0.65	0.60	0.54
较差	0.63	0.61	0.57	0.52	0.45
很差	0.52	0.50	0.47	0.42	0.32

第五节 各分项工程机械化施工组织设计

进行机械化施工组织设计,必须了解、掌握公路施工工艺流程的相关知识,公路施工工艺流程部分框图,见图6-28~图6-47。

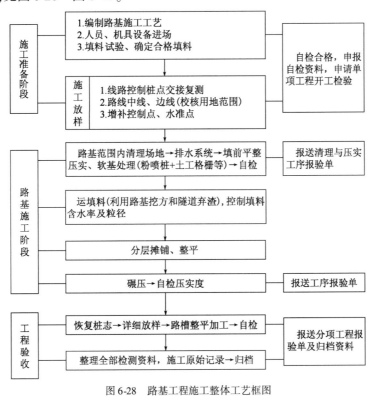

图6-28 路基工程施工整体工艺框图

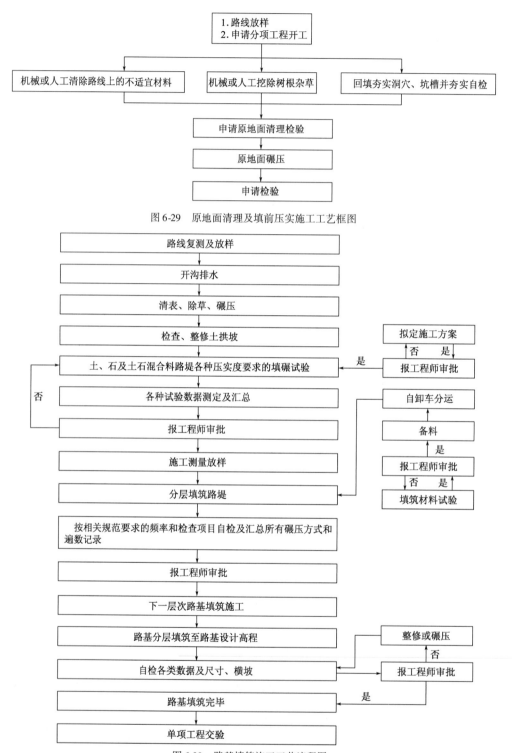

图 6-29 原地面清理及填前压实施工工艺框图

图 6-30 路基填筑施工工艺流程图

说明：填筑前规划好作业程序和机械作业路线，进行全断面机械化联合施工。每层碾压完毕，立即报验。检验合格后并及时反馈，才能进行下一层施工。

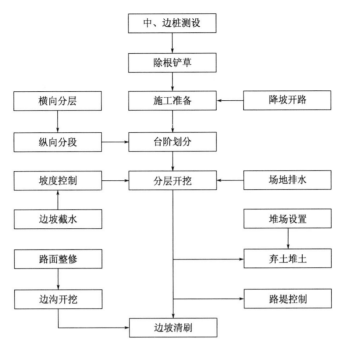

图 6-31 路基土方开挖施工工艺流程图

说明：采用机械开挖、分段分层开挖法进行施工。

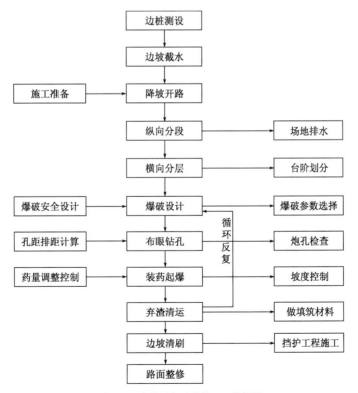

图 6-32 路基石方开挖施工工艺框图

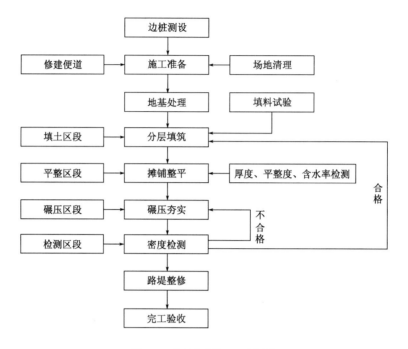

图 6-33　填土路基施工工艺框图

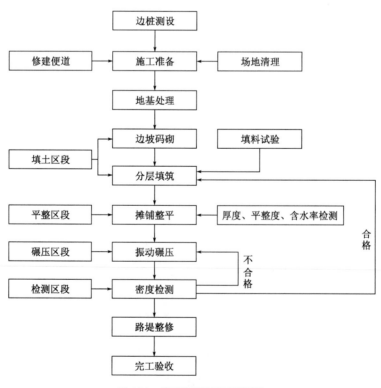

图 6-34　填石路基施工工艺框图

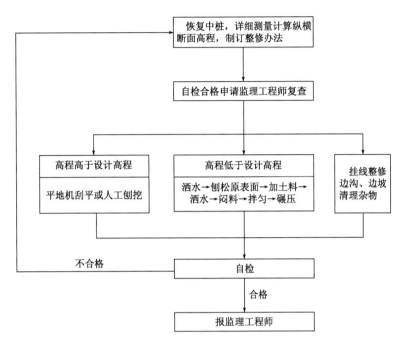

图 6-35 路基整修施工工艺框图

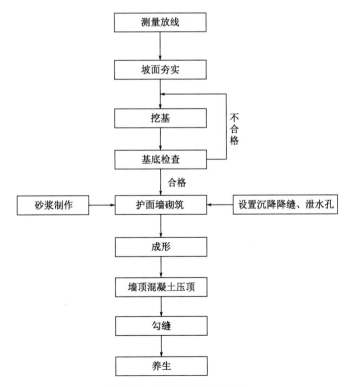

图 6-36 挡土墙施工工艺框图

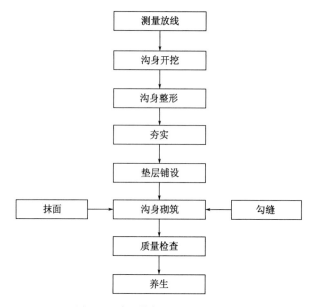

图 6-37 路基排水工程施工工艺框图

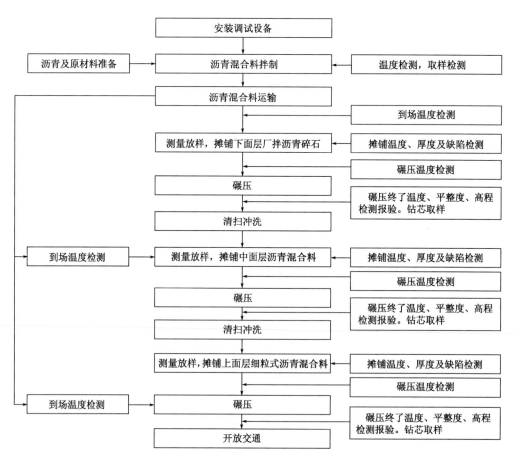

图 6-38 沥青路面施工工艺框图

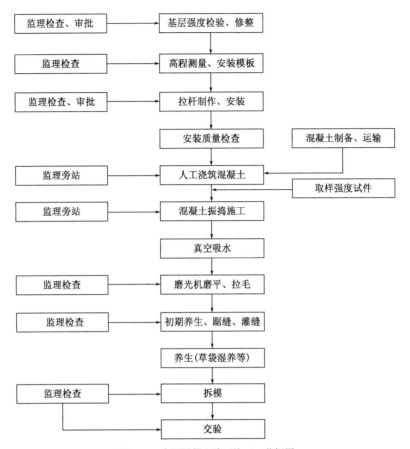

图6-39 水泥混凝土路面施工工艺框图

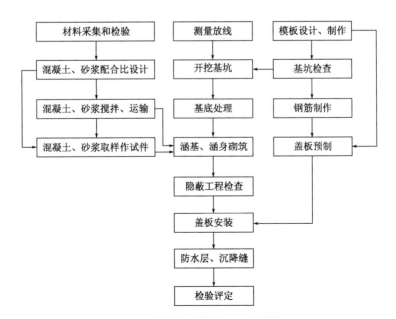

图6-40 盖板涵(通道)施工工艺框图

图 6-41 系梁施工工艺流程图

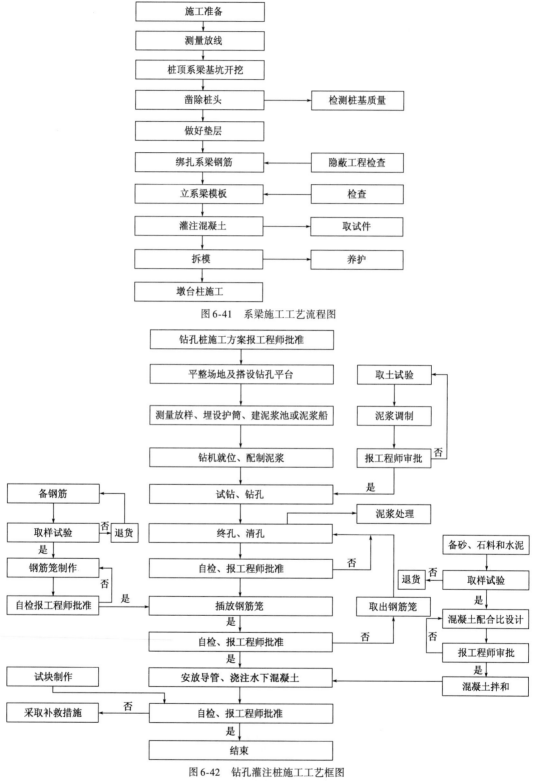

图 6-42 钻孔灌注桩施工工艺框图

说明:根据设计图纸钻孔定位,安设钻机进行钻孔作业,清孔,安放钢筋笼,下导管,二次清孔,灌注水下混凝土,凿除桩头。

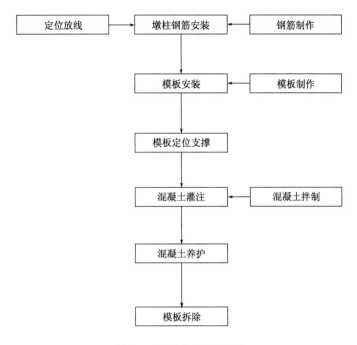

图 6-43　墩柱施工工艺框图

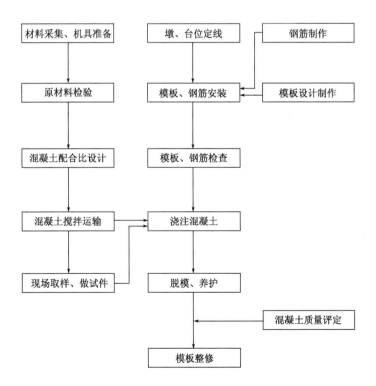

图 6-44　墩台身施工工艺框图

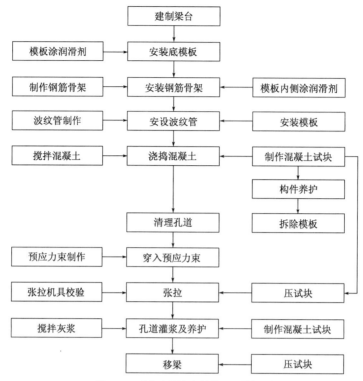

图 6-45　后张法预应力梁施工工艺框图

说明：张拉程序严格按设计要求进行，宜结合使用机具，根据构件外形的特征、配筋数量、间距以及张拉力大小等因素决定。

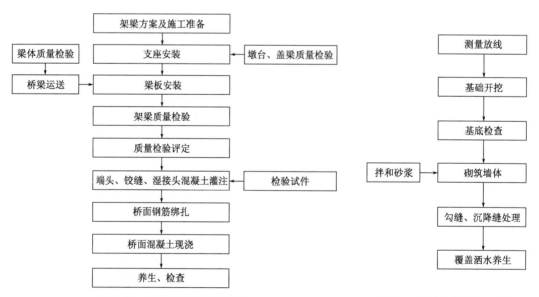

图 6-46　梁体安装施工工艺框图

说明：1. 预制好的梁体采用双导梁架桥机和汽车起重机进行架设。
　　　2. 预制梁安装前，其上拱度不得大于设计值。架设时，梁体混凝土强度必须达到设计强度或图纸规定，墩台身混凝土强度必须达到图纸规定要求，并经监理工程师同意后，方可进行架梁作业。

图 6-47　排水与防护施工工艺

说明：砌石做到摆放紧密，错缝，不形成通缝。砌石间做到砂浆饱满，勾缝做到牢固、美观。沉降缝做到平整、整体贯通，施工中及时洒水养护。

一、路基工程机械化施工组织设计

(一)路堤填筑

路堤宜采用水平分层填筑,即按照横断面全宽分成水平层次,逐层向上填筑。如原地面不平,则应从最低处分层填起,每一层填至符合规定的要求后,再填上一层。原地面纵坡大于12%的地段,可采用纵向分层填筑法施工,沿纵坡分层,逐层填压密实,但填至路堤上部仍然采用水平填筑法。水平分层填筑是填筑路基的基本方法,它最能保证填土质量,在机械化施工中广泛采用分层填筑方法。

机械化施工路基的路堤填筑工程流程见图6-48。

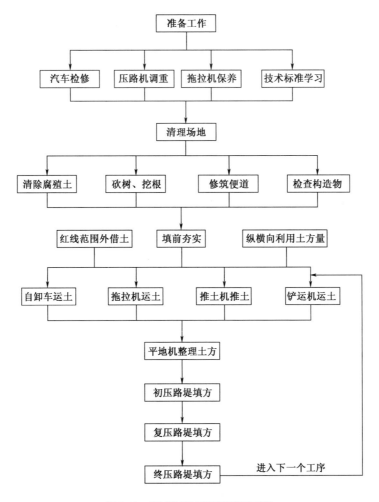

图6-48 机械化施工路堤填筑流程图

路堤机械化施工中应注意以下问题:
(1)不同土质的填料需分别分层填筑,不得混填,以免内部形成水囊或软弱面,影响路堤的稳定。

（2）路堤上部受车辆荷载的作用较大，一般在上部填筑水稳性、强度较好的土质。

（3）透水性较大的土质填在透水性较小的土质之下时，如果两者的颗粒直径相差悬殊，应在层间加铺过渡垫层，以免上层的颗粒散落到下层路基中；反之，其顶面应设置4%的双向向外横坡，以免积水。

（4）沿纵向同一层需改变填料种类时，应做成斜面衔接，且将透水性好的填料置于斜面的上面为宜。

（5）填方相邻作业段交接处若非同时填筑时，则先填筑地段应按1:1坡度分层留好台阶；若同时填筑，则应分层相互交叠衔接，搭头长度不得少于2m。

（6）机械化施工挖方工程应选好配套机械，合理选择不良土质的压实机具。

（二）路堑开挖

1. 选择施工方案

路堑施工就是按设计要求进行挖掘，并将挖掘的土方运到路堤地段作为填料，或者运往弃土地点。路堑开挖的山体是天然地层构成的土质，随着地壳运动及沉积运动，地层结构一般都较为复杂。路堑边坡的稳定与施工的开挖密切相关，如挖掘机挖掘过陡，或弃土堆离坡顶太近，或施工中排水不良，都会引起边坡失稳，发生坍滑。

路堑开挖在机械化施工中，对进度影响很大，施工方案选择不佳，甚至会造成巨大浪费。所以在施工组织中，一般都特别关注集中性路堑土方的机械化施工方案和组织措施。路堑施工一般采用横挖法和纵挖法，其施工方法与机械施工的配置有关，下面介绍横挖法、纵挖法及各种机械施工方法。

路堑机械化施工一般遵循的流程如图6-49所示。

横挖法从路堑的一端或两端按横断面全宽逐渐向前开挖，适用于距离较短的山体土方。当路堑深度不大时，可以一次挖到设计高程；当路堑较深时，可分几个台阶用机械开挖。分层横挖使得工作面纵向拉开，多层多向出土，可以容纳较多的施工机械，加快施工的进度。采用挖掘机配合自卸车作业，台阶高度宜控制在3～4m。

纵挖法沿路堑纵向将高度及深度分成不大的层次依次开挖，适用于距离很长的集中性土石方工程。如果路堑的宽度及深度都不大时，可以按横断面全宽纵向分层开挖，即分层纵挖法；如果路堑的宽度及深度都较大，可沿纵向分层，每层先挖出一条通道，然后开挖两旁，称为通道纵挖法；如果路堑特别长，可在适当位置将路堑的一侧横向挖穿，把路堑分成几段，各段再采用上述纵向开挖，称为分段纵挖法。纵挖法能较大地开辟工作面，加快施工节奏，对于抢工期的组织措施是可取的。

2. 机械化施工方法

路堑施工适宜的机械有挖掘机械、平整机械、压实机械等。机械的选用可以灵活变化，因为某一种机械的用途不是唯一的，在实际施工中，可根据实际情况选择合适的操作方法，有关施工方法参见相关资料，本书不再详述。

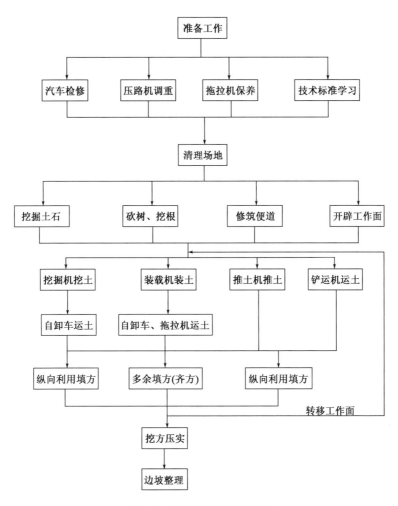

图 6-49 路堑机械化施工流程图

二、路面工程机械化施工组织设计

(一)沥青路面

沥青路面施工的主要内容有:沥青混合料的制备、沥青混合料的运输与摊铺以及沥青混合料摊铺层的压实。为保证沥青路面的施工质量,有效地发挥机械化施工作用,在施工组织方面应作如下考虑。

1. 沥青混合料拌和厂址选择

为保证沥青路面施工时有足够的沥青混合料供应,应设置专门的沥青混合料拌和站。在选择沥青混合料拌和站厂址时,应考虑如下几方面因素。

(1)沥青混合料的施工温度

沥青混合料由拌和站运至施工现场,随运距的增大其温度会逐渐降低,当温度过低时,会影响路面摊铺后的质量。沥青混合料的施工温度应不低于《公路沥青路面施工技术规范》

(JTG F40—2004)规定值。实践证明:沥青混合料的运输时间不应超过45~60min(气温在10℃以上,车速在30~40km/h以上)。

(2)沥青混合料的合理运输距离

从沥青混合料的施工要求可以看出,运距越远,温降也越大。此外从工程成本费用方面来分析,运距越远,工程成本也越高。因此,在工程施工中,如沥青混合料的总运输费用大于沥青混合料拌和场搬迁一次的搬迁费,则拌和站重选新址比较合理。

2. 沥青混合料拌和设备

(1)拌和机的种类

目前,各国采用的沥青混合料拌和机可分为三大类,见表6-20。

沥青混合料拌和机分类表 表6-20

分类标准	第一类	第二类	第三类
生产方式	循环作业式	连续作业式	综合作业式
拌和方式	自由拌和	自由拌和、强制拌和	强制拌和
配料称量条件	冷料称量送入烘干筒	冷料称量送入烘干筒	烘干后筛分称量
矿粉送入方式	与砂石料同时送入	直接送拌和机	直接送拌和机

(2)拌和机生产效率

沥青混合料拌和机是沥青路面施工机械化的主体机械,它生产能力的大小是确定其他设备数量的重要依据。因此拌和机生产率的计算是十分重要的。

综合作业式沥青混合料拌和机的生产率可用式(6-8)表示。

$$Q = \frac{60Gk_\text{B}}{t} \qquad (6-8)$$

式中:Q——综合作业式沥青混合料拌和机生产率,t/h;

G——拌和机每次卸下沥青混合料的质量,t;

k_B——时间利用系数;

t——拌和机拌和一次所需时间,min,$t = t_1 + t_2 + t_3$;

其中:t_1——拌和机加料时间,min;

t_2——拌和机拌和时间,min;

t_3——拌和机卸料时间,min。

3. 摊铺机机械化施工

沥青混合料路面摊铺作业机械化主要由摊铺机、自卸汽车和压路机组成。由于沥青混合料摊铺机可以一次将沥青混合料进行摊铺、捣实和熨平成路面设计断面形状,从而大大缩短了沥青混合料的摊铺时间,并保证了路面面层的质量。

沥青混合料摊铺机的施工过程如下:

(1)自卸汽车由沥青混合料拌和站装料运至施工现场。为防止沥青混合料黏结在车厢上,装料前需在车厢内涂抹石油或废润滑油。如运距较远和室温较低时,还应加保温设备,以保证摊铺和压实温度。

(2)自卸汽车倒车,使汽车后轮支靠在摊铺机前端的顶推滚轮上,此时将自卸汽车变速箱放在空挡位置。

(3)自卸车将部分料卸入摊铺机料斗内并输送至摊铺面,然后摊铺机以适当的速度由自卸车前进,此时自卸车边前进边卸料,而摊铺机边前进边摊铺。

(4)摊铺机摊铺的料层由振捣器初步捣实。

(5)熨平器对已铺好的料层进行最后的整平。

(6)压路机压实。

摊铺机在摊铺过程中可以沿前进方向连续施工,由于路面宽度问题使得摊铺机不能一次就摊铺完成时,应根据路面宽度和摊铺机宽度在可调范围内进行调整。

(二)水泥混凝土路面

高等级公路水泥混凝土路面机械化施工,是拌和机械设备、自卸运输车、水泥混凝土摊铺机等主要机械设备组成的机械化施工系统,将砂、石、水泥、水等原料以一定的配比,经拌和机制成水泥混凝土混合料,由自卸车运至铺筑地点,由摊铺机按一定的技术要求摊铺、振捣并初步成形路面,然后再辅以适当的人工跟补及拉毛等处理,经切缝、养生最终形成路面。水泥混凝土路面施工工艺见图6-50。

在水泥混凝土路面施工中,由于拌和机械设备远离路面铺筑现场,机械化施工系统运行状况受机械性能、机械操作人员的技术水平、机械的组合配套、材料供应、自然环境等很多种事先不可知因素的相互作用,使机械化施工过程成为较复杂的动态随机过程,对于进一步评价与优化系统,提高系统生产率、降低工程成本具有重要意义。

水泥混凝土路面机械化施工系统理想运行过程是:当拌和机刚好拌制一车水泥混凝土拌和料时,就有一辆自卸车刚好到达拌和机装载位卸料;摊铺机运行过程中,其前面始终恰好保持1~2车水泥混凝土拌和料;自卸车卸料后即返回装载位;整个系统工作既经济又高效。

水泥混凝土路面机械化铺筑方式主要是滑模摊铺机施工。限于篇幅,滑模摊铺机铺筑的施工方法参见《公路水泥混凝土路面施工技术细则》(JTG/T F30—2014),不再详述。关于机械的选型及配套已在第三节介绍过,在此不再赘述。

三、桥梁工程机械化施工组织设计

桥梁施工的机械很多,施工的设备更多。如钢管脚手架(支架)、木模板、钢模板、组合钢模板、万能杆件(桁架、墩塔架、龙门架)、贝雷架及贝雷桁架等设备。起重设备还有扒杆、龙门式起重机、起重船、缆索起重机(主索、起重索、牵引索、结索、扣索、缆风索、塔架及索鞍、地锚、电动卷扬机等)。

桥梁施工方案的选择除根据桥梁上部结构的特点,还要考虑地形、环境、安装方案的安全性、经济性、施工进度要求等,掌握周围的地理环境、地质条件及气候条件,以及运输条件、临时用地等资料,才能综合考虑选择何种施工方案。表6-21是在考虑桥梁的类型、跨径、施工的技术水平、机具设备条件等因素后选择的方案,可在施工方案选择时参考。

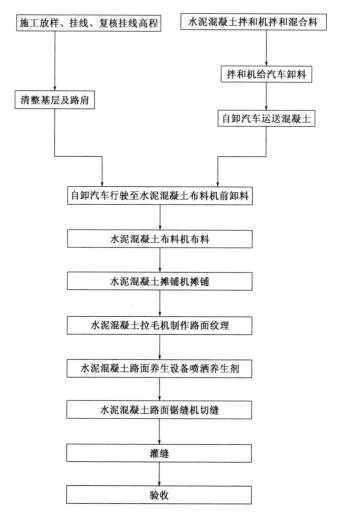

图 6-50 水泥混凝土路面机械化施工工艺

各种桥型可供选择的施工方案 表 6-21

施工方案	桥型							
	简支梁桥	悬臂梁桥 T形刚构	连续梁桥	刚架桥	拱桥	组合体系桥	斜拉桥	悬索桥
现场浇筑法	√	√	√	√	√	√	√	√
预制安装法	√	√		√	√	√	√	√
悬臂施工法		√	√		√		√	
转体施工法		√		√	√		√	
顶推施工法			√		√		√	
逐孔施工法		√	√	√				
横移施工法	√	√	√			√	√	
提升与浮运施工法	√	√	√			√		

桥梁施工技术的发展日新月异,随着大规模机械化施工的推广,桥梁施工现在已经不受障碍物的限制,只要根据水文、地质情况合理选择方案,进行全方位、立体交叉作业的组织方式,可使工期大为缩短,而且使质量提高、结构合理、跨径增加。另外,随着预应力及部分预应力技术的出现,为桥梁施工技术及管理开辟了更广阔的空间。就上部结构来说,已经有就地浇筑法、预制安装法、悬臂施工法、转体施工法、顶推施工法、移动模架逐孔施工法、横移施工法、提升与浮运施工法等。这些多样化的施工法就是在机械施工的基础上研究开发的。受篇幅所限,在此仅介绍钻孔灌注桩基础和上部结构的悬臂施工。

(一)钻孔灌注桩施工

钻孔灌注桩始于欧洲20世纪40年代初期,我国在20世纪50年代末期开始使用。开始时使用人力推钻孔,逐渐发展到冲抓锥、冲击锥、正反循环回旋钻、潜水电钻。孔径从25cm发展到200cm以上。钻孔桩的适用条件和设备选用见表6-22。

钻孔灌注桩的适用方案　　　　表6-22

钻孔方法	适用范围			是否需要泥浆悬浮钻渣
	土层	孔径(cm)	孔深(m)	
正循环	黏性粉砂,细、中、粗砂,含少量砾石、卵石(少于20%)的土,软岩	80~160	30~100	需要
反循环	黏性土、砂类土,含少量砾石、卵石(少于20%,粒径小于钻杆内径2/3的)土,软岩	80~120	用真空泵<35 用空气吸泥机达65	不需要
冲抓钻	淤泥腐殖土、密实黏性土、砂类土、砂砾石、卵石	100~200	大于20时,进度慢	不需要
冲击钻	黏性土、砂类土、砾石、卵石、漂石、较软岩石	80~200	50	需要
旋挖钻孔	软土、黏性土、砂类土、砾石、松散卵石	80~200	20~100	不需要
人工钻孔	各种土石	不小于80	小于25	不需要

钻孔的常用方法分三种,即冲击法、冲抓法、旋转法。冲击法,用冲击钻孔或卷扬机带动冲锥,借助锥头自重下落产生的冲击力,反复冲击破碎土石或把土石挤入孔臂中,用泥浆浮起钻渣,或用抽渣筒或空气吸泥机排除而形成钻孔。冲抓法,用冲抓锥靠自身重力产生冲击力,切入土层或破碎土层,叶瓣抓土、弃土以形成钻孔。旋转法,用人力或钻机,通过钻杆带动锥或钻头旋转切削土,用泥浆浮起排除钻渣形成钻孔。钻孔方法的施工布置图见图6-51,其常用钻头见图6-52。

钻孔灌注桩的施工工艺是多变的,常见的工艺可参见图6-53。

从图6-34可知施工的主要工序有埋设护筒、制备泥浆、钻孔、清底、钢筋笼制作与吊装、灌注水下混凝土。

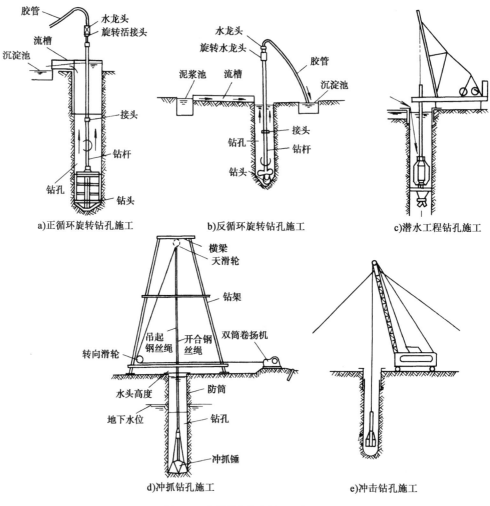

图 6-51　几种钻孔方法的施工布置

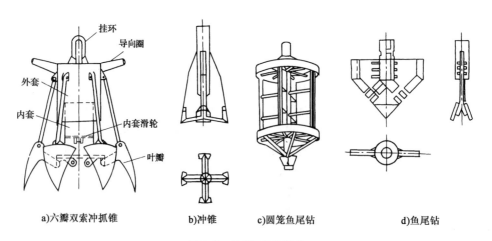

图 6-52　常用的钻头形式

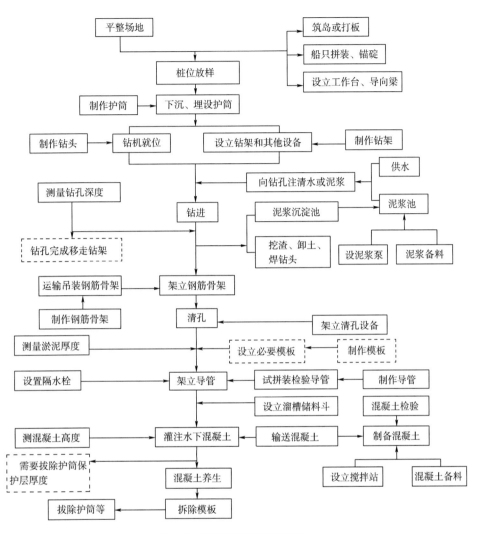

图 6-53 钻孔灌注桩工艺流程图

埋设护筒防止孔壁坍塌,其材料有木、钢板、钢筋混凝土等,要求坚固耐用、不漏水,内径应比钻孔直径大,每节长度 2~3m,但使用最多的是钢护筒。成孔是用各种钻孔方法将土石从设计桩位移走,并达到设计要求。常用的方法有回旋(正反循环回转)钻孔和冲锥、冲击锥钻孔。最后进行终孔检查和孔底清理,验收是否达到规范要求,其允许误差见表6-23。

钻孔灌注桩成孔质量检验允许误差　　　　　　表6-23

序号	项目	允许偏差值	附注
1	孔的中心位置	群桩不大于10cm,单桩不大于5cm	
2	孔径	小于设计桩径	
3	倾斜度	直桩小于1/100,斜桩小于设计斜度的±2.5%	
4	孔深	摩擦桩不短于设计规定,柱桩比设计深度大5cm	柱桩指支撑在岩面或嵌入岩层的桩

续上表

序号	项目	允许偏差值	附注
5	孔内沉淀深度	摩擦桩不大于 $0.4 \sim 0.6d$,柱桩不大于 5cm 和设计规定	争取不大于 $0.4d$,d 为设计桩径
6	清孔后泥浆深度	相对密度 $1 \sim 1.2$,黏度 $17 \sim 20s$,含砂小于 4%	在钻孔的顶部和中部分别取样,取平均值
7	地质情况	与地质钻探资料基本符合	如出入较大,与设计、监理单位协商

(二)梁桥现浇施工法施工

现浇施工又叫现场浇筑施工法,分为支架现场浇筑法和移动模架现场浇筑法。当桥梁跨数较多,混凝土梁的截面尺寸不变,跨越沟谷或者既有路线难以修筑支架的时候,一般采用移动模架法进行施工。当桥梁跨径不大,现场地质条件良好,墩柱不太高可以搭设支架时,一般采用支架现场浇筑法,对于曲线桥梁也常采用支架现场浇筑法施工,这是桥梁工程中最常见的一种施工方法。本文重点讲述支架现场浇筑法,其施工工艺流程图见图6-54。

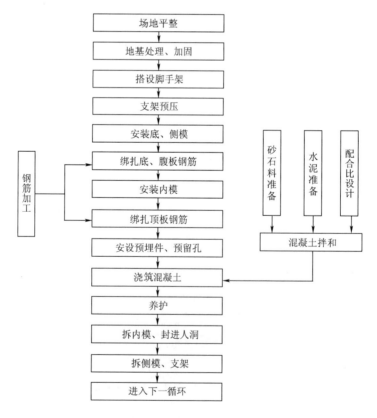

图6-54 梁桥支架浇筑施工工艺流程图

现场浇筑法施工所用的支架有满堂支架、梁柱式支架、组合支架三种,用到的设备主要有扣件式钢管支架、碗扣式钢管支架、盘扣式钢管支架(图6-55)。

混凝土梁桥支架现场浇筑施工用到的施工机械见表6-24。

a)扣件式钢管支架　　　　b)碗扣式钢管支架　　　　c)盘扣式钢管支架

图 6-55　钢管支架类型

主要施工机械设备表　　　　　　　　　　　　　　　　　　表 6-24

项目	设备名称	数量
土方施工	推土机	1
	装载机	1
	压路机	1
钢筋加工	钢筋调直机	1
	钢筋切断机	2
	钢筋弯曲机	2
	电焊机	4
混凝土施工	振捣棒	8
混凝土施工	混凝土罐车	6
	混凝土输送泵	1
	平板振动器	
	翻斗车	
其他机械	起重机	2
	发电机	3

支架现场浇筑施工需进行内业施工准备和外业施工准备。组织相关技术人员审核施工图纸,根据各桥实际情况确定施工方案。首先进行地基承载力和支架强度、刚度、挠度和稳定性检算,从而确定基础的形式、杆件的间距、数量和预留起拱度;其次根据地质情况,桥跨结构选用支架类型。

施工前对施工现场进行平整硬化处理,做好施工车辆交通方案,同时做好排水处理。支架的搭设要做到横平竖直、连接牢固、底脚着实、层层固定、安全设施齐全牢固。模板宜采用大块钢模板,由底模、侧模、芯模、端模几部分组成。模板拼接应保证平顺密实,附着式振动器安设牢固。模板施工结束,需对支架进行预压处理,预压可以采用沙袋、混凝土预制块、水箱等重物,预压重力一般取梁体自重的1.2倍。预压过程中需按规定要求进行观察。钢筋加工应在加工场地制作,运到施工现场进行绑扎焊接成形。混凝土在搅拌站搅拌并用混凝土搅拌运输车运输,浇筑过程应先浇筑底板再浇筑腹板最后浇筑顶板。混凝土浇筑完成应及时进行养护。当混凝土强度达到规范或设计文件要求之后方能拆除模板和进行落架施工。

(三)梁桥预制安装施工法

预制安装法又称装配式施工,在预制工厂或运输方便的桥址附近设置预制场进行梁的预制工作,然后采用一定的架设方法进行安装。公路工程中预制安装法施工一般是指钢筋混凝土或预应力混凝土简支梁的预制安装。

预制安装施工法工艺流程见图6-56,所用到的施工机械设备见表6-25。

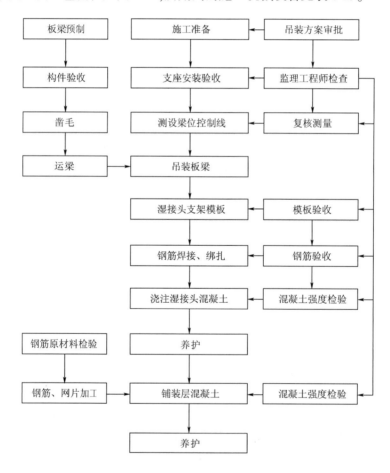

图6-56 梁桥预制安装施工工艺流程图

预制安装施工法机械设备表 表6-25

施工项目	机械名称	数量	施工项目	机械名称	数量
钢筋工程	钢筋调直机	4	混凝土工程	附着式振动器	1
	钢筋弯曲机	2		插入式振动棒	3
	钢筋切断机	2	梁板架设	汽车起重机	2
	钢筋焊接机	3		架桥机	1
混凝土工程	混凝土拌和机	1		龙门式起重机	2
	混凝土搅拌运输车	5		运梁车	2

预制安装施工法主要包括梁板预制和梁板架设两部分。梁板在混凝土梁的预制场制造，如果是预应力混凝土梁，根据预应力施工工艺的不同，有先张法预制梁场和后张法预制梁场，其差别主要体现在预制梁底座的设计不同。预制场施工场地的布置非常重要，除了需考虑工期、桥型、地质条件等因素外，还需综合考虑施工便利、避免水淹、减少用地、减少临时建筑费用等因素。

目前施工现场梁板预制施工新技术、新工艺不断涌现。比如钢筋骨架的机器人焊接技术（图6-57）、梁板养护的智能喷淋系统等。

图6-57 钢筋骨架机器人焊接施工技术

机器人焊接技术即采用先进的工业机器人进行钢筋骨架的焊接。机器人本体由驱动器、机械手臂、关节以及内部传感器等组成，配套设备包括机器人控制柜、焊接电源系统、焊接工装工具和焊接传感器及其安全保护设施。其中控制柜是机器人的神经中枢，包括计算机硬件、软件和专用电路，负责处理工作过程中的全部信息。

20世纪70年代工业机器人技术已经被引入焊接领域，而桥梁工程施工引入机器人焊接技术则是近10年的事情。由于桥梁工程的特殊性，特别是箱梁和T梁等称重构件在整个桥梁中的重要性，工业机器人在焊接过程中，必须要有较高的位姿重复精度和轨迹重复精度。传统的人工焊接钢筋骨架，受到操作人员技术水平、疲劳状况，甚至情绪的影响，产品质量不稳定。机器人焊接钢筋骨架则更容易保证焊接质量，保证每一片骨架质量的均一性，使得梁板质量更高。同时，还能缩短施工周期，减少相应的设备。最主要的是提高生产效率，能够实现24小时作业。

采用机器人焊接梁板或者盖梁的钢筋骨架,需选择合理的焊接顺序,以减小焊接变形、焊枪行走路径长度。焊枪空间过渡要求移动轨迹短、平、安全。需采用合理的变位机位置、焊枪姿态和焊枪相对接头的位置。钢筋在变位机上固定之后,需编程调整变位机,保证焊缝的位置和角度精准。机器人焊接技术引入之后,与传统的人工焊接施工比较,在编写施工组织设计时,要考虑施工机械设备的类型、数量和进出场时间,不同工种工人组合设计,以及考虑施工关键路线对工期的影响。

梁板架设可以采用汽车起重机架设,也可以采用龙门式起重机架设。龙门式起重机架设法在我国普遍采用,凡是桥孔众多、桥墩高度不大,地形较为平坦具备轨道铺设条件的工点都可以采用。其施工过程为铺设运梁便线→铺设龙门轨道→安放走行台车→组拼龙门架→吊梁就位。梁板还可以采用架桥机架设,目前我国自主研发的大吨位架桥机主要是步履式架桥机和导梁式架桥机,在选择的时候应紧密结合制梁场的位置、规模、地质情况、设备的价位、性能、架梁原理、过孔方式以及首末孔梁架设、通过隧道方式等综合确定。

(四)预应力工程施工

在公路工程中,钢筋混凝土梁的跨径一般不超过16m。当跨径过大时,必须采用预应力钢筋混凝土。预应力钢筋混凝土就是在外荷载施加前,预先建立起有内应力的混凝土,其内应力的大小与分布应能抵消或减少给定外荷载所产生的应力。

预应力钢筋混凝土简称预应力混凝土,按预应力度大小分为全预应力混凝土和部分预应力混凝土两种,按施加预应力方式分为先张法、后张法和自应力三种,按预应力筋黏结状态分为有黏结、无黏结和缓黏结三种。

预应力钢筋是使结构或构件产生预压应力的受力材料。常用的有精轧螺纹钢筋,高强低合金钢丝、碳素钢丝以及预应力钢绞线。预应力钢筋混凝土施工中还会用到预应力锚固体系,包括锚具、夹具和连接器。锚固体系的种类很多,且配套化、系列化、工厂化生产,主要有 QM 系列(中国建设科学院)、OVM 系列(柳州建筑机械总厂)、HVM 系列(柳州海威姆)、VLM 系列等。此外张拉过程需要用到千斤顶和油泵(图6-58)。

a)穿心式千斤顶

b)油泵

图 6-58 千斤顶和油泵

先张法预应力工程施工过程为:台座预制→安设模板→绑扎钢筋→安设预应力筋→张拉→

浇筑混凝土→放张。后张法施工过程为：台座预制→安设模板→绑扎钢筋→安设预应力筋管道→浇筑混凝土→穿预应力筋→张拉。

(五) 梁桥挂篮施工法

在大跨径连续梁桥和斜拉桥施工中，最常见的施工方法是挂篮施工法。所涉及的主要设备是挂篮，在墩柱两侧先采用托架支撑浇筑一定长度的梁段，这个长度称之为起步长度，然后即可拼制挂篮。应注意的是，施工时要保证墩与梁的临时固结，待合龙后再恢复原结构状态，如临时支座等。

1. 挂篮施工方法介绍

施工挂篮与托架挂篮是可沿轨道行走的活动脚手架，悬挂在已经张拉锚固与墩身连接成整体的箱梁节段上。在挂篮上可以进行下一节段的模板、钢筋、管道的安设、混凝土浇注和预应力张拉、灌浆等作业。完成一个循环后，新节段已和桥墩或梁体联成一个整体，成为悬臂梁的一部分，挂篮即可前移一段，再固定在新的节段位置上。如此循环直至悬臂梁浇筑完毕。

挂篮的种类很多，其结构也随之而各有不同。挂篮的承重结构可用万能杆件或贝雷钢架拼成，或采用专门设计的结构，它除了要能承受梁段自重和施工荷载外，还要求自重轻、刚度大、变形小及稳定性好、行走方便等。挂篮结构示意图见图6-59。

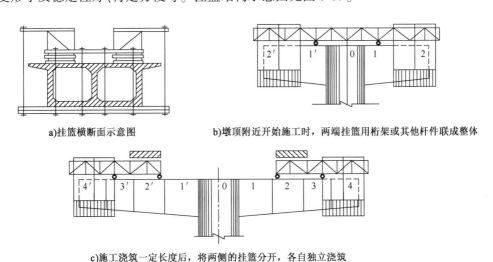

a) 挂篮横断面示意图　　b) 墩顶附近开始施工时，两端挂篮用桁架或其他杆件联成整体

c) 施工浇筑一定长度后，将两侧的挂篮分开，各自独立浇筑

图6-59　挂篮结构示意图

注：图中数字表示施工顺序。

施工托架可根据墩身高度、承台形式和地形情况，分别利用墩身、承台和地面作支撑，设立支撑托架。墩顶梁段(零号块)或墩顶附近的梁段在托架上浇筑，此时，施工挂篮就在已浇筑的梁段上拼装。托架可采用万能杆件制作，其高度和长度视拼装挂篮的需要和拟浇块件长度而定。横桥向的宽度一般应与箱梁底面纵向线形的变化一致。为了消除托架在浇注梁段混凝土时产生的变形，常用如千斤顶法、水箱法等对托架预加变形。

2. 施工工艺流程图

当挂篮安装就位后,即可在其上进行梁段悬臂浇筑作业,施工工艺流程见图6-60。

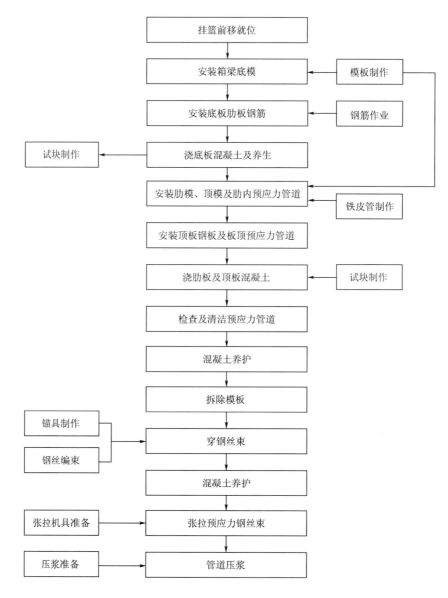

图6-60 悬浇施工工艺流程图

图6-60的工艺流程是按每一梁段的混凝土分两次浇注排列的,即先浇注底板混凝土,后浇肋板及顶板混凝土。当采用一次浇注时,将浇注顶板混凝土的工序与浇注肋板及顶板混凝土的工序合并,其他工序不变。

3. 混凝土浇注工艺

混凝土浇注前,需用硬方木支垫于前轮,分配梁上的荷载,减少轮轴压力。浇注混凝土的过程中,要随时观测挂篮由于受载而产生的变形。挂篮负荷后,还可能引起新旧梁段接缝处混凝土开裂。尤其是采用两次浇注法施工,第二次浇注混凝土时,第一次浇注的底板混凝土已经凝结,由于挂篮的第二次变形,底板混凝土就会在新旧梁段接缝处开裂。为了避免这种裂缝,对挂篮可采用预加变形的方法,如采用活动模板梁等。

悬臂浇注施工的周期一般为6~10d,但依节段混凝土的数量和结构的复杂程度而不同。在悬浇施工中如何提高混凝土的早期强度,有效地缩短施工周期,是现场浇注施工面临的共同问题。

墩顶零号块与桥墩临时固结是浇注混凝土过程中的另一个重要问题。在浇筑零号块之前,在墩顶靠两侧先浇筑50号的混凝土楔形垫块,待零号块达到设计强度的70%以上时,在桥墩两侧各用10根 $\phi32mm$ 预应力粗钢筋从块件顶部张拉固定。这样就使得拼装过程中出现的不平衡力矩完全由临时的混凝土垫块和预应力筋共同承受。

4. 斜拉桥的悬臂施工

混凝土梁式桥施工的很多种方法在斜拉桥施工时都可以使用,如支架上现浇和拼装,悬臂现浇和拼装,顶推法和平转法等。由于斜拉桥的梁体尺寸较小,各节段有拉索,索塔还可以用来架设辅助钢索,因此无支架的施工方法更经济方便。其中悬臂施工法是混凝土斜拉桥施工中普遍采用的方法。不论主梁为T构、连续梁或悬臂梁皆可采用。悬臂法施工可以在支架上建造边跨,然后中跨采用悬臂施工的单悬臂法,也可采用对称施工的双悬臂法。图6-61为斜拉桥的主要安装程序。

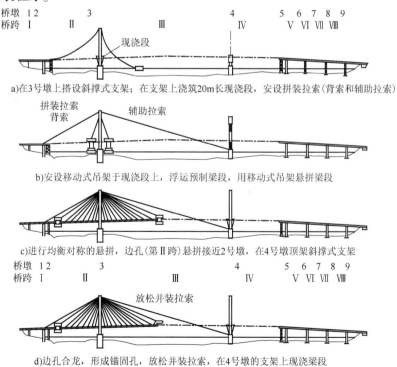

图 6-61

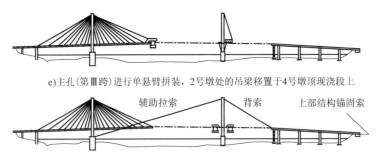

e)主孔(第Ⅲ跨)进行单悬臂拼装,2号墩处的吊梁移置于4号墩顶现浇段上

f)安设拼装拉索,主孔的悬拼吊架移置于4号墩顶现浇段上,开始进行均衡对称悬拼

图 6-61 斜拉桥安装程序

双悬臂法的施工方案和步骤一般是这样:先在斜腿门式塔架上现浇 20m 长的梁段,然后用特制的移动式吊架起吊梁段,逐节进行悬臂拼装。梁段间用环氧树脂等材料黏结,并由拉索的水平分力施以预加力。梁内另布置有预应力的粗钢筋。为了保证在安装过程中不致出现过大的塔顶水平位移,在塔顶与另一个桥墩之间设有辅助拉索,它与边跨的背索一起来约束塔顶位移。这样每施工一个节段的周期只需 4d。如果运输、起吊设备条件可以解决,以整体截面预制为好。

1. 机械化施工组织设计的内容是什么?
2. 机械化施工组织设计的基本原则是什么?
3. 机械化施工组织设计的影响因素是什么?
4. 简述路基工程施工机械的使用条件。
5. 选择施工机械的原则及方法是什么?
6. 路堤机械化施工应注意哪些问题?

第七章 CHAPTER SEVEN
机电工程施工组织设计

第一节 概述

机电工程是现代高速公路工程除土建部分以外的主要组成部分,它是高速公路安全、高效运营的保证手段,也是影响高速公路运营成本的主要因素之一。

一、机电工程的组成

机电工程主要由监控系统、通信系统、收费系统、供配电系统、照明系统、隧道机电系统等组成。由于供配电系统及照明系统施工组织较简单,因而本章仅介绍监控系统、通信系统、收费系统及隧道机电系统。

1．监控系统

一般监控系统由三级管理架构组成,分别为:省域内高速公路监控系统设有一个省级监控中心;在一条路段的管理公司内设一个路段监控分中心,对本路段的交通监控设施进行集中管理;在路段监控分中心下设几个基层监控单元。

监控系统按其功能可分为九个子系统:交通(信号)监控子系统、视频监控子系统、调度(指令)电话子系统、火灾自动报警子系统、隧道通风控制子系统、隧道照明控制子系统、电力监控子系统、隧道紧急电话子系统、隧道广播子系统。

监控系统设备安装施工技术要求如下:

(1)设备开箱检查必须由业主、承包方和监理共同参加。

(2)检查时要对外观、型号、规格、数量、备品、备件等随机资料做好详细记录并签字认可。

(3)设备安装前要画线定位,核对地面水平,保持防静电地板的完好性。

(4)设备应按设计位置水平排列,方向正确,位置合理。

(5)室内布缆布线,一般均在防静电地板下平行排列,不能交叉排列,每隔0.5~1.0m绑扎一道。电力电缆和信号电缆应分槽布设。

2. 通信系统

高速公路通信系统主要由光纤数字传输系统、语音交互系统、会议电视系统、呼叫服务中心、紧急电话系统、有线广播系统、通信电源系统、光电缆工程及通信管道工程组成。

省高速公路通信中心的通信系统主要由光纤数字传输系统、语音交互系统、支撑网系统、会议电视系统、呼叫服务中心和通信电源系统等组成。

通信系统光电缆施工要求同监控系统。

通信设备安装要求如下：

（1）机架安装时，安装位置要正确，符合施工图的平面要求；安装要端正牢固，垂直偏差不得超过 3mm，整列机面在同一平面上无凹凸现象；符合抗震加固要求；机架应着力均匀。

（2）敷设电源线时，交、直流电源的馈电电缆必须分开布设，电源电缆、信号电缆、用户电缆应分离布设；电源线的规格、熔丝的容量应符合设计要求，电源线必须用整段线料，外皮完整。

（3）接地装置施工时，新建局站应采用联合接地装置；接地汇集装置的位置应符合设计规定，安装端正牢固；通信设备除工作接地外，其机壳应接地保护；需要接地的设备与接地汇集线之间的连接，一般采用 35～95mm² 的多股绝缘铜线，不得使用裸导线布放。

3. 收费系统

2019 年取消省界收费站后，《电子收费　专用短程通信》（GB/T 20851—2019）规定实施不停车电子收费（ETC）系统，从而高速公路的收费方式分为电子收费（ETC）和人工收费（MTC）两种，这就需要在交通流发生变化前的路段区间，设置不停车电子收费 ETC 门架及路侧装置——路侧单元（RSU）。

收费系统的主要构成如下：

（1）部联网中心

部联网中心承担全国联网收费系统运营服务规则制定、跨省 ETC 通行费清分结算和其他交易拆分结算、通行介质与 ETC 发行认证和监管、系统数据汇聚运行监测、费率与参数管理、安全和风险控制、联网收费稽查和信用管理、跨省争议交易与投诉及用户服务等。

（2）省联网中心

负责本省、自治区或直辖市内联网收费系统的业务管理，包括省内路段费率管理，收费数据的接收、汇总、统计；省路网内复合通行卡（CPC）状态追踪、调拨、丢卡稽查；协助部联网中心等功能。

（3）区域/路段中心

区域/路段中心是辖区内联网收费系统数据处理和管理中心，负责管理内收费系统的运行和监控；对各收费站上传的收费数据、特殊事件等数据进行汇总与处理。

（4）ETC 门架系统

ETC 门架系统主要由车道控制器、RSU（含 ETC 天线、读写控制器）、高清车牌图像识别设备、高清摄像机、供电设备、防雷接地、网络安全设备、工业以太网交换机等组成。其功能主要是支持双片式与单片式电子标签（OBU）和 CPC 卡收费交易，实现 ETC 和 MTC 车辆分段计费；自动识别所有通行车辆和通行时间、抓拍车辆图像信息等。

(5)收费站系统

考虑到非 ETC 车辆的收费需求及为适应 ETC 用户的快速发展,原有收费站入/出口调整为以 ETC 收费车道为主,混合收费车道为辅的方式。收费站入口实现 ETC 车辆不停车通行,同时实现特殊车辆管理、发放 MTC 车辆通行介质 CPC 卡等功能。

收费站系统包括监控室的三层以太网交换机 ETC 门架管理服务器、磁盘阵列存储设备(IPSAN)、ETC 门架以太网交换机、多台工作站、收费站服务器、打印机等组成的一个收费站局域网,车道控制机通过广场以太网交换机与站监控室的三层以太网交换机相连构成另一个收费站局域网。站局域网通过路由器和防火墙接入通信网络与区域/路段中心、省联网中心和部联网中心。

(6)收费站入口与出口车道系统

收费站入口与出口车道系统,对于 ETC 车道由车道控制机、车辆检测器、高清摄像机、ETC 路侧单元 RSU 和天线、自动栏杆、信息显示屏、收费终端、非接触式 IC 卡读写器、票据打印机、报警设备、车道信号灯、雨棚信号灯、配电盘、接地装置以及相应车道软件构成。

对于 ETC/MTC 混合车道,是在 ETC 车道基础上增加 POS 机、扫码终端及相应软件构成。

收费系统设备安装施工的主要技术要求如下:

(1)车道计算机系统设备施工时,出入口车道设备数量、型号和规格符合设计要求,部件及配件完整;ETC 车道系统中,固定安装方式的 RSU(路侧设备)支持户外安装,宜采用顶挂安装方式;称重系统中,计重称台应埋设在一个板块的中心。

(2)收费站、区域/路段中心、省联网中心系统设备施工时,设备摆放要平稳,后面留够空间散热;计算机电源线、控制线、信号线的接插头安装牢固;标志铭牌正确、完整、无误。

(3)收费监视系统的设备施工时,设备及配件数量、型号、规格符合要求,部件完整;设备基础混凝土表面应刮平,无损边、掉角;机箱、立柱法兰及地脚螺栓规格符合设计要求,进行防腐处理;摄像机安装高度符合设计要求,安装牢固、端正。

(4)ETC 门架系统施工时,上下行双方向门架宜背向错开布置,距离不得小于 30m,同时距离不易过远;ETC 门架系统前方 500m 处应设置预告标志和路面标志。

光电缆线路施工技术要求同监控系统。

4.隧道机电系统

隧道机电设施施工内容包括交通监控设施施工内容、通风与通风设施施工内容、照明与照明控制设施施工内容。

(1)交通监控设施施工内容主要包括车辆检测器、摄像机、交通控制与诱导信息发布设备及区域控制单元的安装、调试与检查。

(2)通风与通风控制设施施工内容主要包括风机、通风环境检测与控制设备等的安装调试及检查。

(3)照明与照明控制设施施工内容主要包括隧道内照明灯具、照明接线箱、隧道洞口照明灯具、照明检测与控制设备等的安装、调试与检查。

隧道机电设施施工应在具备以下条件时进行:

(1)交通监控设施施工应在具备以下条件时进行:

a.主体工程及与主体工程相关的预留孔洞、预埋件已完成。

b. 影响机电工程施工的装饰工程基本完成。

c. 洞外公路路基基本完成。

(2)通风与通风控制设施施工应在具备以下条件时进行：

a. 洞内风机安装点的设备基础、预埋件预留洞室、风道、机房等均经过检查,位置、尺寸等满足设计要求,预埋预留管孔通畅。

b. 已对风机预埋件的材质进行了检查确认,并制订了相应的焊接施工技术方案。

c. 通风环境检测与控制设备的基础或安装支架已制作完毕。

(3)照明与照明控制设施安装应在隧道内喷涂作业完成后进行。

二、机电工程施工特点

机电工程不同于公路工程的其他组成部分,其特点主要表现在以下几个方面。

1. 全局性和网络性

机电系统不仅是一条高速公路的重要组成部分,而且是该公路将来正常运营、提供优质服务的重要保障。机电工程不能仅局限于一个土建合同段、一条高速公路,它应着眼于整个高速公路网,通过网络实现统一收费、统一结算。

2. 专业性强、技术含量高

机电工程大部分项目属于信息技术,因而其技术含量高、专业性强、技术更新快,对施工队伍专业性及技术性要求也高。

3. 影响因素多

机电工程是独立于土建工程的工作内容,但其许多工作又渗透在土建工程中,因而土建工程的施工进度、施工质量都影响到机电工程的进度和质量。同时气候的变化也影响到工程施工进度及设备性能的稳定性。

4. 施工工期短

机电工程往往是在土建工程即将完工时进行,工期紧且点多面广,如果在不良季节施工,将给施工带来许多麻烦,因而科学的施工组织显得更为重要。

5. 设备检验及调试工作量大

机电系统的网络性和全局性决定了机电系统检验及调试工作的重要性,检验与调试工作贯穿于整个工程施工中。

第二节 机电工程施工准备工作

一、施工组织机构

机电系统施工组织机构与其他工程略有不同,其机构框图如图7-1所示。

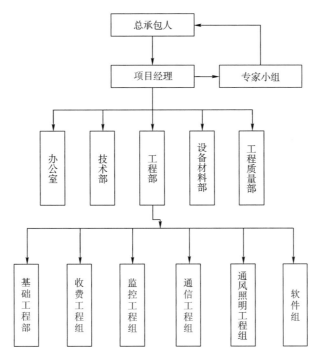

图 7-1　机电系统施工组织机构图

项目经理、工程部、技术部、设备材料部、工程质量部的职能与其他工程相似,专家小组是为了确保项目圆满完成而专门成立的技术单位,同时对总承包人和项目经理负责,主要由项目所涉及的各个领域的资深专家组成,为整个项目的建设提供技术支持、技术咨询、技术决策,审核各分系统的设计、图纸、施工方案,对项目建设中的关键、疑难技术提供现场服务。

二、技术交底

机电工程需做好技术交底工作,以便在工程实施前,进行项目运作的前期内部协调工作;明确项目的技术细节及施工、采购等环节的分工。

技术交底工作由项目负责人实施,实行逐级安全技术交底制度。横向涵盖项目部内各职能部门,纵向延伸到施工班组全体作业人员。

研发部负责细化软件技术要求,完成初期系统需求分析,进而完成内部项目的分析和软件系统结构。

在交叉部门间的技术交底完成后,由项目部相关人员负责完成项目部内部技术交底的细化和分工。

三、施工图设计

经过技术交底,由项目部组成人员、业主项目经理部人员和监理工程师组成的施工图设计组开始进行系统的联合设计。在此期间内,对原有设计进行细化和完善。并根据业主的相关要求进行局部系统结构的调整。在征询业主对项目所有细节意见后,项目部人员将完成系统设计并形成方案、图纸。经业主和监理工程师审批后,施工图设计文件将成为指导工程施工和建设的方案和依据。

四、制订材料和设备的采购计划

在施工图设计阶段,采购部保持与项目部的实时沟通,在技术交底和联合设计的基础上进行采购计划的制订,并由工程技术部经理审批。

设备的采购计划根据项目工期的要求和设备的生产周期进行制订。根据施工的工序和工期逐项分析,按需求紧迫程度定义各分项工程,并进而制订出相应的采购顺序。

设备供应商提供的设备,只有当工厂测试全部令人满意,并得到监理工程师的批准后,设备才能交付运输,必要时业主和监理工程师可在供应商的工厂进行测试和监造。

五、检查验收相关工程承包人应完成的工作

高速公路机电系统工程施工涉及相关的工程较多,包括房建工程、土建工程、供配电工程等。任何一项相关工程未完工都将直接影响到机电系统的安装、调试及试运行等工作。

1. 房建承包人应完成的工作

(1) 房建区内通信、收费管线施工

从房建区外边缘的路肩人孔到房建区内的局前人孔,以及从局前人孔至室内地沟或手孔的通信管道,均由房建承包人负责完成。

(2) 沟槽管洞施工

各专业机房内的预留壁槽(竖井)、电缆爬架以及各机房之间线缆连接所需的管洞、线缆槽、管箱、穿管等均由房建承包人完成。

(3) 供配电管线施工

监控、通信、收费分中心等机房至房建区内变配电所的电力管线、人(手)孔等均由房建承包人完成。

如果监控外场设备从附近房建区供电,监控外场设备的电力管线由房建承包人负责完成至房建区边缘的人孔处。收费广场设备的电力管线也由房建承包人负责完成至房建区边缘的人孔处。

(4) 接地

房建承包人负责做各站机房和收费天棚的建筑接地。机电系统所需的所有的接地均由机电承包人负责实施完成。

(5) 电话配线

各站点房建设计的主分线盒设置在通信机房内墙壁,从分线盒到建筑区内各房间的电话配线以及综合楼与建筑区内其他楼之间的电话配线原则上均由房建承包人负责。

2. 土建承包人应完成的工作

(1) 主线通信管道施工。

主干线通信管道、分歧人孔、横穿过路钢管、路肩手孔等均由土建承包人负责完成。从主

线分歧人孔沿匝道至房建区外围的通信管道也由土建承包人负责。

(2)紧急电话平台。

紧急电话平台按两公里一对,由土建承包人预留完成,紧急电话分机及接地极的安装由机电承包人负责。

(3)外场设备基础。

监控外场设备的基础、接地以及安装设备时所需的少量土建工程由承包人负责完成实施。

(4)监控外场设备的电力管道。

如果监控外场设备从附近房建区供电,监控外场设备的电力管道由机电承包人负责完成至房建区边缘的人孔处。

(5)隧道通风竖井、斜井,消防通道、水池、泵房等。

3.供配电承包人应完成的工作

各通信站机房以及监控、收费、通信分中心等机房内的电源由供配电承包人提供,电源为三相380V或220V单相交流电。各机房内交流配电盘到变配电所的线缆及交流配电盘、开关保护装置(含防雷接地)由供配电承包人提供。

第三节 各分项工程机电工程施工组织设计

一、监控系统施工方案

1.施工内容

(1)监控中心设备,包括监控系统服务器、计算机、打印机、三层以太网交换机、大屏幕投影、闭路电视监控系统和综合控制台等。

(2)监控外场设备,包括外场监控全方位摄像机、车辆检测器、气象检测器、立柱式可变信息情报板和门架式可变情报板等。

(3)外场设备用通信线缆。

(4)外场设备的供电。

2.施工工序

监控系统设备安装一般按照外场设备、监控中心设备次序进行安装,整个安装过程可以划分为以下几个工序:

(1)基础工程,主要包括外场监控全方位摄像机、车辆检测器、气象检测器、立柱式可变信息情报板和门架式可变情报板等的安装、基础及管道工程等。

(2)系统供配电、接地工程,它是系统设备调测的必备条件,因此务必保证供电、接地工程能够尽快完成。

(3)外场设备安装。
(4)监控中心设备安装。
(5)外场设备调试,对外场设备进行独立单元测试,确保设备能够独立正常工作。
(6)监控中心系统调试。
(7)监控系统联调,通过模拟正常的道路通行状况及各种异常状况,对整个监控系统进行统一调试、调测,结果作为改进系统的重要依据。
(8)系统试运行。

考虑到监控设备安装需要使用大型施工机械,有可能对路面造成一定的损坏,特别是在公路上普遍使用的环形线圈车辆检测器,需要在路面上开槽埋设,因此对大型机械的行驶路线应精心安排,应最大程度减少对路面的损坏。

二、通信系统施工方案

1. 施工内容

通信系统包括以下施工内容:光纤数字传输设备施工、光电缆工程施工、通信电源设备施工、数字程控交换系统施工、通信管道施工。通信系统施工的工作过程为:审核图纸,现场测量定位;设备基础施工,通信管道、线槽安装;光电缆敷设、接续、检测、标示;通信电源设备、传输设备、中心及通信站室内设备的安装调试;通信系统软件安装调试;通信系统软硬件联合调试。所有工作可以分为通信设备基础安装和通信系统室内设备施工两部分。

2. 施工工序

(1)通信设备基础安装方案

①铁架、机架安装

按照设计图纸设计位置及规格尺寸,准确定位、画线。

安装机架底座,高度与防静电板一致,设备机架都应有防振底座与地面连接,并均匀加固,每个底座不少于4个点,底座与地面连接采用膨胀螺丝。

机架安装按平面图施工,配线架按设计要求安装排列位置及标志,架上法兰盘的安装位置应正确、牢固,方向一致。铁架的接地安装应良好,机架排列紧密整洁,道侧对齐成直线,无凹凸现象,机架上各零件不得脱落碰坏,标示清晰、正确、齐全。

②电缆桥架、线槽安装

桥架及槽道的安装位置符合施工图规定,垂直桥架及槽道与地面保持垂直,并无倾斜现象,垂直度偏差不超过3mm。两槽道拼接处水平度偏差不超过2mm。吊架安装保持垂直,整齐牢固,无歪斜现象。金属桥架及槽道节与节间接触良好,安装牢固。

③线缆的敷设

线缆布放前核对规格、程式、路由及位置是否与设计规定相符。

线缆的布放应平直,不得产生扭绞、打圈等现象,不得受到外力的挤压和损伤。布放的线缆可以不绑扎,垂直线槽布放线缆每间隔1.5m固定在缆线支架上。一次布放长度不要太长(一般2km),布线时从中间开始向两边牵引。布缆牵引力一般不大于120kg,而且加强应牵引光缆的中心部分,并做好光缆头部的防水加强处理。

电缆桥架内缆线垂直敷设时,将缆线的上端和每间隔1.5m处固定在桥架的支架上;水平敷设时,将缆线的首、尾、转弯及每间隔3~5m处进行固定。

(2)通信系统室内设备施工

设备运抵工地后进行检查。在安装设备前,对各线缆进行复查测试,以保证线缆的各类指标达到安装的要求。室内设备安装和监控收费系统统一调试安放、统一现场走线和安装设备机柜等,进行线缆布设,搭建网络系统。在此工作中应注意设备摆放位置,进行总体布局,线缆、路由器规划及保护,以及线标设置等工作。

在线缆布设端接好后,进行设备安装工作,在安装通信电源、光端机、三层交换机等设备时,要轻拿轻放,按规范操作。显示器要摆放平稳,设备的控制线、信号线的接插头要安装牢固,焊接头要焊实、焊牢、无毛刺,不得虚焊,以保证设备的正常运转和信号的正常传输。

电源线要安装牢固,并按负载大小分配端子,接地线必须按规定接牢。

配线架各部分要用螺丝连接成一个整体,尽量减少相互之间的缝隙,线架要安装平直、牢固、可靠。安装信号电缆时要将电缆沿机架排开,采用扎带固定好。要求布线美观合理。

从开关电源处将电源接入汇流排。将-48V电源接入熔丝保护架并接入至电源板,加电初始化,进行设备调试。

最后进行系统联调和联网调试。

三、收费系统施工方案

1. 施工内容

(1)收费车道设备,包括车道控制机、显示器、专用键盘、IC卡读写器、收据打印机等。

(2)车道附属设备,包括自动栏杆机、车辆检测器、手动栏杆机、费额显示器(含语音报价器)、通行信号灯、雾灯、黄色闪光报警器、雨棚信号灯、低速动态称重设备等。

(3)收费站计算机系统,包括服务器、工作站、打印机、以太网交换机等。

(4)收费站紧急报警系统、对讲系统。

(5)收费闭路电视监视(CCTV)系统,包括车道摄像机、收费亭摄像机、广场摄像机、光端机、硬盘录像机监视器和视频切换控制矩阵等。

(6)收费站综合控制台。

(7)收费系统的电源和接地系统,包括不间断电源(UPS)、交流参数稳压器、防雷设备等。

(8)车道设备和收费广场摄像机供电及传输所需的光电缆。

(9)收费系统收费站、收费中心的联网。

2. 施工工序

收费系统的建设具有非常明显的地理分布特点——收费广场、收费站、收费中心等,所以收费系统的施工工序可以详细划分为以下几个过程。

(1)基础工程主要包括车道设备(车辆检测器、费额显示器、车道摄像机等)的安装基础、线缆、管道。

(2)系统供电、接地工程是系统设备调测的必备条件,因此务必保证供电、接地工程能够尽快完成。

(3)车道设备安装,车道设备种类较多,工程量相对较大,而且是整个收费系统的最重要部分,车道设备应先于收费站、收费分中心系统完成安装和调试。

(4)收费站监控室设备包括计算机系统、闭路监视系统、内部对讲系统、紧急报警系统等安装。

(5)收费中心设备安装。

(6)车道收费系统调试,对车道设备进行独立单元测试和整体逻辑功能调试,确保车道系统各项功能的正常运转。

(7)收费站系统调试,调试收费站软件系统并与所辖收费车道进行初步的单站运行调测。

(8)收费中心系统调试。

(9)收费系统联调,模拟正常的收费过程,对整个收费系统进行统一调试、调测,其结果作为改进系统的重要依据。

(10)系统试运行。

设备安装一般按照收费车道及附属设备、收费站监控室设备、收费分中心设备的次序进行,若因为其他特殊原因,可相应调整次序以保证工程总体进度。

四、隧道机电系统施工方案

1. 工作内容

隧道机电系统工作内容包括隧道照明、隧道通风、隧道监控、消防等几个方面,在此仅介绍照明及通风。

2. 施工程序

(1)照明施工

电缆敷设:桥架位置确定→桥架安装→承重试验→电缆敷设。

照明灯具:位置确定→灯座安装→与电缆连接→安装灯具。

配电机柜:机柜安装→箱体接地→电缆接续→盘柜接线。

单独调试:各部分完成并检查无误后通电调试。

系统联调:各子系统施工完毕后统一进行调试。

(2)通风施工

风机支架位置测量→支架制作→支架安装→风机吊装→风机接线与接地→通电试机→整个系统联调。

五、工程质量保证措施

(1)集中技术力量,精心安排各道工序的施工时间,科学地设计施工方案,做好各道工序的衔接工作。

(2)结合工程实际,采用倒排工期,层层分解的办法,在保证质量安全的前提下,在计划时间内完成各道工序。

(3)积极配合业主做好物资调度,设备到货后及时开箱检验。

(4)做好内外协调工作,使交叉工程不因外界干扰而耽误工时。

(5)加强设备检验及调试工作,保证设备安装后正常运行。

六、工程进度保证措施

根据可能影响工程进度的因素,项目经理和项目技术负责人应与建设单位或监理方加强协调,确保与机电系统工程相关的土建、房建、供配电,包括联合设计阶段机电系统要求新增的管道、桥架、管洞等按计划如期完成,这是机电系统工程按计划完工的先决保证。

1. 进度保证组织措施

将各系统设备安装工程作为多个单位工程,编制施工总进度计划。由项目经理控制其执行,按期完成整个施工项目的任务。

分别以分部工程和分项工程为单位,编制施工进度计划。由项目经理和各系统工程师控制其执行,按期完成各分部、分项工程的施工任务。

以月、周为单位,编制月、周作业计划,由项目经理统一控制其执行,完成规定的目标。如图7-2所示。

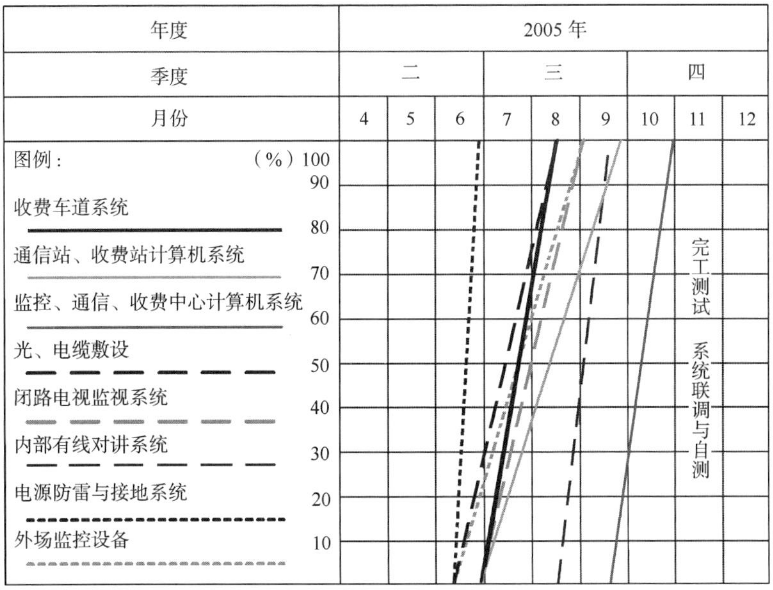

图7-2 分项工程进度计划(斜率图)

2. 进度保证技术措施

根据工程具体情况,列出详尽的附材清单,提前完成附材的采购工作。避免施工时因部分附材的短缺造成延误。

注意现场进度,针对已具备的施工条件,进行穿插施工。施工时可采取下列具体措施。

(1)能先不后:桥架安装、外场摄像机立柱、广场摄像机立柱安装,在边线路基或隧道完成后,即可进行。雨棚整体结构完成后,可进行雨棚灯的安装。提前完成这些对施工环境要求不高的工序,可为以后的抢工预留一定时间。

(2)化整为零:提前测量收费岛至收费站电源室准确距离和收费岛手孔至岛面设备准确距离,在现场库房剪裁好线缆,并做好标记和端头保护工作。现场一旦具备施工条件,即可进行敷设。这种方法避免了大盘电缆在各个收费站间的倒运造成的时间延误。

(3)装拆结合:针对工期紧张、使用设备贵重的特点,采取安装→调试→拆卸→安装的方法,保证设备的安全和施工进度两不误。在所有施工界面提供后,此方法将有效缩短完工时间。

(4)先调后装:由于系统集成工程使用的设备经常更新,为确保各设备的兼容性和各设备间接口工作正常,除在设备进场前做好测试工作外,现场应做实地测试,以期在安装开始前就发现问题。

(5)重点突破:对进度较快的收费站实施突击作业,以项目部人员为核心并以最快的速度完成安装,派人全天值守。以此收费站作为现场软硬件的测试、调试基地。所有参与此收费站施工的人员已有本工程安装经验,将指导其他施工队进行施工。

(6)全面进展:针对本工程路线长、站点多的特点,制定施工队的拆分计划,适时调整作业队规模。

1. 机电工程主要由哪些系统组成?
2. 机电工程施工有哪些特点?
3. 机电工程施工中土建承包人应完成的工作主要有哪些?
4. 简述收费系统的施工程序。
5. 保证机电工程施工质量的措施有哪些?
6. 保证机电工程进度的技术措施有哪些?

第八章 施工组织设计示例

本章汇编了两阶段设计或三阶段设计中初步设计文件的"施工方案"示例;施工图设计文件中的"施工组织计划"示例;投标文件中的"指导性施工组织设计"示例;公路养护大中修与旧桥加固设计文件中的"施工组织设计"示例;指导公路工程施工生产的"实施性施工组织计划"示例。

第一节 施工方案示例

施工方案为两阶段设计或三阶段设计中初步设计文件的重要组成内容。

一、施工期限的总体安排

本项目为某高速公路石家庄区域内路段。项目的建设单位,负责本项目建设中重大问题的决策和协调。为了按期、保质、保量完成高速公路建设,建设单位应建立强有力的项目组织管理机构,配备专门人员依法进行管理。按照有关法律法规要求,公开招标,择优选定具有一级以上施工资质和相关资信的专业施工单位及具有相应资质的施工监理单位承建。根据工程特点,为便于施工管理,拟将全线划分为若干施工标段及相应的监理标段,中标单位应在开工前编制详细的、实施性的施工组织计划,按要求投入必要人力和物力。采用国内招标,通过资格预审选择合格的施工队伍。

本工程工期为3年,即2020年10月份正式开工,2023年10月份建成通车。

本项目建设对当地原有道路的影响较大,施工前应进行详细的调查、协调,并进行详细的施工组织设计,尤其是新建道路与老路交叉和干扰路段,施工期间要特别加强对施工组织的设计,保障旧路的畅通,尽量减少对当地交通的影响。

二、主要工程及控制工期工程的施工方案

本工程重点工程为互通立交、大桥、特大桥等,施工时应注意:

1. 路基

(1)施工队伍和工期。

全线路基土石方工程量大,技术要求高,应安排有经验的施工队伍,采用机械化施工。整个路基工程安排在20个月完成。

(2)路基填料。

本项目地处平原区,路基填土依靠沿线临时取土场地来取土填筑。路基填筑前应根据填料岩性及地形地质条件,在典型路段修筑试验路段,确定填筑分层厚度、压实机具及压实检测标准。

(3)路基施工。

①做好施工前的准备工作,认真细致地进行工程测量放样。

②将路基占地范围内和取土场范围内的表层及树根等影响路基质量的不合格材料全部清除干净,并用重型压路机碾压,使地表土达到规定压实度。

③路基施工前首先做好纵向排水与防护,避免路基被水流冲毁或淹没而造成不必要的损失。

④根据取土场位置和地形确定经济合理的运土路线(按照路基土石方调配表及取土场一览表)。合理布土,根据压路机能达到的压实厚度计算卸土,提高路基施工速度。

⑤路基填方碾压:路基填土应按照《公路路基施工技术规范》(JTG/T 3610—2019)进行施工,合理地控制路基填料的最佳含水率,对路基填方进行分层碾压,压实度符合设计及规范要求后方可继续填筑下一层。

⑥利用灌砂法或核子密度仪等测量方法检测路基的压实度,做好路槽底的检验和评定工作。

⑦挖方地段的边坡,应按照施工规范和设计图纸进行施工,并事先做好路堑顶及侧沟排水。局部土质松散或边坡渗水地段,宜分段开挖支护或隔段开挖支护。

(4)严格控制路基填料及压实度。

(5)严格控制桥头填筑质量。

(6)工程完工后及时平整取土场,并恢复耕种。

2. 路面

(1)严格控制路面沥青、碎石质量及其配合比。

(2)严格控制各结构层特别是面层的高程和平整度。

3. 环境保护

施工中严格控制对水源、空气的污染及噪声污染。

三、主要材料、机具设备及临时工程

1. 主要材料的供应

材料的供应和运输贯穿整个施工过程,应妥善安排。

由于沿线石料、砂等材料匮乏,购置相关材料时,应重视料场的规模和材料的质量。本项目料场多分布在周边地区,具体详见料场分布图。

2. 机具设备的配套

本工程按机械化施工考虑,机具设备需要量详见《人工、主要材料及机具、设备安排表》。

3. 临时工程

临时工程主要包括:施工便道、便桥,临时电力、电信线,预制场、拌和站等。临时工程对施工的顺利进行起着重要作用,应尽早安排。为便于沿线土石方调配、材料运输、施工机械设备进出场,在充分利用现有道路条件的基础上,根据平原区项目的特点,设置了纵向贯通施工便道。

本项目沿线等级道路较多,乡村道路较为发达,局部交通不便路段考虑施工便道、便桥及地方村道的改建利用。布设施工便道时,需通过实地踏勘,并征求地方群众的意见、建议后,针对不同的主体工程,设置必要的便道、便桥等临时工程;另外,在修建便道时,要综合考虑永久性、临时性,可以留作地方道路的,或工程完工后要求复垦、绿化等情况要分别处理与对待。

一般路段设置纵向临时便道:为便于沿线土石方调配、材料运输、施工机械设备进出场,在充分利用现有道路条件的基础上,根据本项目的特点,纵向便道尽量靠近各主要工点,沿路线纵向布设,在路线占地界外单侧(左侧或右侧)设置临时便道,临时便道根据地形设置,便道修整时尽量移挖做填,土石方内部调配,不设取、弃土,并尽量结合地方道路设置。在经过冲沟或较小河沟地段,埋设钢筋混凝土圆管涵,使排水畅通。在经过较宽河道处,设置便桥。临时便道技术标准:临时便道参照河北省施工标准化要求,采用路基宽5m、路面宽4m、最小转弯半径不小于20m、最大纵坡不大于13%的要求。施工便道路面采用20cm厚填隙碎石硬化,并设置宽度和深度不小于50cm的排水沟。

对于本项目利用的沿线乡(镇)道、村道,按原有道路路面类型分别考虑旧路恢复,沥青混凝土路面按铣刨4cm面层并重新铺筑4cm沥青混凝土面层考虑,水泥混凝土路面按挖除20cm水泥混凝土面板并重新铺筑20cm水泥混凝土面板考虑,旧路恢复长度结合利用情况综合考虑。

该地区电力供应较充足,工程用电在电力部门办理相关手续后即可与电网连通,但因供电存在季节性紧张,需要自备发电机,以防电力供应不足给工程带来影响。沿线通信网络发达,可与电信部门联系联网即可,为便于项目的统一管理,沿线临时电力、电信全线贯通。

混凝土构件预制场和路面材料拌合场结合互通、桥梁等构造物的总体分布情况,进行合并设置,拟前期用于混凝土构件的预制,路面施工开始后逐步退让为路面混合料拌合场。沿线小构件采用集中预制。

选址原则:场站设置原则应满足安全、便于施工和管理的要求;建设规模满足施工要求;场站位置交通便利,运距较短,地形相对较平坦;尽量靠近主体施工部位,尽量远离学校、居民区等敏感地带,减少对周边的干扰。

梁板预制场、小型构件预制场、钢筋加工场、水泥混凝土拌和站、沥青拌和站、基层和底基层拌和站、施工单位及监理单位驻地等的规模、数量及要求,均按照《河北省高速公路施工标准化管理指南》中相关规定执行。

第二节 施工组织计划示例

施工组织计划是施工图设计文件中的重要组成内容。现以施工图设计阶段编制施工组织计划为例,说明道路施工组织设计编制过程中一般应考虑的问题。本例讨论的重点是在编制工程进度图时如何确定施工总体安排、工期、资源量的平衡等问题。

一、施工组织计划编制原则

本施工组织依据设计图纸内容,遵循施工工艺规律、技术规律及安全生产规律,合理安排施工程序及施工顺序的原则下编制,进而编制工程预算;施工单位在中标后应根据项目特点及工期要求,根据施工设备、技术力量编制详细施工组织计划。编制详细施工组织计划应遵循以下原则:

(1)认真贯彻党和国家对工程建设的各项方针和政策,严格执行建设程序。

(2)在充分调查研究的基础上,遵循施工工艺规律、技术规律及安全生产规律,合理安排施工程序及施工顺序。

(3)全面规划,统筹安排,保证重点,优先安排控制工期的关键节点工程,确保实现总体工期目标。

(4)采用国内外先进施工技术,科学地确定施工方案。积极采用新材料、新设备、新工艺和新技术,努力提高工程建设质量。

(5)充分利用现有机械设备,扩大机械化施工范围,提高机械化程度,改善劳动条件,提高机械效率。

(6)合理布置施工场地,尽量减少临时工程和施工用地。尽量利用正式工程,原有或就近已有设施,做到暂设工程与既有设施相结合。同时,注意因地制宜,就地取材以求尽量减少消耗,降低生产成本。

(7)采用平行流水施工方法、网络计划技术安排施工进度计划,科学安排冬、雨季施工,保证施工能连续、均衡、有节奏地进行。

(8)现场实行规范管理,标准化作业,严格遵守《环境保护法》和环保部门对环境保护及水土保持等有关要求,保持生态环境,维持生态平衡,尽可能地减少用地,减少植被破坏,文明施工。

二、主要施工方案

1. 施工期限

为保证工程顺利进行,必须建立强有力的机构来组织协调各方面的工作。本项目应成立建设管理处,负责公路建设中重大问题的决策和协调。管理处下设各职能部门,具体负责工程建设中的组织、指挥、实施、协调等工作。

保证工程质量,必须经过竞争性招标方式选择承包施工、监理队伍,必须对施工单位进行严格的资格审查,对技术、装备、工作业绩、队伍组成素质等进行全面评估。

本项目拟于2024年6月开工建设,2026年5月底通车,计划建设期为24个月。

为保证工程按期实施,应做好建设项目的资金筹措、征地、拆迁、施工招标等的准备工作,以便在施工图中合理安排。

2. 准备工作

施工准备工作安排1个月时间,其间包括征用土地、拆迁、平整场地及部分临时工程(如便道、便桥、施工驻地等)。在此期间,部分路段路基土的备土工作也应安排进行,临时设施的某些工程可视工程进展需要确定实施时间(如用于大桥上部架设的临时设施等)。

本项目沿线存在部分通村路、乡村道路,准备工作期间应对可利用的道路视需要先进行整修、加宽,修建临时桥涵和加铺路面(砂石路面)。便桥、便涵的修建应充分注意当地水网,不得影响泄洪。施工队伍生活基地、施工场地安排除了考虑生活、生产方面的要求外,还应考虑环境因素,妥善处理垃圾、污水,作好环境保护,避免干扰居民。

3. 材料开采和运输

本项目沿线路基土源丰富,施工及生活用电方便,可就近与地方协调解决,筑路材料丰富,四大材料均按市场价由当地购买,沿线交通发达,运输便利,已实现乡乡通油路,形成了纵横交错的公路网。主要料场均有县级以上的公路相通,通过县乡级公路和修建少量施工便道便可进入工地,因此材料运输十分便利,能够满足施工需要。

(1)片石、碎石、山皮石、砂砾

片石、块石、碎石、山皮石及砂砾可从附近料场购买,也可从当地经销商购买。

(2)沥青混凝土、水泥稳定碎石、水泥混凝土

沥青面层用混合料、基层水稳混合料及水泥混凝土可从某市沥青混凝土有限公司和市政拌和站购买,距项目约2km;水泥混凝土可从当地拌和站或经销商购买。

(3)钢材、木材

钢材、木材可从某市购买。

(4)工程用水、用电

沿线跨越清水河、沙河、黎河,水资源条件较好,施工、生活用水均能就地解决,混凝土养护用水需满足相应的规范要求;沿线电力资源较为丰富,电网接线方便,可直接与当地电力部门协商解决或自行发电。

(5)运输条件

本区域运输条件便利,G25长深高速、国道G112、国道G230、省道S211(原S264)等公路及其他县乡公路等均可作为材料的运输道路。

4. 路基工程

路基工程主要工程量为路基土石方工程、特殊路基处理工程、涵洞工程、防护、排水工程,其中特殊路基处理、桥涵头回填及涵洞工程是路基工程的重点。

路基施工应做好施工期临时排水总体规划和建设,临时排水设施应与永久性排水设施综

合考虑,并与工程影响范围内的自然排水系统相协调。

路基施工采用配套机械化组合施工作业,借方采用挖掘机挖方,推土机集料,装载机配合装车,利用大吨位自卸车运输,填筑路基利用推土机整平、平地机精平、压路机振动碾压。

路基封层的施工,按设计厚度计算出路段上的具体填土量,并按预先位置卸土、推平、整平保持合适的含水率。路基封层采用两层精平,即距离封顶高程40cm时开始,分两层填筑,每间隔10m放一控制桩,用水准仪测好点并在桩上标识,用网线绳挂米字线,人工、手推车配合推土机进行初平,初平后撤线用推土机或振动压路机静压,测工检测各点高程,引领平路机刮平至高程满足要求。

每个路基封层作业面必须配备一名测量人员,随时检查路基高程。待高程合格后,进行压实,压实设备和遍数由试验段确定,压实完成并验收合格后进入下道工序。

5. 路面工程

路面施工采用全机械化施工方案,应引进高效的宽幅摊铺机和配套拌和设备,实现全集中拌和,各结构层施工采用流水作业法。

路面施工前应做好各项室内试验工作。沥青面层不得在气温低于10℃,以及雨天、路面基层潮湿的情况下施工,确保施工质量。

6. 桥涵施工

项目桥涵工程较多,影响和控制因素较多。对于预制构件要求尺寸准确,吊运、安装都必须按程序进行。

(1)涵洞、通道

上场后尽快组织施工,为路基施工和桥梁施工创造条件。涵洞施工与路基施工互相配合,施工中以涵洞施工为先导,为路基成型创造有利的条件。涵洞施工时遵循先施工高填方处的涵洞,后施工低填方处的涵洞的原则,以便为路基填筑创造有利的条件。

(2)桥梁

桥梁同时开工,平行施工,每座桥梁采用流水作业的施工方式。桥梁施工时预制箱梁、矮T梁与基础下部结构同时施工。

桩基础的施工根据地质条件选用合适的钻孔工艺,水中钻孔灌注桩采用围堰、抽水清淤、填筑素土做工作平台,以便于施工机具的运输,并设置沉淀池和排污管沟,为施工创造适宜的环境;墩、台身及盖梁的施工,采用一次支模到顶,整体浇筑,减少混凝土接茬;现浇箱梁采用钢支架法整体浇筑。

为满足质量要求和解决桥梁施工场地问题,钢筋加工安装采用现场作业,混凝土拌和采用集中拌和,混凝土运输车运输。矮T梁预制采用统一预制,运输采用平板拖车运输,架桥机架设。跨河桥应抓住施工有利季节集中施工,尤其是在冬春季节做好基础开挖工作,减少水中作业数量,确保工程质量和进度。

7. 防护工程及排水工程

排水、防护等工程可根据施工进度先后顺序合理安排施工。

三、针对性的施工措施

1. 冬季施工

施工过程中,当工地室外昼夜平均气温连续5天低于5℃时,即为冬季施工温度。冬季施工除应遵循正常的施工规范外还应遵照冬季施工规范进行。

当气温进入规范所列施工条件时,施工单位就拟进行冬季施工的工程提出冬季施工申请报告。要结合冬季施工特点,认真制定完备的冬季施工质量保证和安全生产措施,完善冬季施工条件。施工单位要根据气候变化,合理安排不同工种工作。遇到大风、雨、雪等恶劣天气时,要立即停止室外作业,及时清除施工现场积水和积雪,并采取有效的防冻、防滑措施,方可进行正常施工。

2. 雨季施工

项目进入雨季施工前,各施工方应根据施工项目及自身技术力量编制雨季施工组织计划,并遵循以下原则:

(1) 对选择的雨季施工地段进行详细的现场调查研究,编制实施性的雨季施工组织计划。
(2) 修建桥涵的位置疏通河道,水中基础要加固岛面,防止洪水冲刷。
(3) 修好施工便道并保证晴雨畅通。
(4) 驻地、仓库、车辆机具停放场地、生产设施都应设在最高洪水位以上地点,并应与泥石流沟槽冲积堆保持一定的安全距离。
(5) 修建临时排水设施,保证雨季作业的场地不被洪水淹没并能及时排除地面水。
(6) 易受洪水影响路段应储备足够的工程材料和生活物资。
(7) 积极和当地气象部门联系,掌握当地气候的中短天气预报动向,合理安排雨季施工。

3. 夜间施工

各施工方应根据施工项目及自身技术力量编制夜间施工组织计划,并遵循以下原则:

(1) 夜间施工时,应保证有足够的照明设施,能满足夜间施工需要,并准备备用发电机。
(2) 施工现场设置明显的交通标志、安全标牌、警戒灯等标志,标志牌具备夜间荧光功能。保证施工机械和施工人员的施工安全。
(3) 在人员安排上,夜间施工人员白天必须保证睡眠,不得连续作业。

四、对交通工程和沿线设施施工协调及分期实施有关问题的说明

因交通工程与沿线设施的施工晚于主体工程,因此在项目实施过程中建议管理及施工相关部门,施工前应对项目图纸进行仔细审阅,熟悉两部分设计内容,先施工分项工程要按照图纸要求为后施工分项工程预留施工构件及通道(尤其是在构造物上设置各类设施的基础,严格按照图纸要求预留各安装部件),如存在疑问及时跟设计部门联系。

项目采用一次修建,无分期实施计划。

五、施工进场前期工作及临时工程安排

1. 征地拆迁

项目路线方案受到诸多制约,难以完全避开部分建筑物,不可避免地要占用部分农田、建筑物等,在外业调查时,通过向当地政府及有关部门征询意向,并结合主管部门文件精神,取得基本合理的拆迁费用,并以此费用编制概预算。

2. 施工便道、便涵

工程开工前应修建施工便道,工程施工时,保证施工车辆通过施工便道到达施工地点,最大限度地满足工程施工机械、材料的进场。

新建便道本着少占农田、因地制宜的原则,尽量利用永久征地红线土地。施工期间加强对新建、改建便道以及原有村镇道路的养护和维修,保证路况良好,确保雨天不泥泞,晴天不扬尘。

大、中桥纵向绕行便道按7.0m宽路基计,小桥、涵洞纵向绕行便道按5.5m宽路基计。

便道长度:大桥按(桥长+200)m/座计列;中桥按150m/座计列;小桥按100m/座计列;涵洞按50m/道计列。

临时便道养护按施工年数,每年按6个月计算。

本项目共设置施工便道约15.42km。

通过外业调查,为保护河流环境、施工方便,本项目共设置临时钢栈桥4座,共计560m。

3. 临时用地

本项目分别在K10+460、K11+480、K17+100处设置一处预制场,用于桥梁、涵洞等混凝土结构的预制、养护等。预制场临时占地23.7亩(1亩=666.67m^2)。为方便预制场施工,避免占用农田,预制场建在新建项目线上,远离村庄,因此需配套水、电力电信等设施。

本项目路面材料均采用外购,不设置路面拌和站。

六、施工期间交通组织

1. 设计原则

本项目进行交通组织设计时应遵守以下原则:

①不中断交通的原则:要求施工期间不中断现有道路的交通,保证各个时段道路的通行。部分拆除、吊装过程需要短时间(几个小时)中断现有道路交通的宜进行集中安排,分区段实施。

②少影响原则:要将对现有道路交通的影响程度减少到最小,这包括影响强度最小和影响时间最短,也就是说要在施工期给现有道路提供尽可能大的通行能力,减少连续影响现有道路的路段长度和时间。

③要保证施工生产的顺利进行。本项目为新建工程,对外界交通因素干扰较少。但在与南滕线交叉处和终点与南环、西环交叉处需对交叉口进行改造,施工工艺较为复杂,要合理安排交通组织,提前做好预案,避免外界交通因素干扰正常施工。

④筑路材料主要通过建设区域内国省道及地方道路网运抵现场,由于运输车辆和施工机械的增加,将会对区域交通产生影响。因此,合理组织施工,确保地方路网畅通是本项目施工方案的重要内容。

2. 交通组织设计

交通组织的目标是:现场分阶段施工,在确保周边居民和过往行人以及来往车辆交通顺畅、安全的前提下,各项工序协调开展,最终如期竣工。

(1)主线施工的交通组织

本项目为新建工程,路线处于平原区,沿线地势起伏不大,依据尽量少占地的原则,尽量减少对耕地的占用与破坏,对沿线天然沟渠位置设置了临时绕行便道,其他路段利用主线新建路基进行施工保通。

(2)主线穿过多条村道、机耕道等地方等外道路,由于施工期间主线路基的施工作业,会对原被交路的行车产生一定影响,由于地方村道、机耕道路网较为发达,在主线施工区段内,被交路基本都能以绕行的方式避开被交路与主线施工段,故本次设计未针对低等级及等外路施工期间的交通组织作出设计,施工期间应做好当地居民的通知工作,使得沿线居民有针对性的做好出行安排,使得施工作业对沿线居民的影响降至最低。

(3)起终点处交叉口交通组织设计方案

本项目与遵保线起终点处平面交叉,需要对旧路进行改造,依据《公路养护安全作业规程》(JTG H30—2015)的相关要求,设计中对这两个路段交通组织方案进行细化,并绘制相应的施工交通组织设计图,明确临时交通标志种类、位置、版面尺寸、管护要求等内容。

施工过程中应协同当地政府与交警部门,提前在沿线电子警示标志牌发布交通管制信息;并在适当位置利用可变情报板发布每天的施工信息,提醒过往驾驶员在施工路段减速慢行、安全行驶;施工单位应在施工期间配备专职安全员轮流24小时进行检查、维护夜间照明设施、路栏、交通标及各类警示标志等临时安全设施的完整有效,以保持原有道路的畅通。

七、临时设施设计

设计时,细化遵保线起终点处平面交叉的交通组织方案,包括临时交通标志、临时隔离设施等。施工作业区设计依照《公路养护安全作业规程》(JTG H30—2015)等进行。

1. 临时交通标志

临时交通标志主要包括限制速度标志、诱导标志、施工区标志、改道标志等。标志的设计依照《道路交通标志和标线》(GB 5768)等进行。

临时交通标志支撑结构采用支架结构形式;标志板采用1mm厚镀锌钢板,反光材料为Ⅳ类反光膜。

2. 临时隔离、照明设施

临时隔离、照明设施包括附设警示灯的路栏、夜间照明设施、锥形路标等。其设置依照《公路交通安全设施设计规范》(JTG D81—2017)以及其他相关规范及规定进行。附设警示灯的路栏:路栏的颜色为橙色和黑色相间,上贴反光膜,并符合国标的样式及尺寸,路栏上附设警示灯。

夜间照明设施:设置于施工作业区与保通区之间分隔带处,夜间使用,灯光照射半径不小于30m。

锥形路标:车道变化段用整体反光锥形交通路标摆放,间距不大于2m。配合施工标志使用,或作为简易隔离设施单独使用。

第三节　指导性施工组织设计示例

指导性施工组织设计是投标文件中的重要组成内容,也是建设方(业主)评审施工方施工技术水平和施工组织能力的唯一依据。

施工投标时的编标工作大体分为两大部分:商务性工作和技术性工作。技术性工作主要是编制施工组织设计和计算标价。对于施工技术条件复杂的工程项目,评标时往往更多侧重于施工技术方案和施工组织安排。而对于标价的合理性和竞争性,不论是对于投标人还是对于招标人,都是至关重要的。

一、工程概况

1. 工程简述

某高速公路主线采用4车道,路基宽度为25.5m;大、中桥,涵洞,路基设计按百年一遇设防;桥涵设计荷载为公路-Ⅰ级标准。

2. 地形、地貌

本工程位于长江三角洲冲积平原。系第四系全新统冲积层,表层1.5~4m为亚砂土,下部为粉砂土。地下水位较高。地势比较平坦,高程一般在4.5m以下。

3. 气象

路线所在地区常熟属于亚热带的沿海区域,季风盛行,四季分明。冬季以寒冷少雨天气为主、夏季以炎热多雨天气为主,春秋两季为冬夏两季的交替时期,常出现冷暖、干湿的天气。适合施工生产。

4. 主要工程数量

(1)路基土石方工程

清理现场215 811m²,路基翻挖回填约53 953m³。路基填筑:填土方约53万 m³。

(2)桥梁工程

本工程设大桥1座、中桥2座,新马大桥上部采用3×30m+4×30m+3×30m的预应力T梁,下部采用柱式墩,桥台采用桩柱式桥台,钻孔桩基础。利通河中桥上部结构为3×25m预应力T梁。下部采用柱式墩,桥台采用桩柱式桥台,钻孔桩基础。

(3)排水、通道及涵洞工程

本合同段共设涵洞15道、盖板涵8道。M7.5级浆砌片石排水沟约12 569m³。

（4）防护工程

M7.5 级浆砌片石 2 989m³；植草皮及播草粒 48 376m²。

（5）路面工程

4cm 细粒式沥青混凝土（AC-13-I）156 864m²，中面层 5cm 中粒式沥青混凝土（AC-120I）59.871×10³m²，下面层 8cm 粗粒式沥青混凝土（AC-30-I）110 448m²，下封层 156 864m²，32cm 石灰粉煤灰碎石基层 121 769m²，底基层 20cm 厚石灰稳定土 189 706m²，路缘石预制 933m³。

二、总体施工目标

1. 质量方针、目标

（1）质量方针：树立精品意识，创建优质工程。

（2）质量目标：工程质量等级达到优良，争创部优工程。

2. 安全目标

确保安全零事故，创安全文明达标工地。

3. 工期目标

确保 17 个月完成全部工程。路基及涵洞工程在 12 个月内完成，桥梁工程在 7 个月内完成，路面工程在 7 个月内完成，并于 2023 年 10 月 27 日全部完工。

三、总体施工布置

1. 施工管理机构

为保证本合同段工程优质、快速、安全地建设，我公司组织有多条高等级高速公路施工经验、精干高效的管理人员和施工队伍组成项目经理部，围绕本工程既定目标，实施项目法施工管理。拟由我公司张某担任项目经理，有高等级公路和桥梁工程丰富施工经验的高级工程师忘某担任项目总工程师。项目经理部下设五科一室、两个路基土方工程处、一个桥梁工程处、一个混凝土拌和站、一个路面工程处、一个排水防护工程处、一个小型构件预制场。参加本项目施工（详见表"拟为承包本合同工程设立的组织机构图"）。

2. 施工队伍的选择

我们将利用自身优势，组织高素质的施工管理人才，精良的施工队伍。对合同段实施全过程的施工组织管理，全面履行计划、组织、协调和监督的职能，实施统一计划、统一管理、统一调度，严格履行合同条款，优质高速完成本合同全部工程内容。挑选"中国市政工程金奖"的优质施工建设队伍参加本工程施工。

3. 施工段的划分

根据本标段施工特点和总体工期安排，经合理平衡调配施工力量，我们拟将本标段工程划分如下，具体为：

路基工程处：负责全标段的路基施工，路基全长 7.05km，填、挖方总量约 53 万 m³。

桥梁工程处：负责本标段两座中桥的施工。

混凝土拌和站负责全线混凝土工程混凝土供应。

排水防护工程处:负责本标段内4道涵洞,3座通道及防护排水工程施工。

路面工程处:负责路面工程的施工。

小型构件预制场:负责本标段全部预制构件的预制。

4. 施工力量的组织与调度

本合同段工程量大,技术要求高,施工工期紧,工序交叉多,我公司将精心组织,合理布置,投入精良的施工队伍,拟从本公司下属的各分公司抽调施工队伍作为主要施工力量,本工程平均施工人数为420人,施工高峰人数为560人,总共投入各种机械180多台套,以确保工程顺利进行。详细力量配备见各分项工程施工力量配备及机械装备表。

5. 总体施工进度计划

(1) 总体施工顺序

①路基工程:首先按照现场清理→填前压实→特殊路基处理→路堤填筑施工顺序进行。然后根据施工现场情况,先期安排涵洞工程施工,特别是对当地水系有影响的部位要优先安排施工。特殊路基段处理完毕后进行小型构造物和路基土石方填筑施工,根据划分的作业区,路基工程处分四个作业队同时分段流水作业。

②桥梁通道工程:桥梁工程按单位工程划分为两个流水作业段,桥梁队按作业段划分流水作业。

(2) 总体施工计划

根据招标文件要求,本工程的业主要求工期为18个月。我公司根据本工程的特点和施工现场的实际情况,经合理部署,拟于2022年7月31日开工至2023年12月31日竣工,确保在17个月(其中路基土石方12个月)内完成合同规定的全部工作内容,主要作业计划共分为四个阶段,八个节点控制。

①四个阶段。

a. 施工准备阶段。用20天完成人员、机械动员和项目经理部的正常运行,保证前期机械设备、人员及施工材料进场,实施路线中桩恢复,落实临时用地,同时做好临时用水、用电等工作,部分场地清理工作开始施工。

b. 前期施工阶段。用20天理顺场内施工便道,沿路线做好临时排水,沟塘及原地面清理工作,打开路基施工的初步工作面,做好桥梁临时材料堆场及前期施工材料进场,施工用水、用电,基础工程开始施工。

c. 主要施工阶段。利用15个月完成本合同段范围内的特殊路基软基处理,路堤填筑,桥梁通道、路面、涵洞、排水、防护等全部合同范围内的工程任务。

d. 竣工验收阶段。利用20天进行工程最后收尾,做好竣工资料收集、报验、验收、归档工作,做好竣工验收。

②八个控制点。

本施工计划以2022年7月31日开工进行编制,实际以建设单位、监理工程师签发的开工时间为准。

a. 2022年8月17前完成场地清理、临时设施布置、施工便道施工。

b. 2022年10月31日前完成全线涵洞工程施工。
c. 2023年2月31日前完成钻孔灌注桩工程。
d. 2023年4月30日前完成桥梁下部结构,2023年5月20日前完成桥梁上部结构。
e. 2023年7月31日前底完成桥面系完善施工。
f. 2023年8月15日前完成全线路基填筑施工。
g. 2023年10月1日前完成全线路基排水与防护工程施工。
h. 2023年11月17日前完成全线路面工程施工。
i. 2023年12月31日前完成现场清理及竣工验收工程。

各工序之间的衔接及交叉详见《工程进度计划表》。

6. 现场总体布置

(1) 现场布置

根据招标文件提供的有关资料,经现场实地考察,结合本工程实际情况,项目经理部位置考虑到交通便利及整个标段工作重点的均衡,拟设在主线K21+500北侧附近,占地约3亩。在两中桥处各设 $45m^3/h$ 混凝土拌和站一处,主要为桥梁和小型预制构件提供混凝土,占地各约2亩。在两中桥桥台后路基处各设一个T梁预制场,占地均为3亩。详见施工总平面布置。通往取土场的区域或施工地点修筑足够的便道,遇到河流及沟渠设置临时便涵,为考虑施工机械进场,便道总长暂按7.05km考虑。

(2) 现场试验布置

为做好材料的检测试验,保证施工工艺流程中的各项质量控制,保证成品的质量检验,我公司将在工地成立一个功能齐全的现场试验室,位置设在项目经理部内,保证整个标段的现场试验、检测任务,工地试验室仪器配备详见辅助资料表。

四、施工准备

施工前的准备工作,包括临时设施的搭建,施工现场障碍物的拆除与清理、临时排水、临时道路修筑、临时便涵、临时用电、临时用水、临时用地的征用,测量放线及取土场地的准备工作。

1. 前期准备

(1) 计划筹备环节

①积极做好施工准备工作,我公司将在收到中标通知书之日起立即进行人力、物力、机械的动员工作,组建项目经理部,并组织人员进场,积极与工程建设指挥部和相关部门联系,落实解决施工便桥、便道及临时用地,同时落实好前期施工队伍和机械,在7日内前期施工人员和机械进场,完成施工放线和部分临时工程工作,以便后序施工任务顺利进行。

②积极做好施工人员、机械的落实。项目部成立后,将立即编制详细的施工力量需求计划,明确落实以满足工程之需。

③做好施工计划工作,在施工期内,各项工作有序展开,同时编制周密的施工计划,项目经理部将整个年度计划分解到月交给施工处,施工处将月计划分解到周交给施工队,施工队再将周计划分解到日计划来具体组织实施,达到以日计划保周计划,以周计划保月计划,从而确保总体工期目标的实现。在实际施工进程中,项目经理部将定期检查工程处和施工作业队进度

完成情况,及时调整施工力量和设备,保证保质保量地完成本项目工程。

④本工程将全部采用机械化作业,并采用先进的施工工艺,以提高工作效率,减轻劳动强度。

⑤建立健全各项责任制,积极开展各种劳动竞赛活动,坚决贯彻按劳取酬为原则的分配方式,抓好精神文明建设,把广大施工人员的积极性最高限度地调动起来,同时根据季节特点及时调整作业时间,保证每一个有效工作日的充分利用。

⑥抓好主要施工项目的重点环节。本合同段工程施工必须抓好四方面:一是前期施工准备落实;二是路基施工;三是桥梁涵洞工程施工;四是路面工程。

(2) 前期施工准备主要环节

①为保证该工程早日开工,确保总工期目标的实现,必须提前做好前期施工准备工作,首先做好进场便道、便涵和施工便道。根据招标文件提供的有关资料,经现场实地考察,结合本工程实际情况,便涵、便道确保在20天施工期内完成,以保证前期施工机械及材料的进场,同时加快沿线临时道路、便涵的修筑,打开工作面,为全线施工打好基础。

②另外要抓紧落实临时用地,用电、用水及临时工程的修建。施工用地主要考虑桥梁施工用地,预制厂、仓库及路基土方、路面工程施工所需修建的拌和站、修理间及管理人员办公用房,其余施工用房主要考虑租用当地民房解决,以上临时工程,确保在20天内完成。

(3) 路基工程施工主要环节

①测量放线必须在接到中标通知书后立即联系交桩,进行复测放样。

②进场后做好便道、便涵、清表等路基填筑前的准备工作。

③涵洞工程必须提前施工,尽最大可能提前完成,尽早回填,以方便贯通及土方的调运回填。

④重点抓好特殊路基处理段的施工。只有做好特殊路基处理工作,才能为后序施工和确保总工期目标的实现打好基础。

⑤本合同段路基填筑量较大,且土方供应紧张,必须配备足够的施工机械,拟采用一个施工处两个作业队同时施工,分段进行流水作业,争取在2023年2月15前完成全线路基施工,以保证后续工程和总工期目标的实现。

(4) 桥梁通道工程主要环节

①本合同段桥梁工程量较大,施工难度相对较大,对主线的贯通与成形影响较大。必须重点抓好桥梁基础、墩台、主桥现浇施工、梁板安装等主要施工环节,并注意做好墩柱高空作业施工安全。

②通道、涵洞应先施工对当地水系、交通影响较大的部位,考虑到材料、用电等因素,通道工程由交通、电力较好的区域先行施工,为加快路堤填筑施工进度,对涵洞工程采取分段流水作业,尽快实现全线贯通。

2. 临时用地

根据施工总平面布置计划,本着就近方便,节约用地的原则进行实施,并保证满足施工需要。本方案主要考虑管理人员及施工人员的生活用地、土石方工程机械维修车间、停车场、桥梁施工的钢筋加工厂、预制场用地、拌和站及一些临时设施用地。具体位置及数量见施工总平面布置图及投标书附表。

3. 临时排水

本工程拟在沿线部分临时道路位置设置临时便桥便涵,以保证原有水系的畅通,以不影响全线的施工。临时便涵采用 $\phi1.0m$ 混凝土管涵。钢便桥采用桥宽 4.5m 的军用装配式钢便桥。

4. 临时用水

本合同段范围用水比较方便,可就近取用。

5. 临时用电

本工程区段用电量不大,考虑采用自发电的方式解决,配备 4 台 200kW 发电机,配备 6 台 120kW 发电机,配备 8 台 90kW 发电机,配备 12 台 30kW 发电机。确保工程连续作业,顺利进行。

6. 临时便道

本标段拟沿道路走向布置在道路北侧。尽量与现有道路接通。为保证机械和材料进场便道宽度为 4m、长度为 7.05km,采用泥结碎石路面结构。

7. 技术准备

投标前,我公司组织工程技术人员对施工图及施工现场情况进行了一定的研究和现场调查。如我公司中标,我公司将立即组织力量进一步做好施工图纸审核和做好现场的调查分析,熟悉掌握本工程施工的各种技术规范,保质保量地完成本项目工程施工任务。

五、主要工程项目施工方案

1. 特殊路基处理

由于本工程招标文件和招标图纸对特殊路基处理采取何种处理方法不明确,根据江南一带高等级公路软基处理的方法,本工程按碎石垫层+土工格栅+超载预压、粉喷桩处理两种方式考虑方案。待施工时再详细考虑。

(1) 碎石垫层+土工格栅+超载预压

① 碎石垫层

碎石垫层的材料采用 5~10mm 的瓜子片碎石,其含泥量不大于 3%,最佳含水率一般控制在 8%~12%。施工时主要采用自卸车运输、推土机摊铺、平地机整平、压路机碾压的施工方法。分两层摊铺碾压,压实机采用 60~120kN 的压路机。

② 土工格栅

在碎石垫层以上路堤底宽全层满铺土工格栅,其作用主要是补强,它与碎石垫层构成复合加固软基,能有效地提高地基的稳定性,且不可能沿基底面水平向滑动,同时可减少过大的沉降,故在铺设时应符合以下规定:

a. 铺设前,按现场需要来裁剪成规定长度或卷重,同时应将土工格栅予以抽样检查,对照出厂标准和试验要求指标,不合格的坚决不用,以保证质量。如发现其有破洞、撕裂等破损情况,应立即处理。

b. 铺设时,应将土工格栅主拉方向置于垂直于路堤轴线方向,且沿路基横断面方向应整幅铺设,不允许有搭接情况,以便有利于发挥其强度高的优势。

c. 土工格栅采用 U 形钉将两块织物连接起来,U 形钉应能防锈。沿路基中线方向搭接时宽度不小 15cm。

d. 为保证土工格栅的铺设质量,可采用插钉等固定方法,以确保土工格栅不形成褶皱。

e. 土工格栅铺设后,应抓紧时间及时覆盖或回填,以免受阳光等紫外线照射而老化。

f. 由于场地为软土地基,填土时应采用自卸车沿土工格栅两侧边缘倾卸填料,以形成运土的交通便道,并将土工格栅张紧。

g. 第一层填料宜采用轻型压实机具进行压实,只有当已填筑压实的垫层厚度大于 60cm 后,才能采用重型压实机械压实。

③超载预压

超载预压施工时,应严格控制堆载速率,防止地基发生剪切破坏或产生过大塑性变形。为此,在堆载预压过程中应每天进行沉降、边桩位移及孔隙水压力等项目的观测。沉降每天控制在 10~15mm,边桩水平位移每天控制在 4~7mm,孔隙水压力系数 $\mu/p \leqslant 0.6$,再对其进行综合分析,以确定堆载速率。路基边沟、坡面防护的铺砌和桥头搭板枕梁的浇筑不得在预压期内进行。桥台、箱式通道和涵洞的二次开挖必须在预压期满后进行。

(2) 沉降观测

软土地段从路基开始填筑直至路面施工前,应设置沉降观测装置,位置在路中心线和路侧边缘线上。观测时,应对路基沉降与变形进行连续观测,以控制加荷速率,防止地基变形过大而失稳。

①沉降装置的埋设

沉降装置可采用沉降板和位移边桩。沉降板的底板采用钢板,其尺寸为 $50cm \times 50cm$,厚度为 1cm,底板与测杆进行焊接连接。沉降监测有软土路基预压沉降监测和一般路堤填筑的沉降监测之分,一是在软土路基处理完毕后埋设于基底,另一是在填筑完路堤第一层土后即开始埋设沉降板。埋设方法为首先在埋设点地面挖一 $50cm \times 50cm \times 20cm$ 左右的坑,坑内用厚 3~5cm 黄砂垫平压实,然后将沉降板平放在坑内,四周用黄砂垫实,并用水准仪校正水平,再回填土整平压实。在施工过程中,对沉降板要采取可靠的保护措施,不使其变形和损坏。

②监测断面布置

纵向间距从桥台背 10m 处开始,其余按 50m 间隔设置。

③观测频率与要求

a. 路基填筑过程观测。每填筑完一层路基土观测一次,控制路基填土的垂直沉降速率为 <10mm/d,坡脚位移速率每昼夜不大于 5mm/d。

b. 预压期观测。预压期不得小于 6 个月。如果路床顶面月沉降量小于 5mm,调整路床至设计高程后方能施工路面各结构层。路面面层施工期间,应精确观测沉降量,如果连续三个月月沉降量小于 3mm,才可以继续施工。

c. 观测过程中要做好观测记录,每次观测后两日内将记录送监理工程师,以便控制路基填土速率,掌握和调整施工进度计划。

④沉降监测仪器及精度

沉降监测采用精密水准仪,测量精度须符合二等水准要求。

(3)粉喷桩

①施工过程

根据设计要求,先平整场地,清除软基处理区域内一切障碍物、石块、树根、垃圾等,并进行清表处理,场地低洼时,应先填低剂量灰土至软基施工高程处。目前所有机械就位地段均已具备开工条件。

测量放样,我公司依据原有路基中桩来进行粉喷桩及塑料排水板桩位的放样。放样时根据设计图纸及路线中桩、控制桩,现场用钢卷尺定出每一根桩的桩位,用竹签插入土层标定位置,并绘制桩位点状网格图。

钻机移至桩位,用水平尺在钻机杆及转盘的两正交方向校正垂直度和水平度;

水泥过筛后加入灰罐,防止水泥块或其他块状物品进入灰罐;

关闭粉喷桩机灰路阀门,打开气路阀门;

开动钻机,启动空压机并缓慢打开气路调压阀,对钻机供气;

观察压力表读数,随钻杆下钻压力增大而调节压差,使后门较前阀大 0.02 ~ 0.05MPa 压差;

钻头钻到持力层后,停钻,待水泥粉送至桩底部后反转提升,视地质或其他情况调整转速,喷灰成桩,钻头提至地面时停止供灰;

关闭送灰阀,打开供气阀,钻机正转下钻复搅;

反转提升并将钻头提离地面;

打开阀门,减压放气;

钻机移位,进入下一个设计桩位。

根据设计要求,开工前必须做配合比设计。

正式开工前,在选定位置进行试桩,以确定施工工艺参数,其中包括确定预搅下钻深度、钻进速度、空压机的压力范围、喷粉搅拌提升速度、水泥用量、重复搅拌速度等参数,确定下钻和提升的难易程度。

②施工质量控制要点

施工场地平整,并清除杂物,挖除地下障碍物。场地低洼处回填低剂量灰土,压实度达到85%。

施工中所用水泥为425号普通硅酸盐水泥,所有材料均经过指定部门检验和试验合格,并附有产品出厂合格证及材料检验试验报告,经监理工程师批准之后才可使用。

施工前准确测放轴线和桩位,并用竹签或木桩标定,桩位布置与设计图误差不大于5cm。

为保证搅拌桩的垂直度,注意起吊设备的平整度和导向架对地面的垂直度,垂直度偏差不超过1.5%;为保证桩位准确度,必须使用定位卡,桩距偏差不大于5cm。

严格控制钻孔深度、喷粉深度、喷粉量,确保粉喷桩长度和喷粉量达到规定要求。深度误差不大于5cm,水泥损耗量不大于1%。

施工中经常检查机械设备状况,保证良好运转,定期更换或清洗阀门。

设专人负责整理施工原始记录,原始记录由计算机打印,应按设计桩位放样记录统一编号,以便查询,施工中发现异常情况及时采取对策或报监理,必要时校正修改工艺参数。

复搅深度原则上应贯穿全桩长,实在搅不下去的,以机械能够达到的深度为准。

严格控制施工中水泥的用量在规范允许误差范围内,每台桩机组及时做好水泥台帐,写明每天的进水泥量、施工完成延米数、水泥耗用量、剩余水泥量,并由监理组人员签字认可,然后报项目经理部汇总。每批水泥用完均做到有帐可查,数量准确,并有专人负责。

③质量通病的解决方案

粉喷桩施工过程中经常会出现各种各样的问题,也就是常说的质量通病。主要有断桩、喷粉不均匀、未达到设计深度、复搅不到位等。

粉喷桩在成桩过程中,如发生断桩影响桩身质量时,应立即采取补喷措施,补喷重叠长度不小于 1.0m。如发生局部喷粉量不足,采取措施同上。特别困难时以电流表读数明显变化时为准,但在提升喷灰前要有等待送粉到达的时间,防止断桩,否则应重新打设。

粉喷桩要穿透软弱土层到达强度相对较高的持力层,并深入硬土层 50cm,持力层深度除根据地质资料外,还应根据钻进时电流表的读数值来确定,当钻杆钻进时电流表的读数明显上升,说明已进入硬土层,如能持续 50cm 以上则说明已进入持力层。如实际施工桩长与设计桩长不相符,应遵循以下原则:

如达到设计桩长仍未穿透软土层时,应继续钻进,直至深入下卧硬土层为止;如未达到设计桩长在探明确已钻至硬土层的情况下,至少应深入硬土层 1.0m(实在钻不下去的情况除外)。

凡施工桩长与设计桩长不符,必须经驻地监理签认,并报指挥部认可。如出现大量桩长与设计桩长不符,应报指挥部确定是否进行设计变更。

2. 路基填筑

(1)项目概况

本标段路基长度为 7.05km,路基填方约 53 万 m^3。根据设计和结合现场情况,本方案填筑路基作业方式:运距 140m 以内采用推土机作业施工;运距在 140m 以上,采用装载机、挖掘机配合自卸汽车挖运的方法。土方回填在实际范围,以确保路基压实度要求和工程质量。

(2)施工力量配备

根据施工作业区段划分,两个土石方工程队根据各自负责的区域及工程量,施工机械及人员配备如下:

路基工程处土石方一队,K18+000~K21+500 配备主要施工机械有反铲挖掘机 2 台,90~135kW 以上推土机 4 台,18~21t 压路机 2 台,YZ16B 振动压路机 2 台。12t 以上自卸汽车15 台,6 000L 洒水车 2 台,油车 1 台,装载机 3 台,平地机 1 台,各类施工人员 70 人。

路基工程处土石方二队,K21+500~K25+050 的路基土方填筑。配备主要施工机械有:反铲挖掘机 2 台,12t 以上自卸汽车 15 台,平地机 1 台,90~135kW 推土机 4 台,18~21t 压路机 2 台,YZ16B 振动压路机 2 台,6 000L 洒水车 2 台,装载机 3 台。各类施工人员 70 人。

(3)土方调配计划

根据招标文件提供的有关资料及现场实地考察,本着就近调用,合理地进行土石方调配。具体见土石方调配示意图。

(4)施工准备

施工前的准备工作,包括临时设施的搭设,施工现场障碍物的拆除与清理,疏通临时排水,临时道路修筑及取土的准备工作。

①首先进行施工放样,确定出路基位置(包括路基特殊处理、排水沟、界桩范围及路基超宽沉降引起的增宽等),并设置控制桩明示,以便进行施工指导。

②表面清理,施工前应在公路用地范围内清除20cm厚的地表腐殖土,并清除路基范围内的树根和草皮。对于取土区位置,应将表面15cm耕植土清除。对路基范围内的清理,达到规范要求并经监理工程师认可。

③所有场地清理均采用装载机,推土机结合挖土机和人工分段清理、集堆,然后用装载机装车,汽车结合自卸汽车运输至指定地点堆放。

④根据测设出的路基边线桩和路基边沟的设计,挖出临时排水沟,临时排水沟可以和路基边沟相结合,以免重复开挖,并与原有的沟渠贯通。贯穿主线的沟渠,设计有涵洞设施的,在土方填筑前尽快施工,需要设临时排水管时须报业主同意,待正式涵洞通水连通后进行拆除处理。

(5)原地面翻松碾压及沟塘回填

①清除表土20cm,对原地面进行碾压,压实度不小于90%。

②对地表横坡、纵坡大于1∶5的斜坡地段,在路基填筑前要将原地面开挖成内倾坡度4%和宽度不小于2m的台阶。

③对特殊路基路段的处理详见前文。

④碾压拟采用12~15t三轮压路机先碾压2~4遍,使土基稳定,然后采用振动压路机碾压2~3遍,压路机在碾压时的行驶速度不大于2km/h。

(6)路基填筑施工

①路基填筑试验段。

在正式填筑之前,要选择具有代表性的路段作为试验段,本方案考虑做400m试验段。经试验段测算出各项技术指标后,方可组织大范围的路基填筑施工。通过路堤试验段需要确定以下技术指标:

确定土样的含水率、干密度、最大干密度、最佳含水率等各项技术指标;

确定每层填土最佳松铺厚度;

确定机械的最佳合理配置;

确定压路机的最大行驶速度和最佳压实遍数;

确定每层填土从上土到报验所需的时间。

②主线路基施工。

根据本工程的填筑规模及工期要求,采用一个工程处二个施工队进行填筑施工。采用流水作业方式,每个施工段设置四个工作区,即:上土区(150~200m)、摊铺区、碾压区、检查区,进行循环作业,遇雨期时及时采取封压和覆盖处理。

根据设计的路基高度,基底处理后的实测高程及相应地段的设计沉降值和路基边坡压实的超宽值(全线路基两侧统一各超宽50cm)进行施工放样,确定出路基的填筑边线,并用石灰线标明,以便填筑时指挥卸料到位,中间过程的填筑每2~3层进行一次施工放样,以确保路基的填筑宽度满足要求,避免因宽度不足的修补。进入路槽80cm施工区时,每层进行一次放样,并设置施工高程控制桩,人工挂线找平,确保路基工后外观几何尺寸满足设计要求。

a.上土。在经过验收合格的填筑层上,采用铲运机、挖掘机挖土,由自卸汽车运输至施工路段,并由专人指挥卸料。为便于排水路拱的调整,上第一层土方时路基两侧各留 3m 不进行上土,待第二层填筑时再满幅施工,并在有效压实厚度内人为有意识调整路基中部位置的土层厚度,以利雨期的排水。

b. 推平。路基上土达到 40cm 后,采用推土机人工配合进行往复整平至平顺,土拱自然(横坡调整)。

c. 路基填料含水率调整。路基填料均需进行含水率调整,碾压前必须使填料含水率在满足碾压密实所需的最佳含水率范围,这是路基施工质量控制的关键环节。

当含水率过大时,填料采用铧犁翻晒,旋耕机粉碎反复进行,直至含水率达到要求。根据类似工程施工经验,每增翻一遍可降低含水率 0.5% ~1%,对含水率适中的填料,尽量缩短施工作业时间,确保填料在碾压结束前满足含水率要求。含水率过小的填料采用洒水车补充水,然后拌和均匀,及时碾压以避免水分流失。雨季施工应尽可能采用石方回填,以确保路堤施工质量和工期。

d. 压实作业。待填料摊铺整平以后其含水率应在最佳含水率时进行碾压。对整平好的路基,首先用 18t 三轮压路机快速静压两遍,同时采用平地机反复整形至要求的纵横坡度,整形结束后的作业段采用 50t 振动压路机碾压 4~5 遍。然后再用 18~21t 光轮压路机碾压 2~3 遍。碾压顺序由路肩向路中,曲线段由内侧向外侧,碾压方式采用纵向进退式。碾压时,横向接头对于三轮压路机每排需重叠 1/2 后轮宽,对于振动压路机一般重叠 40~50cm,纵向宜重叠 1~1.5m。压路机的行驶速度:前两遍采用 1.5~1.8km/h,以后用 2.0~2.5km/h(具体数据将根据试验段得到)。碾压中如发现"弹簧"松散,起皮等现象,应及时翻拌或采取其他措施。最终达到质量要求。

③桥、涵台背回填施工方法

路堤填筑时,构造物与路基结合部位是压实质量不宜控制的关键部位,这些部位若处理不好,易造成跳车现象,所以构造物两侧的路基回填时必须注意以下问题:

a. 桥头土方回填必须在台帽施工前完成。

b. 回填时应在构筑物两侧同步进行对称分层夯填,回填材料可采用设计规范要求的透水性材料砂性土填筑。分层回填厚度控制在 15cm 以内。压实度均要求大于 95%,对于大型机械作业到不了或不方便使用的地方,拟采用人工摊铺整平,手扶振动羊足碾薄层碾压。

④试验检测

在施工前对于各种路基填料,认真做好抽样调查和试验等工作,所用填料经检查验收合格并经监理工程师同意后,方能大量进场;对于所测定填料的最大干密度和最佳含水率等技术指标,及时告知有关工程技术人员和质量检验员,作为质量控制的依据。对每层土方路基填筑压实度的检测,拟采用环刀法、灌砂法和核子湿度-密度仪等设备。现场检测频率为每间隔 20m 检测一处,每处测左、中、右三个点。每层填筑压实度自检合格,经监理工程师检验认可后,才可进行下一道工序。

⑤路基整形及交工验收

当路基填筑到最后一层时,拟采用人工配合平地机对路基进行修整,然后进行最终压实,使路基的各检测项目均控制在设计和规范允许范围之内,并具有满意的外观。同时组织有关人员整理报验资料,对各检测项目经自检合格后,报请监理工程师对路基土方填筑工程进行验收。

3.路面工程

(1)石灰稳定土底基层

①工程概述

本标段路面底基层设计主要采用20cm厚的石灰土,其摊铺工程量约68813m^2,石灰剂量为8%~12%。本标段全线均为填方路基。

②材料要求

a.石灰。采用Ⅲ级以上的消解石灰或生石灰。在使用之前7d,充分消解成能通过10mm筛孔的粉末状物质,尽快使用。石灰应设棚存放,需防风避雨,在使用之前按《公路工程无机结合料稳定材料试验规程》(JTG 3441—2024)进行试验。

b.稳定土。塑性指数为15~20的黏性土以及含有一定数量黏性土的中粒土和粗粒土,均适宜用石灰稳定。用石灰稳定不含黏性土或无塑性指数的级配砂砾、石灰粉煤灰碎石和未筛碎石,应掺加15%左右黏性土,土粒的最大尺寸应不大于15mm。

c.水。水应洁净,不含有害物质。如水的来源可疑应按照现行相关规范要求进行试验,未经监理工程师批准的水源不得使用。

③混合料组成的设计

a.混合料的组成设计按《公路路面基层施工技术细则》(JTG/T F20—2015)第3章有关规定进行。

b.石灰稳定土混合料的组成设计主要包括:用于底基层时,7d浸水抗压强度标准应符合图纸要求;考虑气候、水文条件等因素,通过试验选取适宜于稳定的土;确定最佳石灰剂量和混合料最佳含水率。如需要改善混合料物理力学性质,还应包括确定掺加料的比例。

c.混合料按设计掺配后,进行重型击实试验,以确定混合料的最大干密度及最佳含水率,用于指导施工。

④施工组织

根据总体施工部署,本标段的路面底基层摊铺主要由先前投入的2个路基工程队,按照划分的施工段分别组织施工。其施工机械及施工人员配备与路基填筑施工所配情况基本相同。当各施工段路基填筑完成后,经中间验收合格,即可组织路面底基层施工。总体施工工期控制在4个月之内。

⑤主要施工方法及施工程序

a.施工准备。按设计质量要求购进石灰,对其按规定频率进行质量检测,并出具书面试验结果,完成混合料配合比试验。施工放样。对已交验的路基段先恢复路基中线与面层边线,并在边线外侧0.3m处设指示桩,经水准测量在其上标出二灰土的设计高程。

b.底基层摊铺施工。摊铺素土及石灰。在准备好的下承层上均匀平整地摊铺一层素土(厚度由试验段确定),然后用6~8t光轮压路机稳压一遍,接着根据每车灰料的摊铺面积,用石灰打出方格网,根据方格网卸下石灰,并用平地机摊铺均匀。经确认石灰的掺入量与其在混合料中的比例相符后,即可进入下道工序。

拌和整形。在各层料摊铺好并经检查厚度合格后用稳定土拌和机拌和两遍,拌和时应随时检查和调整拌和深度,严禁在底部留有"素土"夹层,也防止过多破坏下承层表面而影响混合料的剂量及底部的压实,同时应及时检查含水率,使含水率略大于最佳含水率1%~2%,若含水率较小应用洒水车均匀洒水补充水分,拌和机应紧跟洒水车拌和,防止水分散失,拌和过程中应辅以人工捡出超尺寸大块颗粒。拌和混合料应色泽一致,没有灰条、灰轩和花面,没有集料窝,且水分均匀合适。拌和完后在水准测量的配合下用平地机初步整平,然后用光轮压路机快速碾压1遍,以暴露潜在的不平整,接着再用平地机仔细整平,并留出设计路拱和纵坡,整形时若发现高程偏应先将其表面5cm耙松,用新拌的混合料找补平整,整形后混合料的松铺厚度按照松铺系数1.15~1.2控制。

碾压、养生。在混合料处于最佳含水率时碾压,若含水量不足可洒水补充。碾压时先用光轮压路机稳压一遍,再用重型压路机振压3~4遍,最后用三轮压路机静压2~3遍。检查其密实度,最后用轮胎压路机碾压成型。碾压结束第二天即可开始洒水养生,洒水量以保持表面湿润为度,养生期为7d,其间除洒水车外应封闭交通。若下层碾压后能立即施工上层,则不需专门养生期。

接缝和掉头处处理。两工作段搭接部分,采用对接形式,一段拌和后,留末端5m不碾压,第二天施工时,将前一段留下未压部分一起拌和碾压。若第二天不能继续施工,在当天最后一端的末端待混合料拌和结束,挖一条与路基宽度一致的槽,槽内放与压实度等厚的方木,方木另一侧用素土回填3m长,然后整形碾压,待继续施工下段时,紧接作业段拌和结束后,除去方木,用混合料回填槽口,接近方木未能拌和部分应人工进行拌和。拌和机和其他机械应尽量避免在压实成型的灰土上掉头,否则需在掉头区铺盖一层10cm厚的砂砾,以防损坏灰土表面。

⑥质量安全措施

a. 一般要求。石灰稳定土应符合《公路路面基层施工技术细则》(JTG/T F20—2015)第3章有关规定。石灰稳定土的施工气温应不低于5℃,并在第一次重冰冻到来之前一个月完成。降雨时不应进行石灰稳定土施工。一般情况下安排在非雨季施工。石灰稳定土的施工压实厚度,按设计要求不超过200mm。并采用先轻型后重型压路机碾压。在摊铺灰土前应将下承层的表面拉毛,并洒水湿润。

b. 现场拌和(路拌)。所选择拌和设备,要始终处于良好的工作状态,经监理工程师同意,方可进行现场拌和施工。现场拌和前应将下承层表面杂物清除干净。所备土应将超尺寸颗粒筛除,经摊铺、洒水闷料后整平,用6~8t两轮压路机碾压1~2遍,使其表面平整。此后将石灰均匀地摊铺在整平的表面上,即可采用稳定土拌和机拌和。拌和过程中应及时检查含水率,使其等于或略大于最佳值,同时使土和石灰充分拌和均匀,不留"素土"夹层。

c. 压实。路段整形合格后或摊铺机摊铺混合料后应立即按试验路段的施工工艺、压实速度和遍数进行压实,持续碾压达到规定的压实度。一个路段完成之后应按规定做密实度检查,如果未达到规定的要求,应重新进行碾压至合格为止。两工作段的衔接处应搭接拌和,前一段拌和后,留5~8m,不进行碾压,后一段施工时,将前一段未压部分一起进行拌和,并与后一段一起碾压。施工机械不宜在已压成的底基层"掉头",如必须在其上进行,应采取保护措施。

d. 养生。石灰稳定土层碾压完成后,必须保湿养生,避免稳定土层表面干燥,但也不应过分潮湿或时干时湿。石灰稳定土养生期应不少于7d。养生方法可采用洒水、覆盖砂或低黏性土,或采用不透水薄膜和沥青膜等方式。养生期内除洒水车外,不得通行车辆,对于采用覆盖措施的石灰稳定土层,经监理工程师批准通行的车辆,应限制车速在30km/h内。

e.取样和试验。石灰稳定土应在施工现场每天进行一次或每 2 000m² 取样一次,并按《公路工程无机结合料稳定材料试验规程》(JTG 3441—2024)进行混合料含水率、石灰含量和无侧限抗压强度试验;在已完成的下承层上按《公路路基路面现场测试规程》(JTG 3450—2019)进行压实度试验,每一作业段或不超过 2 000m² 检查 6 次以上。所有试验结果,均报监理工程师审批。

(2)石灰粉煤灰碎石基层施工

本工程采用 31cm 石灰粉煤灰碎石作为底基层,石灰粉煤灰碎石的设计配合比为 4∶14∶82。拟分两层摊铺。全标段共计 64 264m²。

①施工准备。

基层施工前,底基层表面要平整、坚实,符合设计要求,无松散材料和软弱地点,施工前要用振动压路机和 18~21t 光轮压路机在路基全宽范围内复压 2~3 遍,同时进行压实度及弯沉检验,检查土基中是否有不合格点。若有,应采取合适的措施使之达到设计要求,再进行施工。

②施工放样。

在底基层上恢复中线,每 20m 设一桩,平曲线段每 10m 设一桩,并在路肩两侧边缘带设有指示桩,桩用十字指示桩,便于挂线,控制摊铺时的高程。进行水准测量,在两侧指示桩上用明显标记标出。将放设的桩加密成 10m 间距,并挂上钢丝,钢丝的应力应达到规定标准。

③石灰粉煤灰碎石拌和、运输。

施工前安装、调试好拌和设备,根据确定的配合比进行试拌,找出各料斗闸门开启位置与各种材料流量的关系,并绘制成曲线,如因材料批次、含水率不同等因素而调整,须由试验室确定,以确保施工配合比符合设计规范要求。

拌和场生产应注意以下几点:

a.配料准确,准确性与否直接影响工程质量;

b.碎石剔除不符合规范要求的材料,拌和要均匀、充分;

c.混合料的含水率要略大于最佳含水率 1%~2%,在拌和生产中要计算好加水量与定时供水参数,检查自动开启闸门装置。

运输:石灰粉煤灰碎石的运输均采用自卸车运输,运输车的数量根据摊铺机的摊铺能力、拌和机生产能力及运距进行合理地调配。

④石灰粉煤灰碎石的摊铺和整形。

本工程中石灰粉煤灰碎石层 32cm,拟采用二次摊铺。先摊铺一段试验段,检查一下石灰粉煤灰碎石的配合比并测出松铺系数。根据松铺系数,检查摊铺机熨平板的宽度、高度是否适当,测量准确后,固定好,熨平板挂钢丝,调整好自动找平装置,摊铺时必须缓慢均匀、连续不断,中途不得随意停顿。混合料卸料不能出现离析现象,应缓慢均匀卸料,送料器不停转动。在摊铺过程中,不断检查摊铺层的厚度、纵断高程及横坡,发现问题及时调整,试验人员要经常抽检拌和均匀度、配合比、无侧限抗压强度等技术指标。

⑤碾压。

混合料摊铺成型后,用压路机开始碾压,碾压过程中,石灰粉煤灰碎石表面应始终保持潮湿。如表面蒸发得快,应及时补洒少量的水,碾压直至石灰粉煤灰碎石的密实度达到设计要求为止。

严禁压路机在已压完或正在碾压的路段上"掉头"或紧急制动,防止石灰粉煤灰碎石层表面破坏。

⑥碾压完成后应立即进行养生,养生时间不少于7d,采用洒水养生,养生期间,不允许车辆通行。如果由其他工序造成稳定层损坏应立即进行修补。

(3)沥青路面摊铺

本工程沥青面层分为两层,均为沥青混凝土。采用摊铺机摊铺。

①沥青混凝土采用集中拌和。对沥青混凝土所用原材料要严格检验,不合格的原材料坚决不用。

②按放测的指示边桩和高程进行摊铺,以控制面层高程及铺筑厚度,并使接缝顺直、紧密。摊铺机的控制同石灰粉煤灰级配碎石摊铺机控制。

③热拌沥青混合料的摊铺温度及压实温度应严格按操作规程控制,对每车进场混合料,由专人进行检查,检查内容主要有配合比情况、外观(油色)、温度,并认真做好记录。不符合要求的材料不得摊铺。

混合料铺筑温度控制:当施工气温≥10℃时,混合料到场温度≥130℃、摊铺温度≥120℃、开始碾压温度≥110℃、碾压终了温度≥70℃。

④沥青混合料的碾压顺序是:接缝处碾压→全路碾压→全路复压→全路终压。每次来回轮迹重叠。压路机轻、重机型选择一般为:初压轻型→复压重型→终压轻型。

⑤压路机应从纵向两端进出碾压区域,不得横向从边口进出。碾压原则是先边后中,先轻后重,先慢后快,保证路拱符合设计要求。碾压时,压路机不得在新摊铺的沥青混合料上转向、掉头,左右移动或突然紧急制动,也不得将压路机停在刚压好还未冷却的路面上。碾压过程中轮迹重叠30cm左右,压到无明显轮迹为止。

⑥沥青类面层施工后,必须待路面冷却后,方可开放交通。

⑦压路机宜有自动洒水设备,防止混合料粘轮。无自动洒水设备时,可用油水比(1∶3)的混合液用涂布抹在滚轮上。不得将柴油漏滴在路面上。

⑧沥青混合料运输途中必须加盖篷布,其目的一是保温,二是防止雨淋。施工遇雨及时通知拌和站停止供料,对已铺好的沥青混凝土应立即快铺快压,抢工铺筑完毕。

4.桥梁工程施工技术方案

(1)工程概述

本工程设大桥1座,中桥2座上部结构为预应力空心T梁。下部采用柱式墩,桥台采用桩柱式桥台,钻孔桩基础。

(2)施工前期准备

根据总体施工部署和本合同段桥梁工程设计的结构形式,工程开工前对施工现场需进一步进行调查、核实,其中包括地形、地貌、外部环境、水电设施、进场道路等,并结合我公司的实际技术能力,编制详细的实施性施工技术方案、项目质量保证计划和材料供应计划,进一步明确工期进度计划、工期控制点,以及关键工序控制和质量检验评定标准,报请监理工程师批准后认真组织实施。施工前期工作准备内容,主要有施工进场便道、临时供水、供电、生产生活临时用房的搭建、材料堆场的硬化处理、各种原材料的进场检验和试验,以及进场设备的安装和调试,为正式开工做好一切准备工作。

(3) 施工力量安排及施工任务划分

根据总体施工部署,以及本工程设置桥梁工程的结构设计特点,本着高质、高速圆满完成本合同段桥梁工程的施工任务,拟安排我公司具有较强施工能力和具有丰富管理经验的桥梁工程处承担本合同段所有桥梁、通道等小型结构物的施工建设任务。施工机械设备配备主要有强制式混凝土搅拌机、混凝土输送泵、钻孔桩机、汽车起重机、预应力筋张拉及小型运输、加工设备,其所用机械设备的规格、型号、数量详见《主要设备配备表》。

(4) 主要施工方法及施工工艺流程

① 钻孔灌注桩

根据设计和地质资料,本工程所有桥梁钻孔桩均为摩擦桩,不嵌岩。本工程桩基拟采用GPS-15型和GPS-20型循环钻机钻进成孔。钻孔前,在墩位处先平整场地,清除杂物,场地平整应考虑排除地表水横坡成纵坡。在不影响施工的位置砖砌沉淀池和储浆池。钻孔桩施工顺序先桥墩,后桥台。

a. 施工顺序。场地平整→定位放线→埋设护筒→钻机安装就位→钻孔→清孔→钢筋笼制作、吊装就位→二次清孔→灌注混凝土。

b. 施工方法:

护筒制作及埋设:陆上护筒采用4mm厚钢板弯制成型,护筒的制作应有一定的强度和刚度,拼缝和接头不漏水,可在外围加强环箍。护筒埋设采用挖埋法,根据土质不同选择不同的埋深,就位后在四周底部分层回填黏土并夯实,夯填土应均匀对称,防止护筒位移。

水中墩筒采用8mm厚钢板弯制成型。护筒埋设深度到河床底原土面下1.5m处,可用震动、重压等措施使其达到高程,护筒顶面应高出水面1.5m以上。

钻孔泥浆:钻孔前应储备足够数量的黏土,接通水电管路,以保证正常施工。并根据地层、地质情况配制泥浆的比重、黏度。

钻机就位:钻机应垫平,保持平稳,使其不产生位移和沉陷,钻机桅杆应对称钻机轴线准确定位,使起重滑轮、钻孔护筒中心在同一垂线上,以保证钻孔的垂直度。

钻孔:采用三班工作制连续作业,初钻时,应稍提钻杆在护筒内打浆,开动泥浆泵进行循环,泥浆均匀后开始钻进,进尺要适当控制,在护筒刃脚处应低档慢速钻进,至刃脚下1m后,方可按土质情况以正常速度钻进,钻进中应密切注视护筒底土质是否有漏浆,并采取相应措施防止塌陷,钻进时,钻机的主吊钩宜始终吊住钻具,防止钻具的全部重量由孔底承受,从而避免钻杆折断,并保证钻孔的质量。

钻架使用时间过长,可能发生位移,或孔内有探头石和其他情况,会使所钻的孔偏离设计孔位,因此每一个台班要用探孔器检查钻孔一次。设专人负责记录钻进中的一切情况。

清孔:分两次进行,当孔底达到设计高程后,应对孔深、孔径和倾斜率进行终孔检查,合格后即进行清孔工作,清孔采用掏渣与补水结合进行。清渣后,可投入一些泡过的散碎黏土。通过冲击锥低冲程的反复拌浆,使孔底剩余残渣悬浮后掏出,再用一根水管插到孔底注入高压水,用水流将泥浆冲稀,降低泥浆比重,泥浆比重逐渐降低后向孔口溢出。第二次清孔在下放钢筋笼和灌注混凝土导管安装完毕后进行,利用灌注混凝土的导管输入泥浆循环清孔。

钢筋制作:根据设计图纸进行下料,现场绑扎成型,在钢筋笼主筋内侧每隔2m设置Φ16加强箍筋一道,主筋与加强箍筋焊接成型后,绑扎螺旋筋,并采用部分点焊加强,主筋采用闪光对焊,并要求在同一截面内钢筋接头面积不超过主筋面积的50%,在钢筋顶端焊四个挂环,便于钢筋笼临时吊挂在起重机吊钩或护筒上。

钢筋笼吊装:钢筋笼下放前,在箍筋上绑扎圆形混凝土垫块,其直径根据保护层而定。利用15t履带起重机吊起,对准护筒中心缓慢下放至设计高程,如钢筋笼为分段制作,前段入孔后,用钢管临时固定,固定要牢固,防止钢筋笼坠入孔中。然后再吊起另一段,上下段焊接后,逐段放入孔内至设计高程,并将最上面一段的挂环挂在护筒上。

混凝土灌注:混凝土灌注采用导管法,灌注前应对导管有效孔径和接口的密封性进行检查,混凝土灌注应连续进行,严禁中途停止,导管提升应勤提(提升时间间隔短一点)、少提(一次提升的长度少一点),保持居中位置,轴线竖向逐步提升。导管埋入混凝土面下深度控制在2~4m,灌注快结束时,如出现混凝土面上升困难时,可在孔内加水稀释泥浆,并掏出部分沉淀土,使灌注顺利进行。

混凝土采用现场拌和,输送泵输送。混凝土的拌制须严格按照配合比用料拌制,并做好每根桩的混凝土试件,做好灌注记录。

②承台、桥台

a. 基坑开挖:芦家沟桥承台基坑开挖深度较浅。地势平坦处采用挖掘机放坡,无支护放坡开挖,挖深控制在距基底20cm左右,余下的土人工清理。施工机械不易到达的墩、台基础施工,采用人工放坡开挖,并预留工作面。

b. 基坑排水:在基底周边设置排水沟和集水井,用水泵抽出地下水或雨水。

c. 模板:承台模板采用组合钢模板,φ48mm钢管背带,用φ16mm对拉螺栓固定模板,外部采用方木支撑。桥台模板采用覆膜竹夹板,75cm×75cm方木背带。模板的拼装要确保几何尺寸和平整度。

d. 钢筋:制作前要做好原材料试验和焊接试验,并认真审阅图纸,按照图纸编制下料单,下料单的内容应包括钢筋种类、形状、长度、数量等。按下料单进行钢筋制作、分类堆码,现场进行绑扎。绑扎时,可附加架力筋进行固定,墩柱插筋定位采用钢筋箍架固定,并注意插筋接头按规范要求错开布置。

e. 混凝土灌注:采用自拌混凝土,利用平台支架,输送泵泵送,分层灌注,机械捣固,覆盖洒水养生。

f. 基坑回填:当承台混凝土达到一定强度,经监理检查同意后,方可回填土。回填土前应割除对拉螺栓头,排除积水,分层回填,分层夯实,每层厚度为20~30cm。

③立柱施工

a. 施工顺序:

放柱位"+"字线→凿毛清理→搭架子→绑钢筋→扣模板→校正柱模→抄平→浇混凝土→铁件预埋及检查→拆模→养生。

b. 施工方法:

模板:柱身模板采用特殊设计定型钢模板,整体拼装式。一次支立成型,底脚四周采用承台预埋铁件固定,上部四周用花篮螺栓同地锚紧固。墩柱底部,用干硬性水泥砂浆找平。模板采用起重机吊装,先下部对位固定,然后挂锤球,用花篮螺栓调整上端至模板各面垂直固定。

混凝土灌注:采用翻斗车运输,起重机吊斗灌注,当灌注高度超过2m时,采用串筒法灌注,用钢管支架平台固定漏斗。混凝土保护层采用W形砂浆垫块。灌注开始,墩身底部铺设与混凝土相同等级强度的砂浆厚度3cm,灌注速度控制在2m/h,混凝土流动性随高度上升进行递减调整。捣固采用插入式振捣棒振捣,养生时采用外包塑料薄膜封闭,利用自身水分养生。

④盖梁

支架采用抱箍配合型钢作为支撑。为提高混凝土表面质量,采用工厂加工的特殊设计钢模板,整体拼装式。模板支立采用16t起重机吊装就位,拉筋形式采用外拉筋加固,不设内拉筋,以确保表面光滑。

钢筋采用集中下料,现场放大样,绑扎骨架,起重机吊装就位。骨架钢筋连接形式采用焊接,主筋接头采用对焊,并按规范要求错开。对焊施工前要做原材料和对焊试件的检验,合格后方可施工。混凝土采用自拌混凝土,输送泵输送灌注,灌注前要彻底检查混凝土保护层厚度是否满足设计要求,垫层采用W形垫块,呈梅花型布置在底模和侧模上,既保证混凝土结构质量,又不影响混凝土外观,灌注时应分层进行,每层厚度不超过0.3m,插入式振捣棒振捣,为加快模板的周转,混凝土采用外加剂HL-302提高混凝土早期强度。在混凝土达到设计要求时方可拆除支架。支架的拆除应对称、均匀、有顺序的进行。拆除顺序和搭设顺序相反即先搭的后拆,后搭的先拆,从盖梁顶端部开始,中间部分从跨中开始,顺次向两侧进行对称拆除。在拆除过程中禁止乱拉、乱拖、向下抛扔,应做好配合协调工作,禁止单人进行拆除较重杆件等危险性的作业。

⑤T梁预制

本标段共设两个T梁预制场。

a. 预制台座。制梁台座必须有足够的强度和刚度,将台座与底模制作成一整体,用C20混凝土浇筑预制梁台座基础,厚度10cm,混凝土顶面抹平压光并预埋铁件,铁件顶面同混凝土顶面平齐。台座顶铺设$\delta=4mm$厚钢板作为T梁预制底模,钢板同混凝土底座基础的预埋铁件焊接,使钢板顶面为一水平面。每个梁场设置8个制梁台座。

b. T梁模板。T梁内外模板均采用模板厂加工的大块定型钢模板,钢模板间全部用螺栓连接,模板拼缝采用双面胶带密封。模板表面人工涂刷新机油,使模板表面光洁、机油涂刷均匀、无泪痕杂物。采用$\phi 16mm$拉筋对模板进行加固,拉筋均放置于T梁梁体以外,T梁底模则为$\delta=4mm$钢板。模板拼装全部采用起重机吊装。钢筋在钢筋加工场地成型后,人工抬至制梁台座上并固定好位置。

c. 钢筋绑扎。按设计图纸及施工技术规范要求,进行钢筋的加工制作、绑扎、焊接。在钢筋加工场地进行钢筋加工,在制梁台座上和钢筋加工场地进行T梁钢筋绑扎。首先绑扎T梁的腹板钢筋。顶板钢筋绑扎必须从一头开始向另一头绑扎,并尽量缩小绑扎时间。现场施工时合理组织安排T梁混凝土灌注工序,保证混凝土施工的连续性。钢筋绑扎成型后必须顺直无锈并符合规范要求。

d. 混凝土灌注。梁体混凝土浇注前必须报监理检查钢筋模板的绑扎、支立、加固情况,待合格后方可进行混凝土灌注。严格按照设计配合比的要求购进原材料,按照设计配合比进行混凝土施工。采用强制式拌合机拌制混凝土,混凝土的坍落度控制在设计允许范围内,梁体混凝土分两次浇注,第一次浇注底板混凝土,第二次浇注腹板和顶板混凝土。15t履带起重机吊斗进行混凝土浇筑。混凝土振捣采用插入式振捣器。振捣时必须插点均匀,快放慢拔,做到不漏振、过振、欠振,且不得用振捣棒触碰模板。首先浇筑 T 梁底腹板,在绑扎好顶板钢筋后浇筑 T 梁顶板混凝土。混凝土的浇筑应连续进行,如因故必须间断时,其间断时间应小于前层混凝土的初凝时间或能重塑的时间。T 梁混凝土顶面必须抹平保持毛面。在混凝土凝结后,即应洒水养生,且梁顶覆盖土工布浇水养生。在混凝土浇筑 24h 后方可拆除 T 梁外模,其芯模则应在混凝土强度达到 50% 后方可拆除。

e.T 梁起吊、运输及存放。T 梁强度达到设计要求时,方可起吊 T 梁。T 梁的吊点、支点位置必须符合设计规定。现场采用 25t 汽车起重机起吊,汽车运输至存梁场并放置于存梁台座上。

⑥架设及运输

采用门式起重机吊梁,平车运梁、喂梁,架设采用 150t 双导梁架桥机进行架设,人工铺设轨道,运梁台车运梁、喂梁。架桥机在台后路基上拼装,拼装前对场地进行平整。桁架拼装完毕,安装起重机滑车组、运梁台车、机电设备。全部拼装完毕,进行试吊,合格后开始架梁作业。首先将架桥机纵向行走至第一孔,铺设前支腿和中支腿横移轨道。吊梁天车将梁体吊起,沿导梁纵向行走,梁片到位后,架桥机横移至梁片设计位置进行落梁就位,然后架桥机再横移到纵向轨道上,天车后移至起吊位置,再进行下片梁架设。T 梁架设顺序为边梁—中梁—边梁。

运输分两步:第一步用门式起重机将梁从存梁场吊放至运梁平车上;第二步用卷扬机拖拉运梁车至喂梁位置。沿架梁方向,导梁前端伸出前支腿下桥墩帽梁中线 3m。将导梁横移至运梁轨道的正上方,吊梁小车后退至喂梁位置,做好吊梁准备。将运梁平车拖至吊梁小车正下方后停稳并将运梁平车滚轮锁死。吊梁小车将 T 梁吊起后缓慢平稳的向前走行至待架梁跨的上方。待吊梁小车停稳后启动导梁横向走行系统,导梁横移速度应平稳缓慢,待走行至待架梁位置正上方后,锁死导梁横向走行系统,启动吊梁小车将 T 梁安装至设计位置。将导梁横移退至运梁轨道正上方后吊梁小车后退至运梁平车喂梁的上方等待吊梁。在每架好一跨后导梁需前移至下一跨架梁。导梁前移时,前支腿去掉使导梁全部落于将其中,后支已架好的 T 梁上。导梁下方铺设滑道用卷扬机将导梁整体拖拉至下一空。拖拉导梁时,吊梁小车退至导梁的最后端并在导梁后端配重 5t。将导梁拖到位后,用千斤顶把导梁整体顶起,安放中、后支腿,调整前支腿位置,架梁方法同前。

⑦防冲护栏

防冲护栏模板支撑采用吊架。

防冲护栏施工必须树立精品意识,从模板制作、立模、混凝土灌注、拆模等方面严格控制。

模板制作根据设计尺寸特殊设计,厂家定型加工。2m 一节的大块模板,板厚 4mm,板带采用扁钢和小型槽钢,确保模板刚度,上端设置横向螺栓,供调节横向尺寸及内外模板的固定,防止螺栓上浮。为使防冲护栏混凝土表面光滑、颜色一致,不设内拉筋。

模板在厂家加工过程中和加工后,由专人负责检查和验收,单块合格后,再进行组装检查,达到标准后验收,并编号进入工地。

模板支立前的准备工作:

a.吊架安装。

b.弹出防冲护栏墙底脚边线,进行模板接头处抄平、选点。

c.模板复核检查,涂脱模剂,贴接缝密封条。

d.梁上防冲护栏模板底,按高度进行密封处理。

e.在桥面铺装层下的防冲护栏钢筋上浇筑钢筋保护层。

采用自制简易吊具,人工配合安装,按编号进行支立。先立外模,调整固定,再立内模,内模底脚用平撑固定后,调整上端,挂线安装和检查变形,当线形、预埋件、高度尺寸合格后,用外侧斜撑,模板上端螺栓固定模板,腻缝平整、牢固。模板上端用螺栓固定模板,上紧下端防浮螺栓。

混凝土施工:

a.采用细石混凝土坍落度控制在3cm以下,灌注墙顶混凝土时,适当调整水灰比。

b.灌注时纵向分段,上下分三层连续灌注。

c.伸缩缝处灌注,捣固时,两侧对称施工。

d.捣固采用插入式振捣器,钢筋、管道密集处,上部圆角或斜坡处,可以用捣固锤、捣固铲、人工辅助振捣。

e.抹面:混凝土上面找平,收浆后初抹,然后压光收面,使混凝土表面平整,无抹痕。

f.浇捣过程中,经常检查预埋件、伸缩缝是否有偏移,及时做好纠正工作。

拆模和养生:凿松底板砂浆垫层,卸去支撑,松开连接螺栓及紧固件,轻击上口使模板与混凝土产生缝隙,内外轻摆模板平移拉出,拆模后立即对伸缩缝进行处理,画线切出伸缩板位置,以防拉裂防冲护栏混凝土,同时覆盖洒水养生。

⑧桥面铺装

拟采用整幅分段施工方法,高程采用钢管导轨控制。

施工方法:

a.钢管导轨安装:将桥面分成四幅,设置钢管导轨,在竖曲线处每5m抄一高程点,其他地段每10m抄一高程点,作为导轨安装高程控制点位,采用在T梁钢筋上进行焊接以固定导轨,焊接数量需确保导轨牢固稳定。

b.混凝土施工:采用自拌混凝土。起重机吊斗灌注。灌注前需先对梁上杂物进行清扫,用水冲洗、垫好钢筋保护层,灌注顺序由一端向另一端进行,平板振捣器振捣,滚杠找平后,用铝合金尺杆刮平。一边灌注混凝土一边拆除钢管导轨。人工抹面拉毛,拉毛深度在2~3mm。

在两端靠近伸缩缝处预留30~40cm空间,待伸缩缝安装完成后再灌注伸缩缝混凝土。

⑨伸缩缝

本桥采用毛勒伸缩缝,待沥青混凝土面层施工完毕后,安装伸缩缝。

a.用切割机将伸缩缝两侧的沥青混凝土各切除40cm,并且切口必须落在下面混凝土铺装层上,将该范围内清理干净并用水冲刷。

b.以两侧沥青层顶面高程为准,将异型钢分别焊接在两侧梁端预埋钢筋上,并用L50×L50角钢在异型钢底部以40cm的间距固定,以承托异型钢起到稳固的作用。

c.伸缩缝异型钢安装技术标准:顺直度,整条范围内小于2mm;平整度,3m直尺量≤1mm。

d.异型钢安装完毕后,灌注伸缩缝白色混凝土,为提高伸缩缝强度,延长使用寿命,采用钢纤维混凝土,在浇注时严格掌握混凝土顶面高程。

5. 通道及涵洞工程施工

根据总体施工部署和本标段的地理环境、施工条件,以及结构物的工程特点,对全标段涵洞工程由排水防护工程处负责施工。

主要施工人员、机具配备。因涵洞工程为前期施工重点,是制约路基贯通的关键,故对于先进场的各施工专业队伍要配备足够的施工力量和机具。为此,2 工程处专业施工队主要施工人员及机具配备情况如下:砂浆搅拌机 12 台,机动翻斗车 15 台,钢模、钢管配套且满足区段施工,钢筋工 20 人,混凝土工 40 人,木工 15 人,架子工 10 人,电工 4 人,瓦工 30 人,机械操作人员 28 人。同时各施工队配置 120kW 发电机组 1 台,确保施工用电。

(1)钢筋混凝土圆管涵

①施工准备。在工程开工前及时组织施工人员进场,确定施工人员和施工机具,安排临时设施。组织材料检验进场,同时做好开工前的混凝土配合比试验工作。

②定位放线。涵洞的定位放线采用坐标法,沿涵洞的中心线和路基中心线各放设三点以确保位置准确,并报监理工程师审批。

③基槽开挖。基槽开挖基本采用机械开挖,涵洞经过河塘时,要先打围堰、清淤排水进行软基础处理;当地质不同时分别按设计要求采用不同的处理措施,等地基处理措施完成后,再进行开挖施工,开挖时预留 20~30cm 不挖,采用人工整修到位。为防止泡槽,人工整修时在基底增设排水沟和集水坑,设置时按地下水的情况而定。同时对基层承载力进行检验,如基底要求夯实的,还必须预留夯实的高度,当管顶填土超过 2m 时,按规范要求在基槽上预留足够的预拱度,以允许填土荷载造成的沉降。

④基础砂垫层。按设计要求进行砂砾石垫层的施工,当基底处理完毕并报验合格后,采用人工铺筑分层夯实,分层厚度不大于 20cm,夯实机械采用蛙式打夯机,要求砂垫层密实均匀。

⑤基础混凝土施工。砂垫层完工后,支立底板混凝土模板,浇筑底板混凝土,底板混凝土施工前按设计要求完成沉降缝的预留工作。

⑥管节安装。按设计高程在基础混凝土上做好砂浆找平层,并将涵位中心线放设在基础上,采用起重机进行管节安装。涵管安装从下游开始,使接头向上游,各管节顺水流坡度成平顺直线,管节和基础结合紧密。

⑦管节接头按图纸施工,缝宽控制在 10 cm 以内,采用沥青麻絮内外双侧嵌缝,水泥砂浆或沥青麻絮包裹。接缝施工完毕后外包 C25 钢筋混凝土。

⑧抗肩、端墙及洞口。抗肩在管节安装完毕后即可进行,首先清理抗肩与基础的结合面,按施工缝要求支立模板进行混凝土施工,施工时注意沉降缝与底板贯通。端墙施工时要注意支撑稳定,使端墙成形顺畅、美观。涵洞洞口的河床顺直,与上、下游排水支流连接圆顺、稳定。

⑨结构回填。回填在构筑物达到一定强度并报监理工程师同意后进行,采用分层两侧对称回填,分层厚度不大于 15cm。地面以下采用汽夯或蛙夯配合人工回填,地面及地面以上 20cm 采用人工配合压路机进行回填。为保证构筑物台背与路基顺畅连接,台背的压实度控制在 95% 以上。

(2)盖板涵施工

主要施工方法及施工程序

①施工准备。在路基表土清理和进行软基处理的同时,及时组织构筑物施工人员和机具

进场,安排临时设施的修建,确定材料进场路线,及时进场,按指定位置堆放。

②定位放线。在构筑物纵向轴线上必须放设三点,确保位置准确并及时将成果报监理工程师审批。

③基槽开挖。基槽开挖基本采用机械开挖,开挖时预留20～30cm不挖,报验后采用人工一次整修到位。为防止泡槽,人工整修时在基底增加纵横的排水沟和集水坑,排水沟断面采用30cm×40cm;集水坑按1m深设置,下铺20cm碎石。

④基础混凝土浇筑。基础垫层施工后,根据基础设计几何尺寸进行测量放样,经监理工程师基底检验合格,利用组合钢模立侧模,然后进行混凝土浇筑。

⑤台身混凝土立模。当基础混凝土强度达到设计强度的30%以上,即可进行台身混凝土立模,同样采用组合钢模和扣件式钢管脚手架加固支撑。

⑥台身混凝土浇筑。台身模板验收合格后,即可进行台身混凝土浇筑。所用混凝土一般在施工现场拌制,如需要量较大时,可由混凝土搅拌站供应混凝土浇筑。

⑦盖板预制与安装。根据现场实际情况,本方案采用集中预制的施工方法,盖板安装拟采用汽车吊安装的施工方法。

⑧台背回填。当盖板涵洞身及通道台身混凝土强度达到90%以上设计强度时,方可进行台背回填。回填时采用符合设计要求的透水性较好的材料,分层对称回填夯实,每层填筑厚度以不大于15cm为宜,密实度同路基要求相同。

(3)质量、安全技术措施

①钢筋,需检查每批产品质量合格证,并按规范抽样进行力学性能试验,焊接采用对焊接头进行抗拉试验,扎筋进行尺寸、形状、间距、焊接长度验收,对箍筋也不能疏忽,应做到基本无松扣,钢筋表面不应有水泥土、锈皮。

②水泥,对免检厂供应的水泥也应抽检,不合格不得使用,混凝土用砂、碎石应与配合比试验相一致,使用的添加剂、砂石材料变更时应通过试验确定。

③施工缝,设在底板以上30cm处,其他部分洞身不得留施工缝。

④严格施工报验程序,明确每道工序质量。施工队自检,经理部复检合格后,才能报监理工程师验收。

⑤浆砌工程

砂浆应采用机拌砂浆,拌和时间应控制在15min内,砂浆须有良好的和易性,其用于石砌体的坍落度以4～7cm为宜,并且随拌随用,保持适宜的稠度,一般在2～3h内用完。

浆砌工程应分层砌筑,按标志线进行砌筑施工,砌筑第一层砌块时,如基底为岩层应先进行表面清洗,并将其相接基面打毛后进行坐浆砌筑,所有石块应坐于新拌砂浆之上。砂浆缝必须饱满,石块间不得直接紧靠,应采用挤浆法,即先将已砌好的石块侧面抹浆,然后侧压砌下一块石块,在砌缝较宽时,可在砂浆中塞以小石块,砌体应分层砌筑,每层应大致找平,分段位置应设在沉降缝或伸缩缝处,石块应交错排列,勾咬紧密,上下层竖缝应错开8cm以上,砌筑上层石块时应避免下层石块振动,如在砌筑时中断后再行砌筑时,原砌层表面应加以清扫和湿润。

勾缝前应将砌缝用水冲洗湿润,勾缝应深入砌体内2cm深,在勾缝完毕和砂浆初凝后应将砌体面冲洗干净,并用草袋加以覆盖,在7～14d内洒水湿润,在此期间应避免碰撞、振动和承重。

6. 路基边坡防护施工

(1) 工程概述

根据设计说明,本合同段路基防护设计采用单排或双排 M7.5 浆砌片石衬砌拱植草防护。路基采用 M7.5 浆砌片石排水沟,是尺寸为 0.6m×0.6m 梯形排水沟。盲沟采用级配碎石,并设软式透水管、集水井。

(2) 施工力量安排

根据本标段的地理环境、施工条件和构筑物的特点,共划分为 2 个作业区;区段划分详见本案例前述内容,由路基防护工程处施工。

根据总体施工部置,路基防护及排水工程施工,拟投入一个防护排水工程处,组织专业施工队伍进行施工。按施工区段划分为两个作业段进行流水作业。各专业工程队拟投入 140 人及各种小型机具 40 台套(详见机械设备表)。

(3) 主要施工方法

①路基边坡混凝土预制拱形骨架防护。

当路基填筑高度小于 2.5m 时采用植草皮对路基边坡进行防护,当路基填筑高度大于 2.5m 时,采用混凝土预制拱形骨架对路基边坡进行防护。混凝土在施工现场进行预制。路基防护施工在路基施工完成后便可进行施工。其施工步骤如下:

a. 测量放线:工程施工前,应准确测算出路基边线,采用机械或人工刷去路基宽填土方。

b. 预制混凝土块的施工:在刷坡完成后,在坡面及坡底开挖预制混凝土块施工基槽,基槽底一定要坚实,施工时视其情况,采用人工夯实的方法,以保证基槽底的平整、坚实。预制混凝土块施工时,采用人工安装,每 10~15m 设一伸缩缝,安装完毕后,其上部的拦水坎,现场现浇施工完成。

c. 铺设草皮:混凝土预制拱形骨架护坡施工完成后,铺设草皮或喷播草种,期间要进行浇水养护,以保证草皮的成活。

②路基排水防护

排水沟、边沟可在不影响路基施工时同时进行施工。排水沟、边沟采用梯形,M7.5 浆砌片石砌筑。

a. 测量放线:排水沟、边沟在工程施工前应结合施工设计及工程实际,充分考虑沟的纵坡、排水能力及排水走向,根据路基中心线,放出排水沟、边沟的位置,同时要注意兼顾线形美观、整体顺直,经监理工程师认可后,方可进行施工。

b. 基槽开挖:排水沟、边沟的基槽开挖,采用人工或机械开挖,基槽开挖完毕后,基底应拍打夯实。

c. 砌筑:采用浆砌片石砌筑,片石在砌筑前进行"打面",以使表面平整。砌筑片石要结合紧密,中间用砂浆填充,以免渗水。砂浆勾缝应平顺,避免影响美观。

d. 拦水埂:其土方可采用排水沟挖方土夯实、填筑。

③路面排水

路面排水主要指路面表面排水和中央分隔带排水。

中央分隔带排水由纵向排水沟、碎石盲沟、集水井和横向排水管组成。

a. 横向排水管的施工。横向排泄水管可在路面底基层施工完成后进行施工,其主要施工顺序为:基槽开挖→铺设横向排水管→土方回填夯实。施工时因与中央分隔带施工不同步进行,应保护好管头,以免堵塞,待中央分隔带施工时再进行连接。土方回填采用人工夯实,多余土方外运。

b. 纵向排水沟、碎石盲沟、集水井的施工。纵向排水沟、碎石盲沟、集水井施工可在路面基层完成后进行,主要施工的顺序为挖基(开挖集水井)→铺沥青土工布→$\phi 5cm$ 软式透水管→碎石层→渗水土工布→路缘石安装→土方回填。施工时要注意清扫路面,以免污染路面基层的表面。

④施工技术措施

a. 防护及排水工程所需材料规格、质量必须符合设计及规范要求,经质量检查合格后方可大量组织进场。开工前编制详细的施工技术方案,并履行报批手续。

b. 对于隐蔽工程,须经监理验收确认后方可隐蔽或进行下道工序施工。

c. 浆砌工程的几何尺寸、铺砌厚度、砌筑高程均应在严格的测量控制下进行,其误差值严格控制在允许误差范围之内。

d. 污工砌体及浇筑后的混凝土,应及时进行洒水保湿养护,当其强度达到设计强度的70%以上,方可进行下道工序施工。养护时间一般不少于7d。

e. 如实际地形发生变化与设计不符,应事先征得监理同意,并在变更签认的情况下才可组织施工,确保砌体的稳定性和排水畅通。

f. 所有浆砌挡土墙及护面墙,均应按设计要求,认真做好泄水孔、反滤层及渗水肩沟的设置,确保砌体的安全性和稳定性。

(4) 质量控制与检验

①开工前认真做好所需材料的抽样检验和试验等工作,砌筑砂浆及混凝土配合比应提前28d进行试配试验,为正式施工提供准确的施工配合比。

②施工期间砌筑砂浆及混凝土的配制与搅拌,应计量准确,搅拌均匀,严格控制其水灰比和搅拌时间,防止离析。每个工作班或施工部位,要预留不少于2组的抗压试块,进行7d及28d的抗压试验,作为质量评定的依据。

③涵台地基承载力、沉降缝、防水层、台背填土、盲沟设置必须符合设计及规范要求,砌缝砂浆均匀饱满,填缝密实,以及涵身直顺、涵底铺砌密实平整,进出口衔接平顺,排水畅通。

④构造物、排水沟的轴线偏位,结构尺寸,流水面高程,顶部高程,长度及孔径,利用经纬仪、水准仪、直尺按规范要求进行检测,其误差值严格控制在允许误差范围之内。

⑤边坡植草要具有适宜的土质,种植均匀,生长良好,并认真做好质保期内的养护及修整等工作。

(5) 质量保证措施

为了确保工程质量达到优良、争创部优工程目标,应采取以下质量保证措施。

为了保证全员参与质量管理,全过程实施质量监控,保证质量目标的实现,根据ISO9002质量保证标准,结合本工程的实际情况,特制定以下质量保证体系及运行方式,拟在生产服务中执行。

①质量控制体系:由指挥部、质检站、工程监理、项目经理部质保部门共同完成对工程质量的控制。

②项目质量管理组织机构及职责。

项目质量管理组织机构:成立以项目经理为主要责任人的质量领导小组,全面负责本工程的全过程质量控制。

a.项目经理职责:履行合同,执行质量方针,实现工程质量目标;组织建立和完善项目管理机构,明确项目管理人员职责,建立健全项目内各种责任制;组织项目质量策划和质量计划的编制、实施及修改工作;组织制定项目其他各项规划、计划,对工程项目的成本、质量、安全、工期及现场文明施工等日常管理工作全面负责;合理配备并组织落实项目的各种资源,按ISO90002质量体系要求组织项目的施工生产活动;协调项目经理部和业主之间的关系。

b.质量副经理职责:在项目经理领导下,负责本工程的质量管理工作。

c.生产副经理职责:负责完成本工程的安全生产工作,履行项目经理赋予的质量职责。

d.总工程师职责:组织项目人员进行图纸会审(包括图纸收发);主持编制施工组织设计,并发放至有关部门和人员;组织项目各项规划、计划的制定,协助项目副经理进行工程项目的成本、质量、安全、工期及现场文明施工等日常管理工作;负责项目技术协商,处理设计变更有关事宜;主持质量事故和不合格品的处理;组织检查评定工程质量;统计技术选用。

e.综合办公室职责:负责职工培训和文件收发、登记和管理。

f.工程科职责:负责编制施工组织设计,并发放至有关部门和人员,组织编制作业指导书(技术交底),并逐级交底至作业班组;负责图纸的发放;参加图纸会审并将图纸会审记录发放至图纸持有人;负责项目竣工技术资料的收集、整理和归档;负责项目的技术复核工作。

g.中心试验室职责:负责原材料、半成品的检验和试验,并对试验和检验的结论负责;按规定做好施工现场材料、半成品的试验、检测工作;根据ISO9002质量体系文件要求,做好各种试验资料的编制、归档工作;负责检验和试验设备的检测。

h.测量部门职责:组织本工程测量定位、放样、放线,并做好复核,对测量结果负责;负责测量仪器的检测。

i.质量科职责:严格执行国家、行业和地方政府主管部门颁发的质量检验评定标准和规范,行使监督检查职能;巡回检查,随时掌握辖区内的工程质量情况,对不符合质量标准的情况有现场处置权;组织分部分项工程的检查验收与评定,对发现的不合格品应及时报告工程负责人,参加制定处理方案,并验证方案的实施效果;行使现场质量处罚权。

j.安全科职责:负责本工程的安全计划的实施,保证施工生产的顺利进行。

k.生产调度科职责:认真贯彻执行国家各项施工规范及规程,参与质量管理工作;参加隐蔽工程验收和分项工程的质量评定,并在施工中认真组织好班组自检、互检、交接检工作,逐日填写施工日志;严格按施工规范和操作规程指导施工生产;工程竣工后协助项目经理做好单位工程成本分析,总结经验并参加竣工验收;负责竣工后工程的维修服务工作。

l.物资供应科职责:严格遵守国家法令法规,执行上级业务部门的规章制度和管理办法;负责工程材料供应商的评价、订货及供应工作;按照材料的管理办法编制各种报表,记好各项台账;负责采购及业主提供材料的质量验收;做好材料的标识,保证材料的可追溯性;按照ISO9002系列程序要求整理有关资料。

m.机械动力科职责:负责机械设备的保养、维修,保证机械设备处于良好使用状态。

n. 合同预算科职责:组织工程合同的评审,参与工程合同的签订。

(6) 组织保证措施

①建立以项目经理为首的质量保证体系(详见质量保证体系控制框图),确立以质量为主的管理方针,推行全面质量管理,按照 ISO9002 质量标准进行管理。建立由项目经理、项目总工和技术人员、测量、试验人员、施工人员组成的施工质量管理小组,并在各施工队建立 QC 小组、强化过程控制,使工程质量在 PDCA 循环中不断提高。使每道工序始终处于受控状态。

②开工前编制比较完善的施工组织设计,报业主审批后,认真组织实施。对一些关键部位和分部分项工程要编制详细工程施工方案。

③项目经理部建立完备的工地中心试验室,严格检测手段,做好材料进场、标准试验、工序检测等工作,严格控制工程质量。

④加强质量的检查验收,建立质量否决权制度,把质量考核与职工绩效挂钩,严格工序报验,分级把关,工序报验不合格,不得实施下一道工序。具体为:

a. 由指挥部、质检站、工程监理、项目经理部质量部门共同控制工程质量,形成质量监督体系。

b. 本工程成立以项目经理为组长的项目质量领导小组,全面负责质量管理工作。

c. 设立质量管理部门,选派业务水平较高、实践经验丰富、工作作风踏实的质量管理人员充实质量管理岗位。

d. 质量部门主要控制,施工队专职质量员专职管理,各施工班组质保小组参与,实施施工全过程质量监控。

e. 严格质量管理制度,坚持"把六关""五不准"及"交底制""三检制"制度,使工程始终处于受控状态,确保工程质量。

"把六关":施工方案关;材料进场关;技术交底关;检测计量关;工序交接关;质量验收关。

"五不准":无施工组织设计不准施工;不合格的原材料、半成品不准使用;技术交底不清不准施工;检测数据有怀疑不准施工;上道工序不符合质量标准的不准进行下道工序施工。

f. 制定各专业、各层次的工作岗位责任制,公布上墙,使各级质检人员有章可循。

g. 强化质量意识,开展争创名优工程的全员质量意识教育,加强规范规程、质量验评标准的学习。

h. 建立质量例会制度,定期召开质量分析会。

i. 各班组成立 QC 小组,开展群众性的质量攻关活动。

j. 对重点和难点工序,如灌注桩混凝土浇注、墩柱、预应力空心板预制、箱梁等分项工程施工前,应编写作业指导书,并实行旁站。

(7) 技术保证措施

①贯彻国际标准 ISO9002 质量保证体系、编制切实可行的各专业质量保证计划,作为该项目施工过程中实施质量保证和质量控制的纲领性文件。

②认真学习设计文件,严格按图纸施工。认真执行规范、规程、标准。精心编制施工组织设计、施工方案。

③坚持图纸会审和技术交底制度,最大限度地把可能出现的问题消除在施工前。

④强化计量管理和实验检验管理。

⑤坚持样板引路制度,样板验收合格后再进行大面积施工。

⑥做好各项质量记录工作,保证质量记录的完整性。

(8) 主要分部分项工程质量保证措施

①检验、检测

a. 按照土工试验规程,路基的现场压实度检查试验方法采用核子密度仪法、环刀方法或灌砂法。

b. 按规范规定对闪光对焊,电渣焊的焊接接头抽样检查。

c. 结构所用水泥进场复试,混凝土集料常规指标测试及抗冻试验。水泥混凝土的抗压强度试验。

d. 支座在安装前进行力学性能试验。

e. 设立符合规范规定的现场标养室。

②材料质量控制措施

a. 下列材料不得使用:未经检验、试验和紧急放行的材料;检验和试验不合格的材料;无标识或标识不清楚的材料;过期失效变质受潮破损和对质量有怀疑的材料,需代用未办理代用手续的材料。

b. 钢筋、钢绞线必须有材质证明、准用证、复试合格报告,原材料必须有规格、炉号等标识。

c. 水泥必须有材质证明、准用证、复试合格报告。

d. 砂石必须有出厂合格证及复试合格报告。

e. 防水材料必须有合格证和认证书,工艺标准,复试合格报告。

f. 其他材料必须按相关规定做好质量验收。

③主要施工技术措施

a. 定位放线:施工测量的精度应符合现行《公路勘测规范》(JTG C10)的要求,还应符合公路各分项工程施工规范。进场后对导线点、水准点、桥梁结构物中心桩复测,严格控制测量精度。各导线点、水准点应保证通视,并用混凝土加以固定和保护。

b. 土方工程:挖方区控制土方开挖深度,防止原土扰动。无论工程量多大,均严禁用掏洞的方式取土。当因气候影响使得挖出的材料无法按照规范的要求用于填筑路基和压实时,停止开挖直至气候条件转好。

c. 模板工程:选择优质材料制作定型钢模板和钢框镜面竹胶板,保证模板刚度(以防浇注混凝土时有明显挠曲和变形)和平整度。

模板接缝采用海绵压缝,内模用薄塑料胶带粘贴。

模板内无污物、砂浆和其他杂物。使用前涂脱模剂。重复使用的模板在每次使用完后,均应检查修复创痕,钢模要涂油防锈。

不承重的侧模,应在混凝土强度保证表面及棱角不损坏的情况下拆除,一般在混凝土强度达到 2.5MPa 时方可拆除侧模。

d. 竖向支撑架:对受力杆件进行计算,保证具有足够的刚度、强度和稳定性,支架搭设完毕后做等荷载试压确保受力安全,并处理基层保证不下沉。混凝土浇注过程中,随时测量和记录支架变形和沉降量。承重支架应在混凝土强度能承受自重时方可拆除,一般混凝土强度应达到设计强度的 75%。

e. 钢筋工程：钢筋加工必须做到分批分量集中加工，配料采用连续配筋，成型以后的成品、半成品应挂牌标识，不同型号、规格应分别堆放。

钢筋的纵向焊接采用闪光电弧焊。焊缝长度按桥涵施工规范执行。

f. 结构混凝土工程：混凝土各种材料均应控制称量，允许偏差±2%。重要构件混凝土运输全部采用泵送，符合有关规定。

混凝土应分层浇注，每层浇注厚度应控制在300mm内，振捣密实。在前一层初凝前浇注振捣，以免产生冷缝。为了防止混凝土离析，将混凝土落差控制在2m内，配合使用导管、料斗等完成。混凝土浇注期间，有专人检查支撑、模板、钢筋、预埋件的稳固情况，发现松动、变形及时处理。混凝土初凝后，模板不得振动，伸出的钢筋不得承受外力。

混凝土养护时间最少7d。

根据工期要求或天气情况，混凝土需添加外加剂时，应提前做配合比实验，并报请监理工程师审批。使用要求应符合有关规定。

（9）工期保证措施

为保证施工按计划顺利进行，应做好以下几方面的工作：

①抽调主要技术骨干组成项目经理部，具体负责工程的计划、组织、协调、指挥和管理。保证形成一个有整体实力的班子。

②做好施工力量调配工作，我公司将在收到中标通知书起立即进行人力、物力、机械的动员工作，积极抽调各方面的施工机械和队伍，确保施工力量的投入。

③进入施工现场后，项目班子积极与业主和地方政府联系，落实前期施工准备工作，使工程顺利开展，同时积极理顺各方面的关系，使施工取得良好的外部环境。

④施工中积极做好施工人员、机械的落实，项目部成立后立即按计划落实施工机械和各种施工力量。

⑤做好施工计划工作，在施工期内，各项工作有序开展，编制周密的施工计划，项目部将整个年度计划分解到月，然后由施工作业队分解至周，形成详细的施工措施，加以落实。在实施中，项目经理部将定期检查进度完成情况，及时调整施工力量部署，形成以周保旬，以旬保月的计划管理体系。

⑥建立健全各项责任制，积极开展各种劳动竞赛活动，坚决贯彻按劳取酬为原则的分配制度，把广大职工的积极性调动起来，同时根据季节特点及时调整作业时间，保证施工力量充分利用。

⑦抓好重点环节施工，本合同段施工应做好以下几个方面：一是前期施工准备工作量大线长，必须加大前期施工准备的力度；二是特大桥工程量大，技术含量高，必须严密组织，精心合理安排施工；三是构造物工程必须先期尽早施工，尽快实现全线路基贯通；四是路基土方工程，必须加大施工机械的投入；五是防护工程量大线长，必须引起高度重视。

（10）冬、雨季施工措施

①雨季施工措施

a. 土方工程

道路工程在雨期施工应适当缩小工作面，土方采用随挖、随运、随铺、随压实的方法，尽量当天施工当天成活，妥善安排好现场的排水和交通，切忌在全线大挖大填。

施工地段低洼而又无排水设施,应设临时泵站,配置10台潜水泵以备雨期抽水,用排水沟将雨水按地形汇集到适当地点,用临时水泵将水排出施工地段。

路基填土每日完工前,应将表面整平作横坡并压实,以避免积水浸软路基。填土施工中遇雨要立即用机械摊平排压并留出横坡或将来土堆成大堆,存于高处,以免雨水浸泡。

雨后基坑内雨水、污泥必须全部排除后,才能进行下一道工序施工,禁止雨天作业,以保证施工安全。根据工程特点,合理安排机具和劳动力,组织快速施工。

取土坑及集中取土地段应设排水设施和临时交通道,避免雨后积水影响汽车运输,造成工程停工。

填土施工中遇雨应认真对填土排压,雨晴立即开犁翻晒,充分利用两次降雨间隙,突击成活。切不可观望等待,坐失良机。

雨期施工应设专人负责气象联系,及时收听气象台站天气预报,以供施工参考。

b. 钢筋、钢绞线工程

钢筋堆放场地一定要保持整洁,钢筋应摆放在砖垄上,避免被雨水浸泡、被污泥污染,在下雨之前一定要将钢筋覆盖保护。

钢筋要集中统一堆放,禁止乱扔乱堆,钢筋堆放场地一定要设置在地势比较高的位置,而且排水设施齐备。

准备大量雨具,在大雨来临之前进行全封闭覆盖,避免被雨淋湿生锈。

钢筋加工区一定搭设钢筋棚,闪光对焊一定在钢筋棚中进行,对刚焊出的钢筋更是禁止浸水及被雨淋,大雨大雾天气禁止闪光对焊;电渣压力焊钢筋,应选在无风、雨、雾天气中进行,防止钢筋的受力性能改变。下雨天绑扎钢筋,一般不影响钢筋质量,但工人上下班、搬运钢筋时一定注意避免将污泥带到钢筋网片上,如果钢筋被污染,一般采用用水冲洗、钢丝刷刷除的方法。

c. 混凝土工程

尽量避免在雨天浇筑混凝土,准备适当的防雨用具,如遇到大雨,应立即停止混凝土的浇筑并对已浇筑混凝土进行防雨处理。

如确因技术问题不能停止浇筑,应在防雨用具下进行混凝土浇筑,因此现场必须备足防雨布。对于被雨水冲掉面层的部位,应在雨停之后撒1:1干水泥砂浆,用铁抹子抹平。

雨后浇筑混凝土要根据砂石含水率调整搅拌用水量。

d. 各种设备、机具雨期维护

做好桁架、脚手架等各种高耸设施、物件的防雷与防台风措施,排架四周设置排水沟及挡水坝,及时疏通雨水以防止架子下沉。

进入现场设备材料避免堆放在低洼处,露天存放的要垫高加帆布盖好。及时对各种设备进行维修刷油,保证正常运转电气设备搭设防雨棚,防止损坏设备。

工程模板堆放一定要整齐,禁止乱扔乱放,防止变形,特别是竹胶大模板,一定要防止雨淋。做好雨后防滑保护措施。

②冬期施工措施

当室外昼夜平均气温连续5d稳定的低于+5℃时或日最低气温低于0℃时,桥涵工程和混凝土工程即进入冬期施工;在反复冻融地区,昼夜平均温度在-4℃以下,连续15d以上时,路基进入冬期施工,实施冬期施工措施。

a. 桥梁及构筑物工程冬期施工

提前做好各种等级防冻混凝土配合比的试验试配和审批工作,掺加早强剂、复合防冻剂等,降低混凝土的冰点,促凝早强。

混凝土拌和前,将水进行加热(不超过80℃)并延长搅拌时间,必要时在储料场搭设暖棚,用圆筒大火炉升温,使集料温度保持正常温度,提高混凝土拌合物的出机、入模温度。

加强搅拌设备和运输机械的保温工作,尽量减少混凝土的运输和浇筑时间,浇筑过程中按要求设置测温孔,设专人加强混凝土的连续测温工作并详细记录,发现问题及时采取措施保温。

在混凝土终凝前对表面进行二次甚至三次抹压(先清除表面泌水、刮平、木抹子拍打抹平),以消除因泌水及早期收缩产生的裂纹。

视结构物形式和环境条件不同灵活采用蓄热法、碳化硅板裹覆法、石灰锯末加热养护法等方法进行保温、蓄热养护,并增加草袋、塑料薄膜的覆盖层数和厚度,加快混凝土强度的增长。

冬期施工混凝土的养生禁止洒水,对迎风部位要加强保温。

高强混凝土、预应力混凝土以及重要结构物混凝土的施工尽量在常温季节进行,以保证其质量和总体施工进度。

气温低于-10℃时室外钢筋工程禁止施焊,钢筋加工场应加强保温,保证正常作业,所焊接的接头必须注意防止与雨雪直接接触。

b. 路基及防护工程冬期施工措施

冬期路基及其他构造物填料选用未冻结的砂砾土或黏性土,每层松铺厚度按正常施工减少20%~30%,且最大不超过30cm,当天填土当天完成碾压。

冻土开挖需先刨除表面冻土,达到设计高程立即夯实成型。

提前施做临时或永久排水设施,及时排除积水,防止冻害。

砌体防护工程的砌筑施工采用耐寒砂浆,并根据湿度变化加强覆盖保温。

c. 鉴于道路工程受外界环境气候条件影响较严重。为此,在开工之前或施工期间,均应认真做好施工现场临时排水工作,保证临时排水系统畅通。

d. 开工前在作业区或汇水面的上游及在沿路基纵向两侧开挖一定深度的截水(排水)沟与原有水系联通,将雨水引到施工区以外,防止雨后积水造成路基浸泡。

e. 认真做到雨前有预防,雨后有行动。随时掌握天气变化情况,注意收看天气预报,雨前雨后及时安排人员对各种排水系统进行检查,保证排水畅通。特别注意施工材料的管理,尤其是水泥等易潮的材料要妥善保管,建水泥库,并作好水泥库通风,防水工作,钢筋应架空并加盖雨布,防止锈蚀。

f. 组织由经理部、基层分公司、工程处参加的防洪抢险队。由项目经理担任抢险队队长,负责统一指挥抢险工作,并与业主积极配合,防止发生任何水患事故,确保施工安全。

g. 在施工现场,配备足够的排水设施和机具,并保证处于完好状态,一旦发生水患,及时启动。

h. 路基土方施工时,运到路基上的填料要当天摊铺、当天碾压,当雨后土方填料含水率较大时,要采取翻松晾晒措施,并认真进行土壤含水率检测,将土壤含水率控制在最佳含水率范围之内,严禁使用不适宜材料作为路基填料。

i. 在填筑区填土前,应对雨前填筑面层进行复压,经检查合格后,进行下一层填筑。

(11) 文明、安全施工措施
略。

第四节 实施性施工组织设计示例

实施性施工组织设计是指导公路工程施工生产的重要技术经济文件。

本节以某高速公路 A 标段施工为例,说明在施工单位施工阶段编制实施性施工组织设计过程中应该考虑的主要问题。为适应教学,对原工程内容作了适当的调整,对原文中与施工技术课程有关的内容进行了精简。

一、工程概况

该工程位于广东某市,南连广清高速公路,北连清连高速公路,与清连高速公路、广清高速公路一起构成了广东省南北向交通大动脉,是广东省高速公路网规划的"六纵"的重要组成部分。主线为双向四车道高速公路,设计速度120km/h,整体式路基宽度26m,分离式路基宽度为 $2\times 13m$,主线长度为 57.9km,本标段长度为 8.2km;桥梁 7.568km/32 座,本标段为1.536 km/5 座,互通式立交 1 座,收费站 1 处,监控管理所、养护工区、隧道监控管理所、服务区 1 处。

1. 主要工程量

路基土石方工程:清理现场 215 811m^2,路基翻挖回填约 53 953m^3。路基填筑:填土方约 53 万 m^3。桥梁工程:32m 预应力空心箱梁 108 片,下部采用柱式墩,桥台采用桩柱式桥台,C40 混凝土 10 256m^3。30m 长 1.6m 直径钻孔桩基础 126 根,30m 长 1.6m 直径钻孔桩基础 86 根。排水、通道及涵洞工程:涵洞 64 道,其中 $\phi1.25m$ 钢筋圆管涵 26 道;$\phi1.5m$ 钢筋圆管涵 28 道,盖板涵 8 道。M7.5 浆砌片石排水沟约 12 569m^3。防护工程:M7.5 浆砌片石 2 989m^3;植草皮及播草粒 48 376m^2。路面工程:4cm 细粒式沥青混凝土(AC-13-I)156 864m^2;中面层 5cm 中粒式沥青混凝土(AC-120I)59.871$\times 10^3 m^2$,8cm 粗粒式沥青混凝土(AC-30-I)110 448m^2,下封层 156 864m^2,32cm 石灰粉煤灰碎石基层 121 769m^2,底基层 20cm 厚石灰稳定土 189 706m^2,路缘石预制 933m^3。

2. 地形、地貌

本工程位于第四系全新统冲积层,表层 1.5~4m 为亚砂土,下部为粉砂土。地下水位较高。地势比较平坦,高程一般均在 4.5m 以下。

3. 气象

路线所在地区属于亚热带的沿海区域,季风盛行,四季分明。冬季以寒冷少雨天气为主、夏季以炎热多雨天气为主,春秋两季为冬夏两季的交替时期,常出现冷暖、干湿的天气。适合施工生产。

4．工期安排

2017年3月～2018年9月。

二、施工总体布置

1．施工管理机构

为保证本合同段工程优质、快速、安全地建设，某公司组织有多条高速公路施工经验、精干高效的管理人员和施工队伍组成项目经理部，围绕本工程既定目标，实施项目法施工管理。拟由该公司张××同志担任项目经理，有高速公路和桥梁工程丰富施工经验的高级工程师王××同志担任项目总工程师。项目经理部下设五科一室、两个路基土方工程处、一个桥梁工程处、一个混凝土拌和站、一个路面工程处、一个排水防护工程处、一个小型构件预制场。

2．施工段的划分

根据本标段施工特点和总体工期安排，经合理平衡调配施工力量，我们拟将本标段工程划分以下几部分。

路基工程处：负责全标段的路基施工，路基全长7.05km，填、挖方总量约53万m^3。

桥梁工程处：负责本标段两座中桥的施工。

混凝土拌和站负责全线混凝土工程的供应。

排水防护工程处：负责本标段内4座涵洞，3座通道及防护排水工程施工。

路面工程处：负责路面工程的施工。

小型构件预制场：负责本标段的全部预制构件的预制。

各分项工程进度安排见表8-1。

各分项工程进度安排表　　　　表8-1

序号	工程名称	施工工期（d）	起止时间
1	施工准备	30	2016年5月8日～2016年6月5日
2	路基清表、修筑便道	60	2016年6月5日～2016年8月4日
3	路基开挖及回填	432	2016年6月25日～2017年8月31日
4	箱涵、板涵	330	2016年7月5日～2017年5月31日
5	排水及防护	463	2016年6月25日～2017年9月31日
6	桥梁工程	730	2016年6月30日～2018年6月1日
6.1	桥梁桩基	335	2016年6月30日～2017年5月31日
6.2	桥梁墩台	334	2016年9月1日～2017年8月1日
6.3	桥梁盖梁、垫石及支座	365	2016年10月1日～2017年9月31日
6.4	桥梁梁体预制	485	2016年12月25日～2018年2月25日
6.5	桥梁梁体安装	454	2017年3月1日～2018年4月1日
6.6	桥梁湿接缝及桥面铺装	485	2017年3月1日～2018年5月31日
6.7	桥梁护栏及搭板	427	2017年4月1日～2018年6月1日
7	路面工程		2018年6月1日～2018年10月1日

3．现场布置

根据招标文件提供的有关资料，经现场实地考察，结合本工程实际情况，项目经理部位置考虑到交通便利及整个标段工作重点的均衡,拟设在主线 K21+500 北侧附近,占地约 2 000 m²。在两中桥处各设 45 m³/h 混凝土拌和站一处,主要为桥梁和小型预制构件提供混凝土,占地各约 1 333 m²。在两中桥桥台台后路基上各设一个板梁预制场,占地均为 2 000 m²。修筑足够的便道通往取土场或施工地点,为考虑施工机械进场,遇到河流及沟渠设置临时便涵。便道总长暂按 7.05 km 考虑。

4. 总体施工组织

本合同段工程量大,技术要求高,施工工期紧,工序交叉多,我公司将精心组织,合理布置,投入精良的施工队伍,以确保工程顺利进行。

(1) 路基工程

路基施工范围是 K15+000~K19+012.748 段。主要工程量为路基挖方 50.42 万 m³、填方 61.54 万 m³、借方 16.3 万 m³。本段路基计划开工时间为 2016 年 6 月 20 日,计划完工时间为 2017 年 6 月 1 日。

施工顺序为:施工准备→路基处理→开挖、装土方→运输→检查含水率及松铺厚度→整平、碾压→压实度检验。

(2) 桥梁工程

箱梁预制安装拟投入 2 支施工队伍,先期准备预制大道大桥、清河大桥。预制场设在路基 K16+750~K18+050 段,计划投入 75t 龙门吊 4 套,100t 架桥机 1 台,无轨运梁小车 3 套。梁场于 2016 年 12 月 25 日建成投产。

桥梁下部拟投入钻孔施工和桥梁上部施工队伍 1 支,根据施工队的能力,适时调整,确保 T 梁、板梁架设按工期完成。

施工准备→测量放样→基础施工(梁体预制)→墩台施工→盖梁施工→支座安装→梁体安装→桥面铺装、护栏→附属设施。

(3) 防护及排水工程

本合同段防护及排水工程按路基工程划分进行施工,在路基开挖时首先进行截水沟的施工,并做好临时排水;排水沟在路基填筑完成后进行砌筑;路基防护在路堑段开挖完成后,及时进行砌筑;路堤段在路基沉降稳定后,及时进行刷坡砌筑边坡防护。

施工准备→测量放线→基坑开挖→基底处理→承载力试验→浆砌片石挂线砌筑→验收。

(4) 总体施工进度安排

本工程段合同工期为 30 个月,按 2016 年 6 月 26 日开工计算,项目完工时间为 2018 年 12 月 26 日。根据建设单位下达的工程工期结合建设单位交付的施工用地及当地施工便道情况,项目部决定主体先期施工 K59+451.31 大道大桥、K16+475.87 清河大桥,随着纵向便道的打通,将加大人力、材料、机械的投入,争取完成建设单位制订的 2016 年度计划及保证施工总工期内打造优良工程。

三、项目施工管理目标

1. 工期目标

合同文件计划工期:2016 年 6 月 26 日开工,2018 年 12 月 26 日完工,工期 30 个月。按照招标文件的要求,确保2018年12月31日前完工。

2.安全目标

实现"四无、一消灭、两控制、三确保"。四无:即无工伤死亡事故;无特大交通死亡事故;无重大火灾事故;无重大机械设备事故。一消灭:消灭职工因工死亡事故。两控制:年重伤频率控制在0.3‰以下;年负伤频率控制在0.8‰以下。三确保:确保年度安全目标实现;确保本工程达到安全标准工地的要求;确保符合××省安全样板工地的要求。

3.质量目标

确保分项工程一次验收合格率100%,竣工验收工程质量鉴定达到优良标准。

4.文明施工目标

实现"三清、六好、一保证"。三清:现场清整、物料清楚、操作面清洁。六好:职业道德好、工程质量好、降低消耗好、安全生产好、完成任务好、职工生活好。一保证:保证使用功能。

5.环境保护及水系保护目标

环境保护及水系保护目标:坚决执行"谁主管,谁负责"的原则,从讲政治、促和谐、促稳定的高度,把环境保护工作当作事关全局、重中之重的大事抓紧抓好,切实做到环境保护有措施、有检查,防微杜渐,做好日常各项环境保护工作,把环境保护工作纳入工程建设总目标,营造文明、和谐、安全、环保的施工环境。

6.节能减排目标

最大限度地避免对生态环境的负面影响,节约能源、降低排放。从施工方案、材料利用和施工组织管理等主要方面入手,采取一些节约土地、节能减排的有效措施。

四、总体施工方案

1.路基工程施工方案

地表清理采用机械清表、人工配合的方法。沿地界线挖出排水沟,排除原地面积水,形成临时排水系统。路基土方采用机械开挖,对于石方采用控制爆破、光面爆破等。机械装渣,自卸汽车运输。挖方首先利用就近路基填筑,弃方弃至设计弃土场。路基填筑采用挖掘机、装载机挖装,自卸汽车运输,推土机摊铺,平地机精平,洒水车洒水,压路机压实。施工过程按"三阶段""四区段""八流程"组织施工(图8-1)。

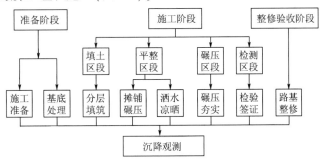

图8-1 路基填筑工艺框图

台背与桥台锥坡同步填筑;对于大型压路机具压实不到的地方,配备小型机具进行薄层碾压,确保路基的压实度。对涵顶面50cm以内填土采用轻型静载压路机压实,以达到规定的压实标准。压实度采用灌砂法和核子密度仪检验,随时对路堤进行沉降观测。

2. 桥梁工程施工方案

本合同段桥梁工程包含中桥、大桥等5座桥梁。桩基础为钻孔灌注桩,下部结构为柱式墩和柱式台,上部结构为先预制后架设32m箱梁;后宅大桥桩基础为钻孔灌注桩,下部结构为柱式墩及肋板台,上部结构为先预制后架设40m T梁;北溪特大桥先施工钢栈桥,桩基础采用钢围堰或草袋围堰钻孔灌注桩,下部结构为柱式墩和肋板台或实体台,上部结构为先预制后架设40m T梁。

3. 涵洞、通道工程施工方案

钢筋混凝土盖板涵涵洞基础采用明挖基础法开挖,人工配合清理基坑。盖板涵基础模板采用组合钢模板拼装成形,混凝土罐车运输混凝土至工地,搭设溜槽浇注基础混凝土。墙身模板采用组合钢模板拼装成形,模板下口搭设滑道小车,模板整体拆装滑移,外侧搭设轮扣支架,内外模用拉杆紧固,用钢架管固定。混凝土罐车运输混凝土至工地,吊车配合料斗入模或泵送入模浇筑。涵洞盖板现浇,沉降缝每隔4~6m设置一道,缝内填以沥青麻絮或不透水材料。

钢筋混凝土箱涵基坑开挖采用人工配合机械放坡开挖,连续进行。箱身采用C35防水混凝土箱体,抗渗等级P6。模板采用组合钢模板,支架采用碗扣式满堂支架,混凝土采用拌和站拌和,混凝土罐车运送。伸缩缝按5m设置,设置时垂直于箱轴线位置全断面。

4. 防护及排水工程施工方案

本项目路基防护为路堤人字形骨架护坡、路堤喷播植草、桥头空心六棱块防护及混凝土挡墙防护。排水有边沟、排水沟、引水沟及急流槽。

喷播植草坡面采用湿喷法喷植,将植物种子、土壤稳定剂、肥料、覆盖料、添加剂等材料和水按一定比例加入喷播机内,充分搅拌混合,然后用喷枪将混合物均匀喷射至土壤表面。喷播后定期洒水养护直至草籽存活。

人字形骨架防护边坡采用样架法施工,护脚镶面石,表面花锤修凿平整,石块之间彼此镶紧咬合,砂浆饱满。骨架肋柱采用挂线法施工,分两层砌筑,先用片石铺底,再用料石镶面。骨架砌筑采用样架法施工,砌筑顺序由两侧拱脚向拱顶合龙。

混凝土挡土墙基础采取分段跳槽开挖,分部分段立模浇筑。伸缩缝或沉降缝、泄水孔及反滤层按设计施工。墙趾部分的基坑,在浇筑出地面后立即回填,墙背顶部及时封闭。挡土墙采用分段跳槽开挖,组合钢模板内衬宝丽板分段浇筑。

排水沟、截水沟采用人工挖沟槽,沟底采用平板振动夯振击密实,急流槽采用人工挖基。排水沟、挖方平台沟采用C20混凝土预制,边沟急流槽采用M7.5浆砌片石砌筑。浆砌片石采用挤浆法施工,机械搅拌砂浆。排水沟分段施工,分段成形,在雨季严禁长段开挖,避免排水沟遭雨水浸泡。排水沟的开挖、整修、夯实、砌筑形成流水作业,随挖随砌。

5. 施工任务划分及队伍部署

本合同段工程由该公司组织专业化施工队伍承担施工任务,基本队伍从该公司下属的其他项目部调入。

为确保工期、明确施工任务,本合同段的工程任务拟划分见表8-2。

施工任务划分表　　　　　　　　　　　　　　　　表8-2

序号	名称	施工任务	劳力配备(人)
1	桥涵施工队伍	大道大桥、下湾大桥、清河大桥、南岭中桥、上庙大桥	200
2	路基施工队伍	K16+070~K19+012.748	30
3	涵洞施工队伍	K16+070~K19+012.748	60
4	综合施工队	制梁场及小型预制构件厂	80
合计			370

以上4个施工队在经理部的统一领导下,既分工负责又相互协作,按期优质地完成本合同工程。施工人员共409人(其中项目经理部39人),施工高峰期,不足劳动力在其他项目中调配。

6. 主要临时工程布置

根据工程分布、组织机构设置、任务划分及现场调查情况,本着利于环境保护、满足施工、节约投资的原则。主要临时工程数量表见表8-3。

主要临时工程数量表　　　　　　　　　　　　　　　　表8-3

序号	工程名称	单位	数量	备注
1	新建施工便道	公里	4.9	
2	临时住房	m^2	1 200	拌和站、梁场、钢筋场
3	办公等公用房屋	m^2	1 500	驻地、拌和站、梁场
4	拌和站、预制场	m^2/座	20 000/1	
5	变压器	台	3	
6	工地试验室	m^2	1 200	驻地一楼

箱梁预制场设置在K18+750~K19+050段路基上,设置32个台座。

因本标段桥梁主要位于线路小里程,拌和站选址位于郭坑镇扶摇村小里程方向,距项目部4.5km,距主线清河大桥500m,距标段起点580m,标段终点4.2km。

施工便道施工时,便道路基尽量利用红线,利用路基水沟和红线隔离带位置布置,便道设计宽度为6m,下垫0.5m厚的山劈石,路基外侧设临时排水沟。桥梁位置在红线外一侧征地4m利用红线内1m设置,便道设计宽度为6m,下垫0.5m厚的开山石渣。利用的原有县道和乡村道路主要有:生活用水利用当地村庄水源;在其他各工点设置水池、水箱。全线路周边电力网络丰富,主线用电方便,根据现场的实际情况考虑。上庙大桥临近预制梁场,桩基采用冲击钻施工配置一台630kW变压器。清河3号墩及钢筋场配置一台630kW的变压器,下湾大桥配置一台500kW的变压器。

五、施工进度安排

施工进度安排见图8-2工程进度计划横道图和图8-3工程进度率计划(斜率图)。

序号	工程项目	开始时间	完成时间
1	施工准备	2016年5月8日	2016年6月5日
2	路基清表、修便道	2016年6月5日	2016年8月4日
3	路基开挖及回填	2016年6月25日	2017年8月31日
4	箱涵、板涵	2016年7月5日	2017年5月31日
5	排水及防护	2016年6月25日	2017年9月30日
6	桥梁工程	2016年6月30日	2018年6月1日
7	桥梁桩基	2016年6月30日	2017年5月31日
8	桥梁墩台	2016年9月1日	2017年7月1日
9	桥梁盖梁、垫石及支座	2016年10月1日	2017年9月31日
10	桥梁梁体预制	2016年12月25日	2018年2月28日
11	桥梁梁体安装	2017年3月1日	2018年4月1日
12	桥梁湿接缝及桥面铺装	2017年3月1日	2018年5月31日
13	桥梁护栏及搭板	2017年4月1日	2018年6月1日
14	路面工程	2018年6月1日	2018年10月1日

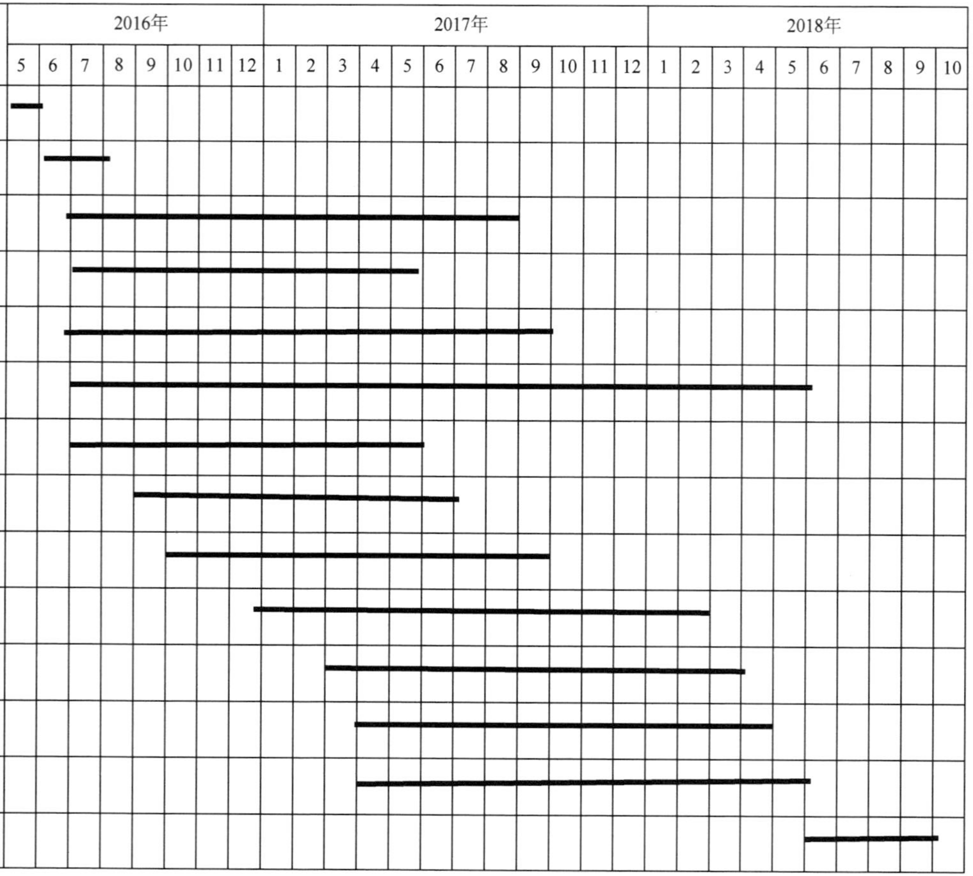

图 8-2 工程进度计划横道图

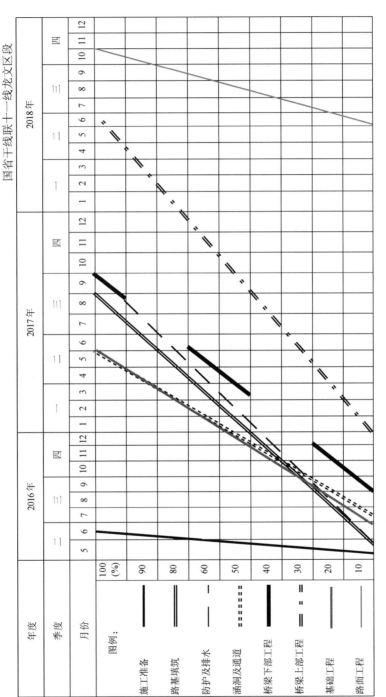

图 8-3 工程进度率计划（斜率图）

六、资源配置

1. 主要劳动力资源配置计划

本工程计划总投入人员 340 人(含项目部 45 人),2016 年 5 月进场,2016 年 10 月达到施工高峰,2018 年 12 月人员退场。施工高峰期所需劳动力由该公司内部调整。

2. 主要物资及周转材料计划

主要物资通过市场购买来配置,详细计划详见专门的物资机械配置计划。

周转材料计划如下:预制场梁模型在模板加工厂加工。涵洞钢模板、倒角模板在模板加工厂加工,平模为施工队自有模型。墩身模板从该公司其他项目调转,桥台和异形墩模型在模板场加工。盖梁模板在模板加工厂加工,长 23.3m 盖梁 42 个,需 5 套模型;长 13.3m 盖梁 32 个,需模板 4 套;长 10.10m 盖梁 20 个,需 3 套模型;长 19.99m 盖梁 2 个,需 1 套模板;长 10.495m 盖梁 2 个,需 1 套模板。

3. 主要机械设备配置计划

根据本项目的施工特点及控制工程,项目初步确定拟采用施工机械如下:根据总体施工方案和最佳机械组合,确定机械投入的种类和数量。配置根据以理论计算与实际相结合的方法确定,确保生产能力大于进度指标,即设备数量充足、性能优良、配套齐全,保证机械数量满足工程进度和质量的需要(表 8-4)。

主要设备清单　　　　　　　　　　　　　　　　　　　表 8-4

机械名称	规格型号	单位	数量	运到现场方法	到场时间
挖掘机	SH200	台	4	公路运输	
平地机	PY1802	台	3	公路运输	
推土机	TY220E	台	2	公路运输	
振动压路机	XSM220	台	3	公路运输	
自行式羊足振动压路机	LSS220B	台	2	公路运输	
空压机		台	6	公路运输	
液压油炮机	PC120	台	2	公路运输	
混凝搅拌站	HZS60	台	3	公路运输	
混凝土输送泵	HBT60A	台	1	公路运输	
汽车起重机	QY25	台	4	公路运输	
架桥机	DF40m/170t	台	1	公路运输	
张拉设备	YDC1000	台	4	公路运输	

续上表

机械名称	规格型号	单位	数量	运到现场方法	到场时间
冲击钻机	CZ30	台	20	公路运输	
装载机	ZL50C	台	3	公路运输	
混凝土搅拌运输车	TZ516GJB	台	3	公路运输	
轮胎起重机	QY25	台	6	公路运输	
内燃空压机		台	2	公路运输	
电动空压机		台	2	公路运输	
发电机	250GF45	台	4	公路运输	
数控钢筋弯曲加工设备	G2L23	台	1	公路运输	
履带式起重机	50t	台	2	公路运输	
振动锤	DZ-60a	台	2	公路运输	
浮式起重机	150t	台	2	公路运输	
电焊机	BX1-400	台	20	公路运输	
发电机组	250kW	台	1	公路运输	
平板运输车	EQ3092/10t	台	2	公路运输	

4.资金使用计划

本工程拟使用资金计划如下:临时工程建设费用约为1 322万元(含各大桥、钢栈桥),工程材料费用约为25 155万元,机械费用约为5 031万元,劳务用工工资约为8 804万元,工程管理费用约为136万元,安全投入费用约为583万元。

七、主要工程项目施工方案

1.准备工作

在全面熟悉施工图纸和详细调查现场情况的基础上,编制实施性施工组织设计和详实的施工方案,尤其是尧渡河特大桥主桥的施工方案,并提交监理工程师及建设单位审批,为工程全面开展和顺利完成进行打下坚实的基础。

2.路基处理

由于本工程招标文件和招标图纸对特殊路基处理采取何种处理方法尚不明确,根据项目所在地高等级公路软基处理的方法,本工程按碎石垫层+土工格栅+超载预压和粉喷桩处理两种方式考虑方案。

(1)方式一:碎石垫层的材料采用5~10mm的瓜子片碎石,其含泥量不大3%,最优含水率一般控制在 8%～12%。施工时主要采用自卸车运输、推土机摊铺、平地机整平、压路机碾压的施工方法。分两层摊铺碾压,压实机采用 60～120kN 的压路机。

在碎石垫层以上路堤底宽全层满铺土工格栅,它与碎石垫层构成复合加固软基,能有效地提高地基的稳定性,且不可能沿基底面水平向滑动,同时可减少过大的沉降。

超载预压施工时,应严格控制堆载速率,防止地基发生剪切破坏或产生过大塑性变形。为此,在堆载预压过程中应每天进行沉降、边桩位移及孔隙水压力等项目的观测。沉降每天控制在 10～15mm,边桩水平位移每天控制在 4～7mm,孔隙水压力系数 $\mu/p \leq 0.6$,再对其进行综合分析,以确定堆载速率。路基边沟、坡面防护的铺砌和桥头搭板枕梁的浇筑不得在预压期内进行。

(2)方式二:粉喷桩施工前根据设计要求,先平整场地,清除软基处理区域内一切障碍物、石块、树根、垃圾等,并进行清表处理,场地低洼时,应先填低剂量灰土至软基施工高程处。目前所有机械就位地段均已具备开工条件。施工工艺流程如下:

①钻机移至桩位,用水平尺在钻机杆及转盘的两正交方向校正垂直度和水平度。
②水泥过筛后加入灰罐,防止水泥块或其他块状物品进入灰罐。
③关闭粉喷桩机灰路阀门,打开气路阀门。
④开动钻机,启动空压机并缓慢打开气路调压阀,对钻机供气。
⑤观察压力表读数,随钻杆下钻压力增大而调节压差,使后门较前阀大 0.02～0.05MPa 压差。
⑥钻头钻到持力层后,停钻,待水泥粉送至桩底部后反转提升,视地质或其他情况调整转速,喷灰成桩,钻头提至地面时停止供灰。
⑦关闭送灰阀,打开供气阀,钻机正转下钻复搅。
⑧反转提升并将钻头提离地面。
⑨打开阀门,减压放气。
⑩钻机移位,进入下一个设计桩位。

3. 路基填筑

根据施工作业区段划分,两个土石方工程队根据各自负责的区域及工程量,施工机械及人员配备如下:

路基工程处土石方一队,K18+000～K21+500 配备主要施工机械有:反铲挖掘机 2 台,90～135kW 以上推土机 4 台,18～21t 压路机 2 台,YZ16B 振动压路机 2 台,12t 以上自卸汽车 15 台,6 000L 洒水车 2 台,油车 1 台,装载机 3 台,平地机 1 台,各类施工人员 70 人。路基工程处土石方二队,K21+500～K25+050 的路基土方填筑。配备主要施工机械有:反铲挖掘机 2 台,12t 以上自卸汽车 15 台,平地机 1 台,90～135kW 推土机 4 台,18～21t 压路机 2 台,YZ16B 振动压路机 2 台,6 000L 洒水车 2 台,装载机 3 台。各类施工人员 70 人。

施工前的准备工作,包括临时设施的搭设,施工现场障碍物的拆除与清理,疏通临时排水,临时道路修筑及取土的准备工作。施工过程工艺流程图见图 8-4。

4. 路面底基层工程

本标段路面底基层设计主要采用 20cm 厚的石灰土,其摊铺工程量约 6 8813m²,石灰剂量为8%~12%。本标段全线均为填方路基。混合料的组成设计按《公路路面基层施工技术细则》(JTG/T F20—2015)的有关规定进行。

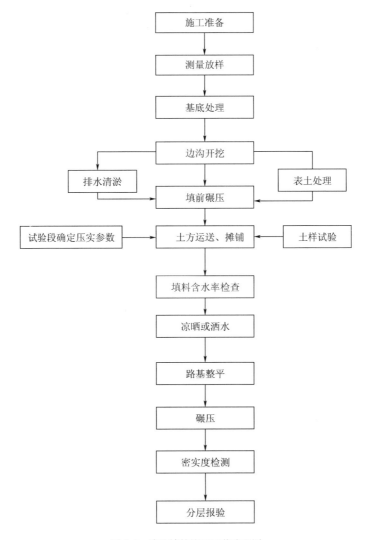

图8-4 路基填筑施工工艺流程图

根据总体施工部署,本标段的路面底基层摊铺施工,主要由先前投入的2个路基工程队,按照划分的施工段分别组织施工。其施工机械及施工人员配备与路基填筑施工情况基本相同。当各施工段路基填筑完成后,经中间验收合格,即可组织路面底基层施工。总体施工工期控制在4个月之内。

主要施工方法及施工程序如下:

(1)按设计质量要求购进石灰,对其按规定频率进行质量检测,并出具书面试验结果,完成混合料配合比试验。

(2)施工放样。对已交验的路基段先恢复路基中线与面层边线,并在边线外侧0.3m处设指示桩,经水准测量在其上标出二灰土的设计高程。

(3)摊铺素土及石灰。在准备好的下承层上均匀平整地摊铺一层素土(厚度由试验段确定),然后用 6~8t 钢轮压路机稳压一遍,接着根据每车灰料的摊铺面积,用石灰打出方格网,根据方格网卸下石灰,并用平地机摊铺均匀。经确认石灰的掺入量与其在混合料中的比例相符后,即可进入下道工序。

(4)拌和整形。在各层料摊铺好并经检查厚度合格后用稳定土拌和机拌和两遍,拌和时应随时检查和调整拌和深度,严禁在底部留有"素土"夹层,也需防止过多破坏下承层表面而影响混合料的剂量及底部的压实,同时应及时检查含水率,使含水率略大于最佳含水率 1%~2%,若含水率不足时应用洒水车均匀洒水补充水分,拌和机应紧跟洒水车拌和,防止水分散失,拌和过程中应辅以人工捡出超尺寸大块颗粒。拌和混合料应色泽一致,没有灰条和花面,没有集料窝,且水分均匀合适。拌和后在水准测量的配合下用平地机初步整平,然后用钢轮压路机快速碾压 1 遍,以暴露潜在的不平整,接着再用平地机仔细整平,并留出设计路拱和纵坡,整形时若发现高程偏低,贴补时则应先将其表面 5cm 的料层耙松,用新拌和的混合料找补平整,整形后混合料的松铺厚度按照松铺系数 1.15~1.2 控制。

(5)碾压、养生。在混合料处于最佳含水率时碾压,若不足可洒水补充。碾压时先用钢轮压路机稳压一遍,再用重型压路机振压 3~4 遍,然后用三轮压路机静压 2~3 遍。检查其密实度,确定是否需要通压,最后用轮胎压路机碾压成形。碾压结束第二天即可开始洒水养生,洒水量以保持面湿润为度,养生期为 7d,养生期间除洒水车外应封闭交通。若下层碾压后能立即施工上层,则无须专门养生。

(6)接缝和调头处处理。两工作段搭接部分,采用对接形式,一段拌和后,留末端 5m 不碾压,第二天施工时,将前一段留下未压部分一起拌和碾压。若第二天不能继续施工的,则在当天最后一端的末端待混合料拌和结束,挖一条与路基宽度一致的槽,槽内放与压实度等厚的方木,方木另一侧用素土回填 3m 长,然后整形碾压,待继续施工下段时,紧接作业段拌和结束后,除去方木,用混合料回填槽口,靠近方木未能拌和部分应人工进行拌和。拌和机和其他机械应尽量避免在压实成形的灰土上掉头,否则需在调头区铺盖一层 10cm 厚的砂砾,以防损坏灰土表面。

5. 路面面层摊铺

本工程采用沥青混合料,分两层通过摊铺机摊铺。

(1)沥青混合料采用集中拌和。对沥青混合料所用原材料要严格检验,不合格的原材料坚决不用。

(2)按放测的指示边桩和高程进行摊铺,以控制面层高程及铺筑厚度,并使接缝顺直、紧密。摊铺机的控制同石灰粉煤灰级配碎石摊铺控制。

(3)热拌沥青混合料的摊铺及压实温度应严格按操作规程控制,对每车进场混合料,由专人进行检查,其内容主要有配比情况、外观(油色)、温度,并认真做好记录。不符合要求的材料不得摊铺。混合料摊铺温度控制:当施工气温≥10℃时,到场温度≥130℃,摊铺温度≥120℃,开始碾压温度≥110℃,碾压终了温度≥70℃。

(4)沥青混合料的碾压顺序是:接缝处碾压→全路碾压→全路复压→全路终压。每次来回轮迹重叠。压路机轻、重机型选择一般为:初压轻型→复压重型→终压轻型。

(5)压路机应从纵向两端进出碾压区域,不得横向从边口进出。碾压原则是先边后中,先轻后重,先慢后快,保证路拱符合设计要求。碾压时,压路机不得在新摊铺的沥青混合料上转向、掉头,左右移动或突然制动,也不得将压路机停在刚压好还未冷却的路面上。碾压过程中轮迹重叠30cm左右,压到无明显轮迹为止。沥青类面层施工后,必须待路面冷却后,方可开放交通。

(6)压路机宜有自动洒水设备,防止混合料粘轮。无自动洒水设备时,可用油水比(1:3)的混合液用涂布抹在滚轮上。不得将柴油漏滴在路面上。

(7)沥青混合料运输途中必须加盖篷布,其目的:一是保温,二是防止雨淋。施工遇雨时及时通知拌和站停止供料,对已铺好的沥青混凝土应立即快铺快压,抢工铺筑。

6. 桥梁工程施工

根据总体施工部署和本合同段桥梁工程设计的结构形式,工程开工前对施工现场需进一步进行调查、核实,编制详细的实施性施工技术方案、项目质量保证计划和材料供应计划,进一步明确工期进度计划、工期控制点,以及关键工序控制和质量检验评定标准,报请监理工程师批准后认真组织实施。

施工前期工作准备内容,主要有施工进场便道、临时供水、供电、生产生活临时用房的搭建、材料堆场的硬化处理、各种原材料的进场检验和试验,以及进场设备的安装和调试,为正式开工做好一切准备工作。

(1)钻孔灌注桩

根据设计和地质资料,本工程所有桥梁钻孔桩均为摩擦桩,不嵌岩。本工程桩基拟采用GPS-15型和GPS-20型循环钻机钻进成孔。钻孔前,在墩位处先平整场地,清除杂物,场地平整应考虑排除地表水,横坡成纵坡。在不影响施工的位置砖砌沉淀池和储浆池。钻孔桩施工顺序先桥墩,后桥台。施工顺序为:

场地平整→定位放线→埋设护筒→钻机安装就位→钻孔→清孔→钢筋笼制作、吊装就位→二次清孔→灌注混凝土。

①护筒制作及埋设:陆上护筒采用4mm厚钢板弯制成形,采用挖埋法,就位后在四周底部分层回填黏土并夯实,防止护筒移位。水中墩筒采用8mm厚钢板弯制成形。护筒埋设深度到河床底原土面下1.5m处,可用振动、重压等措施使其达到设计高程,护筒顶面应高出水面1.5m以上。

②钻孔泥浆:钻孔前应储备足够数量的黏土,接通水电管路,以保证正常施工。并根据地层、地质情况配制泥浆的相对密度、黏度。

③钻机就位:钻机应垫平,保持平稳,使其不产生位移和沉陷,钻机桅杆应对称钻机轴线准确定位,使起重滑轮、钻孔护筒中心在同一垂线上,以保证钻孔的垂直度。

④钻孔:采用三班工作制连续作业,钻进中应密切注视护筒底土质是否有漏浆,并采取相应措施防止塌陷,钻进时,钻机的主吊钩宜始终吊住钻具,防止钻具的全部重力由孔底承受,从而避免钻杆折断,并保证钻孔的质量。设专人负责记录钻进中的一切情况。

⑤清孔:分两次进行,当孔底达到设计高程后,应对孔深、孔径和倾斜率进行终孔检查,合格后即进行清孔工作。清孔采用掏渣与补水结合进行。

⑥钢筋制作根据设计图纸进行下料,现场绑扎成形,在钢筋笼主筋内侧每隔2m设置$\phi 16$加强箍筋一道,主筋与加强箍筋焊接成型后,绑扎螺旋筋,并点焊加强。

⑦钢筋笼吊装:钢筋笼下放前,在箍筋上绑扎圆形混凝土垫块。利用15t履带起重机吊起,对准护筒中心缓慢下放至设计高程。

⑧混凝土灌注:混凝土灌注采用导管法,灌注前应对导管有效孔径和接口的密封性进行检查,混凝土灌注应连续进行,严禁中途停止。混凝土采用现场拌和,输送泵输送。混凝土的拌制须严格按照配合比用料拌制,并做好每根桩的混凝土试件,做好灌注记录。

(2)承台、桥台

①基坑开挖:芦家沟桥承台基坑开挖深度较浅。地势平坦处采用挖掘机无支护放坡开挖,挖深控制在距基底20cm左右,余下的土由人工清理。施工机械不易到达的墩、台基础施工,采用人工放坡开挖,并预留工作面。

②基坑排水:在基底周边设置排水沟和集水井,用水泵抽出地下水或雨水。

③模板:承台模板采用组合钢模板,$\phi 48$钢管背带,用$\phi 16$对拉螺栓固定模板,外部采用方木支撑。桥台模板采用覆膜竹夹板,75cm×75cm方木背带。模板的拼装要确保几何尺寸和平整度。

④钢筋:制作前要做好原材料试验和焊接试验,并认真审阅图纸,按照图纸编制下料单,下料单的内容应包括钢筋种类、形状、长度、数量等。按下料单进行钢筋制作、分类堆码,现场进行绑扎。绑扎时,可附加架力筋进行固定,墩柱插筋定位采用钢筋箍架固定,并注意插筋接头按规范要求错开布置。

⑤混凝土灌注:采用自拌混凝土,利用平台支架,输送泵泵送,分层灌注,机械捣固,覆盖洒水养生。

⑥基坑回填:当承台混凝土达到一定强度,经监理检查同意后,方可回填土。回填土前应割除对拉螺栓头,排除积水,分层回填,分层夯实,每层厚度为20~30cm。

(3)立柱施工

施工顺序:放柱位"+"字线→凿毛清理→搭架子→绑钢筋→扣模板→校正柱模→抄平→浇混凝土→铁件预埋及检查→拆模→养护。

(4)盖梁

支架用抱箍配合型钢作为支撑。为提高混凝土表面质量,采用工厂加工的特殊设计钢模板,整体拼装。模板支立采用16t起重机吊装就位,拉筋形式采用外拉筋加固,不设内拉筋,以确保表面光滑颜色一致。钢筋集中下料,现场放大样,绑扎骨架,起重机吊装就位。骨架钢筋连接形式采用焊接,主筋接头采用对焊,并按规范要求错开。对焊施工前要做原材料和对焊试件的检验,合格后方可施工。混凝土采用自拌混凝土,输送泵输送灌注。

(5)箱梁预制

①箱梁预制台座。制梁台座必须有足够的强度和刚度,将台座与底模制作成整体,用C20混凝土作为预制梁台座基础,厚度10cm,混凝土顶面抹平压光并预埋铁件,铁件顶面同混凝土顶面平齐。台座顶铺设$\delta=4$mm厚钢板作为板梁预制底模,钢板同混凝土底座基础的预埋铁件焊接,使钢板顶面为一水平面。每个梁场设置8个制梁台座。

②模板。采用模板厂加工的大块定型钢模板,模板拼缝采用双面胶带密封。模板表面人工涂刷新机油,使模板表面光洁、机油涂刷均匀、无泪痕杂物。采用$\phi 16$拉筋对模板进行加固,板梁底模为直径4mm钢板。模板拼装全部采用起重机吊装。板梁底腹板钢筋在钢筋加工

场地成型后,人工抬至制梁台座上并固定好位置。

③钢筋绑扎。按设计图纸及施工技术规范要求,进行板梁钢筋的加工制作、绑扎、焊接。

④混凝土灌注。严格按照设计配合比的要求购进原材料,按照设计配合比进行混凝土施工。采用强制式拌和机拌制混凝土,梁体混凝土分两次浇注,第一次浇注底板混凝土,第二次浇注腹板和顶板混凝土。在混凝土浇注24h后方可拆除板梁外模,其芯模则应在混凝土强度达到50%后方可拆除。

⑤起吊、运输及存放。板梁强度达到设计要求时,方可起吊板梁。板梁的吊点、支点位置必须符合设计规定。现场采用25t汽车起重机起吊,汽车运输至存梁场并放置于存梁台座上。

(6)架设

采用龙门起重机吊梁,平车运梁喂梁,150t双导梁架桥机进行架设。

(7)防冲护栏

防冲护栏模板支撑采用吊架。模板在工厂加工过程中和加工完成后,由专人负责检查和验收,单块合格后,再进行组装检查,达到标准后验收,并编号进入工地。采用自制简易吊具,人工配合安装,按编号进行支立。先立外模,调整固定,再立内模,内模底脚用平撑固定后,调整上端,挂线安装和检查变形,当线形、预埋件、高度尺寸合格后,用外侧斜撑,模板上端螺栓固定模板,腻缝平整、牢固。模板上端用螺栓固定模板,下端用螺栓防止上浮。

(8)桥面铺装

采用整幅分段施工方法,高程采用钢管导轨控制。钢管导轨安装:将桥面分成4幅,设置钢管导轨,在竖曲线处每5m抄一高程点,其他地段每10m抄一高程点,作为导轨安装高程控制点,导轨采用在板梁钢筋上进行焊接的方式固定,焊接数量要确保导轨牢固稳定。在两端靠近伸缩缝处预留30~40cm空间,待伸缩缝安装完成后再灌注伸缩缝混凝土。

(9)伸缩缝

采用毛勒伸缩缝,待沥青混凝土面层施工完毕后,开始伸缩缝安装。

7.通道及涵洞工程施工

根据总体施工部署和本标段的地理环境、施工条件,以及结构物的工程特点,对全标段涵洞工程由排水防护工程处负责施工。

因涵洞工程为前期施工重点,是制约路基贯通的关键,故对于先进场的各施工专业队伍要配备足够的施工力量和机具。为此,路基二工程处专业施工队主要施工人员及机具配备情况如下:砂浆搅拌机12台,机动翻斗车15台,钢模、钢管配套且满足区段施工,钢筋工20人,混凝土工40人,木工15人,架子工10人,电工4人,瓦工30人,机械操作人员28人。同时各施工队配置120kW发电机组1台,确保施工用电。

(1)钢筋混凝土圆管涵施工过程:施工准备→定位放样→基槽开挖→基础砂垫层→基础混凝土施工→管节安装→接缝处理→端墙及洞口施工→涵背回填。

(2)盖板涵施工过程:施工准备→定位放样→基槽开挖→基础混凝土施工→台身混凝土立模→台身混凝土浇筑→盖板预制安装→台背回填。

8.路基边坡防护施工

根据本标段的地理环境、施工条件和构筑物的特点,共划分为两个作业区;根据总体施工布置,路基防护及排水工程施工,拟投入一个防护排水工程处,组织专业施工队伍进行施工。按施工区段划分为两个作业段进行流水作业。各专业工程队拟投入140人及各种小型机具40台(套)。

主要施工方法如下:

(1)混凝土骨架防护施工

当路基填筑高度小于2.5m时,采用植草皮对路基边坡进行防护;当路基填筑高度大于2.5m时,采用混凝土预制拱形骨架对路基边坡进行防护。混凝土在施工现场进行预制、运输、安装。路基防护施工在路基施工完成后便可进行。施工步骤:测量放样→预制混凝土块施工→铺设草皮。

(2)路基排水防护施工

排水沟、边沟可在不影响路基施工时同时进行施工。排水沟、边沟采用梯形排水沟,M7.5号浆砌片石砌筑。施工步骤:测量放样→基槽开挖→砌筑施工。

(3)路面排水施工

路面排水主要指路面面层排水和中央分隔带排水。中央分隔带排水由纵向排水沟、碎石盲沟、集水井和横向排水管组成。施工内容如下。

①横向排水管的施工。横向排泄水管可在路面底基层施工完成后进行施工,其主要施工顺序为:基槽开挖→铺设横向排水管→土方回填夯实。施工时因与中央分隔带施工不同步进行,应保护好管头,以免堵塞,待中央分隔带施工时再进行连接。土方回填采用人工夯实,多余土方外运。

②纵向排水沟、碎石盲沟、集水井的施工。其施工可在路面基层完成后进行,其主要施工顺序为:挖基(开挖集水井)→铺沥青土工布→φ5cm软式透水管安装→碎石层→渗水土工布→路缘石安装→土方回填。施工时要注意清扫路面,以免污染路面基层的表面。

八、确保工程质量和工期的措施

确保工程质量是工程施工的基本前提,不仅是对业主负责,更是对企业自身负责。除严格贯彻执行ISO 9002质量标准的要求,同时采取如下措施。

1. 组织措施

(1)建立以项目经理负责制的质量保证体系,在项目经理部下设工程质检科,工区设质检组,班组设质检员,形成三级质量管理网络,严把质量关。

(2)建立一个完善的中心实验室,对工程所用的原材料或试件等进行全面的检验,确保质量。

(3)让质量责任制贯彻到底,项目经理与各主要管理人员、每位技术人员、现场施工人员、关键岗位的操作工签订质量管理目标责任书,做到责任明确,奖罚分明,真正把工程质量终身制落实到每个职工。

(4)组织各级施工管理人员和质检人员的培训学习工作,并认真学习贯彻招标文件、技术规范、质量标准和监理规程,除了平时自学以外,经理部针对施工实际,定期进行分层次的集中培训学习,进一步提高业务素质,使之在施工过程中更好的落实规范标准,履行职责,提高质量管理水平,把好质量关,以一流质量创一流企业。

(5)抓好全面质量管理工作,开展 TQC 活动,成立 QC 小组,对工程施工中的技术难点和比较难避免的质量问题,用全员、全过程努力的办法来解决。

(6)强化规范施工,各级质检人员挂牌上岗,并在各路段和各结构物处立牌明确质量责任人,广泛地发动群众共同参与质量监督。

(7)虚心听取和接受监理工程师地指导和监督,坚决执行监理工程师的各项指令,提供满足监理工程师在现场检测需要的人员、仪器设备等,做好与监理工程师的配合工作,同心协力,创造优质工程。

(8)项目经理部定期对全线工程进行全面检查,加强过程控制,发现问题限期整改,并开展全线各施工作业组的质量竞赛,奖罚并举。项目部按质量管理目标责任书的要求每月组织一次检查和考试,奖罚兑现。

(9)积极开展创优活动。制定创优计划,分阶段按步骤落实。

2. 技术措施

(1)建立以总工程师为主的技术系统质量保证体系,从施工方案、施工工艺、技术措施上确保达到质量标准。

(2)本标段配合大型振动压路机对路基进行强压,确保路基稳定,减小工后沉降。

(3)开展技术攻关。对工程施工中容易出现质量问题的环节,根据以往施工经验和教训,事先采取有针对性的保障措施,努力克服质量问题。

3. 确保工期的措施

(1)如果本投标人中标,在接到建设单位的中标通知书后,立即在本投标人的有关范围内进行思想动员,将该项目的重要意义、建设规模、总工期、质量要求等贯彻到每一个职工中去,使各部门、各岗位充分做好人员、设备、资金的准备,以饱满的精神投身于该项目的建设。

(2)加强工程计划管理。详细制定实施性的各分项计划和相应的材料、设备和劳力安排,并在墙上用文字和图表的形式表明实际和设计进度,计划每月中旬检查一次,以检查旬计划保月计划,检查月计划保季计划,检查季计划保年计划,检查年计划保总体计划的完成。

(3)积极主动处理好与当地政府和有关部门及沿线乡村的关系,尽力争取他们的支持和配合,创造良好的外部环境,使工程顺利实施。

(4)施工前期准备工作有重点地展开,使部分控制工期的单项工程能尽早开工,尽量缩短准备工作时间。

(5)做好机、料等后勤保障工作,及时总结经验,不断提高工作效率,以确保按期完工。

(6)以质量、安全求速度。只有保证质量和安全,计划才能得以顺利实施,工期才有保障。

九、冬季和雨季的工作安排

(1)在工程用地范围内做好开沟排水工作,尽量做到雨停沟开,减少对施工的影响。

(2)根据工程所处地理条件和工程性质在编制总体施工计划时,安排不受气候影响或影响较小的工程在雨季施工,不宜在雨季施工的项目尽量安排在其他季度。

(3)利用施工淡季充分做好施工机械设备的检修保养,组织职工培训学习,养精蓄锐,迎接施工旺季。

(4)做好防洪、防台工作,特别要安排各桥桩基和下部构造的施工季节,尽量避开洪水季节施工,防止施工材料遭受损失和工程遭受破坏。

(5)冬季认真做好混凝土防冻工作,当气温在0℃以下时不安排陆上混凝土施工和浆砌工作。

十、质量保证体系

工程质量是百年大计,为此,应从项目经理到每个施工人员大家齐心共管;从开工到竣工交验的每个环节,都不能放松,建立有组织、设备、制度、办法、措施、手段等一整套的保证体系。

为确保本工程的质量,在本项目的施工管理中全面贯彻 ISO 9000 质量管理和质量保证标准,该公司依据《质量管理体系 GB/T 19001—2016 应用指南》(GB/T 19002—2018)质量体系的要求,结合该公司《质量保证手册》和《质量体系程序文件》编制了本项目质量保证体系。本质量保证体系是项目一切质量活动必须遵循的纲领性文件和行为准则,凡参与本项目的项目经理部各级人员必须严格遵守。

1. 质量控制目标

(1)各类检测、试验资料真实、齐全,原材料质量、配合比、砂浆和混凝土强度、压实度、弯沉等合格率达到100%。

(2)各分项工程一次合格率达到100%,优良率达到95%以上。

(3)全部施工项目符合设计要求。各项工程内在质量合格,外表美观。

2. 质量管理措施

为确保上述目标的实现,并创造优良工程,具体拟采取以下措施:

(1)建立从上到下的质量管理体系,并在整个施工过程中开展。从始至终坚持质量管理活动,建立管理点、管理工具,采取立方图法、排列图法和因果分析法,使质量管理从静态管理进化为动态管理。

(2)施工人员教育。工程质量的好坏,在很大程度上取决于工程全体员工的工作责任心,因此,必须抓紧、做好思想教育工作,以使每个职工做到工作一丝不苟,认真细致,保证工程质量,牢固树立质量责任重于泰山的思想。

(3)做好技术交底工作。在每项工作、每道工序施工前,将有关施工技术规范、设计要求、质量控制部位及应达到的标准等编制成手册发到各施工班组进行书面交底。

(4)实行定期和不定期的质量检查制度。对不符合标准的工程坚决推倒重来,以确保施工的工程不留下质量隐患。

(5)实行三不放过的原则,并加重处分有关工区、作业班组的领导。

(6)实行质量与经济利益挂钩的奖罚制度。在施工过程中,我们将根据工程的重要性、复杂性等因素制订一套奖罚制度,实行重奖、重罚,利用经济手段以保证优良工程的实现。

(7)赋予质检工程师一票否决的权利,以充分发挥质检工程师和技术人员对质量的监控作用,凡进入工地的材料,均需质检工程师检查同意后,才能进入现场和用于工程。

(8)工程采购订货时的质量控制:把原材料质量控制在采购订货前,是质量预控的重要措施,先看样品和质量说明书,必要时进行相关的原材料试验工作,符合质量要求的才订货,不符合质量要求的坚决不订货,不是正式厂家不订,以防止伪劣产品进入工地。

(9)进库检查:原材料进库时,要检查厂家的产品合格证,并抽样自检(附自检报告),不合格产品,坚决不准入库。

(10)进库保管:凡进库材料要分门别类保管,并插牌标记,易锈、怕潮、怕晒的材料应置于干燥库房。

(11)当地砂石料采购或开采前应经试验及审批后再进行订货或开采。

(12)内部质检人员服从和支持业主和监理工程师的工作,并在工作中提供方便,共同把好质量关。

(13)应用相应的设备和方法检测、试验,遵循质量控制程序,进行从原材料到工程成品的质量检查。

十一、安全保证体系

1. 组织体系

在项目经理部设立安保部,由经理部统一领导,制定各项措施,各工区设安保小组,并设专职安保员,组成施工安全保证体系的组织机构。

2. 安全生产措施

(1)认真贯彻"安全第一,预防为主"的方针,严格执行国家有关安全生产方面的法规、条例、规范、标准和与投标人有关的安全管理制度,保证职工在施工生产过程中的安全与健康。

(2)建立各级各类人员的安全生产责任制,形成完善的安全保证体系,建立健全各项安全管理制度,并经常对职工进行安全教育。

(3)严格执行安全操作规程,按照作业要求发放劳保用品,进入施工现场必须戴好安全帽,高空作业必须系好安全带,严禁违章冒险作业。

(4)加强施工现场的安全防护设施,保持良好、安全、文明的施工条件。

(5)单项工程的施工组织设计或施工方案附有安全技术措施,对特殊和危险性较大的工程单独编制安全技术措施,并且有依据、有说明、有审批。

(6)严格实行逐级安全技术交底制度,开工前技术负责人将工程概况、施工方法、安全技术措施等情况向项目负责人、工长详细交底,项目负责人或工长向班长进行书面安全技术交底,各级书面交底有交接人签字,并存档备查。

(7)施工过程中所使用的安全用品、工具和设施以及电气、机械设备等定期检查,建立严格的检查制度。如脚手架、井字架、安全网、工地使用的中小型机械、起重设备的安全装置、限位装置等,对临时电气工程做到符合国家用电规定,装设漏电保护装置。

(8)对石方爆破作业施工,严格执行国家和当地政府、公安部门的有关规定,制定单独的安全技术措施方案和管理制度。

(9)对特种作业人员加强培训考核、实行持证上岗制,严禁无证人员从事特种作业。

(10)加强安全生产检查,并和生产安排结合起来,加强日常的安全检查活动,发现安全隐患立即下达隐患通知书,限期改正,如有危及人身安全的紧急险情和重大隐患立即停止其作业。

3. 设备和物资保证

项目经理部和各工区配置适当的抢救设施和药品,施工工地配备足够的安全网、安全绳以及施工工人的保护用品,驻地配备消防和卫生设备,消除各环节的安全隐患。

十二、其他事项

1. 环境保护措施

(1)生产及生活设施的设置应认真规划、设计,在设计时要符合环境保护要求,遵守环境保护法规,在征得当地政府有关部门同意后,报请工程师批准。

(2)钻孔桩设置泥浆池,经沉淀后再作处理。

(3)生活、生产废水经收集、处理后再排放。

(4)在临近居民点施工时,采取严格的防污染和防噪声措施。

(5)土石方施工作业中避免土石堵塞河流、农田灌溉水渠,保护树木,防止毁坏森林,防止造成水土流失。

2. 文明施工

文明施工是衡量企业素质和管理水平的标准。本工程施工时,我们将文明施工作为一个重要工作内容来抓。

(1)建立项目经理为文明施工第一责任人的组织体系,各部门分工明确。

(2)场地布置合理,设备材料停放有序,各种图表上墙,员工戴卡上岗。

(3)加强路容、路貌管理,各种标牌、标语立于各责任区,整个施工现场井然有序。

(4)认真做好临时排灌工作,施工不影响农业生产。

(5)认真做好现有道路的维护工作,确保施工路段的道路畅通。

(6)加强与地方的协调工作,由专人负责与地方政府部门、乡村居民的协调关系,取得当地政府部门的大力支持,努力解决施工中出现的各种问题、各种矛盾。加强与群众的关系,紧密团结,关系融洽,相互帮助,为顺利完成工程项目创造条件。

3. 地下和地上三线保护措施

先行人员进场后,即组织对沿线地下光缆和电力线路等三线进行详细调查的工作,并针对各种情况与有关部门取得联系,制订切实可行的保护措施,以确保三线安全。

4. 文物保护

文物是国家的财富,在进入施工现场前,对参加施工的所有人员进行有关教育。施工中,一旦发现文物,立即报告有关部门,并做好现场保卫和防护工作。由经理部办公室负责具体业务工作。

第五节　公路大中修施工组织设计示例

一、工程概况

××高速公路河北段大修一期工程,全长 46.121km,为南半幅,桩号为 K332+000~K378+120.860。

(一)施工内容

1. 大修工程内容

路面大修工程内容为:①补强罩面,适用的路段桩号为 K332+000~K335+000,长度为 3km;②翻修沥青面层,整修基层,适用的路段桩号为 K335+000~K378+120.860(挖方潮湿段 1.631km 除外),长度为 41.49km;③新建沥青路面,适用于 8 处挖方路段,分布在桩号 K335+000~K378+120.860 之间,长度合计 1.631km。

桥梁大修工程内容为:①翻修桥面铺装;②更换损坏的桥梁构件;③更换桥梁支座、伸缩缝;④维修墩台、基础、锥形护坡、调治构造物、护栏、八字墙等工程。

防护与排水大修工程内容为:①路堤、路堑边坡防护工程维修与新建;②路基、路面排水工程的维修与新建。

2. 工程规模

工程规模为:①挖除路基 8 760m³;②纵向排水工程 1 743.16m;③石砌护坡 2 365.2m³;④勾缝、抹面 78 500m²;⑤喷射混凝土防护 11 274m²;⑥挖运旧路面 428 688m²;⑦贫水泥混凝土基层 14 192m²;⑧水泥稳定粒料基层 28 724.5m³;⑨沥青混凝土路面 427 540m²;⑩拦水带 408.01m³;⑪桥梁和涵洞的墩台、基础 160m³;锥坡与护坡 163m³;八字墙 200m³;承重构件 10.48m³;支座、伸缩缝 1 138m;桥头搭板 137.25m³;护栏 1 168m²;桥面铺装 26 656.62m²;石拱桥 4 处;其他工程 110m³;⑫路面标线 21 420m²。

3. 工程特点

(1)××高速公路河北段沿线地形复杂,高差变化大,地形变化无规则,地质多变。

(2)××高速公路河北段是河北省大修的第一条山岭重丘区高等级公路,缺乏大修经验。

(3)这次大修工程中最复杂的部分是新建沥青路面部分,全部挖除旧路面,按挖方路基潮湿段重新进行施工,而且工程分布零散,在 43km 的里程中分 8 处,合计 1.631km。

(4)这次大修工程,工程量最大的部分是 K335+000~K378+120.860 段,面层需要全部挖除,所以翻修沥青面层是这次大修工程的主体。

(二)施工方案

1. 施工组织

1)交通控制

整个施工区段对外完全封闭交通,过往车辆可绕行 307 国道。应合理安排施工顺序及区段,保证施工车辆畅通无阻。

2)总体安排

计划安排两家施工单位,同时施工,平行作业。

第一家施工单位负责 K332+000~K360+780 段,长度 28.78km;

第二家施工单位负责 K360+780~K378+120.86 段,长度 17.341km。

3)组建作业队

(1)第一家施工单位

路基、路面工程:

①挖除旧路面面层,组织 5 个作业队,平行作业。

②挖除破损的基层、底基层,组织 1 个作业队。

③施工场地整理,组织 1 个作业队。

④盲沟施工,组织 1 个作业队。

⑤新基层施工,组织 1 个作业队。

⑥新沥青混合料面层施工,组织 1 个作业队。

桥梁涵洞与防护工程:

①瓦工作业 1 队,负责浆砌护坡、锥坡等。

②瓦工作业 2 队,负责墩台、基础、石拱桥维修。

③混凝土作业队 1 个,负责桥梁承重构件、护栏、桥头搭板、混凝土防护工程。

④伸缩缝、支座作业队 1 个,负责伸缩缝、支座的更换。

(2)第二家施工单位

路基、路面工程:

①挖除旧路面面层,组织 3 个作业队,平行作业。

②挖除破损的基层、底基层,组织 1 个作业队。

③施工场地整理,组织 1 个作业队。

④盲沟施工,组织 1 个作业队。

⑤新基层施工,组织 1 个作业队。

⑥新沥青混合料面层施工,组织 1 个作业队。

桥梁涵洞与防护工程:

①瓦工作业 1 队,负责浆砌护坡、锥坡等。

②瓦工作业 2 队,负责墩台、基础、石拱桥维修。

③混凝土作业队 1 个,负责桥梁承重构件、护栏、桥头搭板、混凝土防护工程。

④伸缩缝、支座作业队 1 个,负责伸缩缝、支座的更换。

2. 施工期限

施工期限为 5 个半月。

3. 主要工程施工方法及工期

1)路基路面施工

(1)施工方法

以机械化作业为主,人工作业为辅。

作业方法总体采用平行流水作业。相同的工序在不同的施工段上平行作业,不同的工序采用流水作业,具体施工方法如下。

①旧沥青路面采用大型铣刨机铣刨、拉毛。

②所有旧路面面层采用机械切缝,机械捣碎,推土机配合装载机装车,自卸汽车运输,并与其他废料分开堆放。

③需要挖除的路面基层、底基层,采用挖掘机挖装,机械无法作业处,采用人工作业,自卸汽车运输。

④做基层、底基层所用的水泥稳定碎石、级配碎石,在料场集中拌和,自卸汽车运输,机械摊铺、碾压。

⑤小面积基层破坏,挖除破损基层后,采用贫水泥混凝土填补找平。C15贫泥混凝土采用分散拌和,手推车或小型拖拉机运输。

⑥沥青混合料在料场集中拌和,自卸汽车运输,机械摊铺、碾压。

(2)工期

路基路面施工工期为5个半月,2003年5月25日~2003年11月10日。

2)桥涵及防护工程施工

(1)施工方法

机械配合人工作业。作业方法采用平行顺序作业法。各作业队可以采用平行作业,每一个作业队采用顺序作业。除桥面铺装采用机械化施工外,其他工程一律采用机械配合人工作业。

(2)工期

桥涵及防护工程施工工期为5个半月,2003年5月25日~2003年11月10日。

(三)劳动力计划与主要施工机具安排

劳动力计划:每道工序应保证有有经验的专业技术人员最少一名。其他非技术人员可根据工程具体情况互相调用。

施工机具安排:施工机具应精良并有充足的数量,以保证工程质量和工程进度。基层材料设拌和站两处,沥青混合料设拌和站两处。

(四)主要材料的采、运方案

SBS改性沥青、AH—70号沥青招标购买,并运往工地。玄武岩由易县或张家口料厂购买,安山岩从鹿泉石料厂购买。石灰岩碎石、水泥、钢筋等由鹿泉或井陉购买。全部材料采用汽车运输。

二、工程进度图

第一家施工单位工程进度图见图8-5,各作业队施工时间计划表见表8-5,第二家施工单位工程进度图见图8-6,各作业队施工时间计划表见表8-6。

序号	工程项目		施工方法	每班人数	作业班制	施工天数(d)	进度（2003年）
							5月 6月 7月 8月 9月 10月 11月
1	施工准备			50	1	12	
2	挖除旧路面面层	作业1队	机械为主，人工为辅	30	1	80	30
3		作业2队	机械为主，人工为辅	30	1	80	30
4		作业3队	机械为主，人工为辅	30	1	80	30
5		作业4队	机械为主，人工为辅	30	1	80	30
6		作业5队	机械为主，人工为辅	30	1	80	30
7	挖除破损的基层、底基层		机械为主，人工为辅	25	1	70	25
8	施工场地整理		机械配合人工	20	1	90	20
9	盲沟施工		机械配合人工	30	1	40	30
10	拌和场地建设		机械配合人工	20	1	20	20
11	材料采、运		机械配合人工	20	1	60	20
12	新底基层施工		机械为主，人工为辅	30	1	80	30
13	新基层施工		机械为主，人工为辅	30	1	80	30
14	旧面层铣刨		机械为主，人工为辅	20	1	40	20
15	新沥青混凝土面层施工		机械为主，人工为辅	80	1	100	80
16	瓦工1队（砌护坡、维修）		机械为主，人工为辅	30	1	100	30
17	瓦工2队（维修墩台、基础、八字墙）		机械配合人工	20	1	100	20
18	混凝土作业队（喷射混凝土护坡、更换桥梁的承重构件等）		机械为主，人工为辅	20	1	75	20
19	更换支座，伸缩缝作业队		机械配合人工	10	1	80	10
20	路面标线		机械为主，人工为辅	16	1	50	15
21	人数					400 300 200 100	

说明：1. 非技术人员可以相互调用；
2. 施工准备阶段可由各专业队自行准备；
3. 施工所用的零工可以就近临时雇佣；
4. 桥梁维修中的某些工程项目，两家施工单位也可以联合施工；
5. 横线上的数字为每班作业人数，横线右侧的数字或横线右侧的数字为每班作业人数。

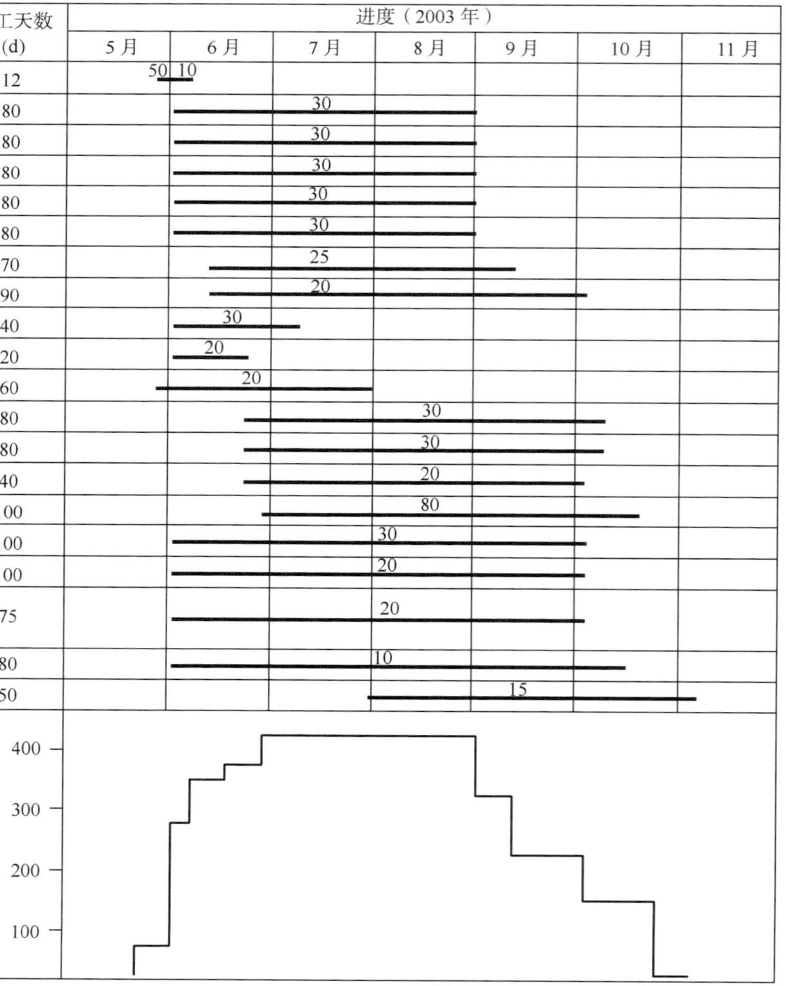

图 8-5 第一家施工单位工程进度图

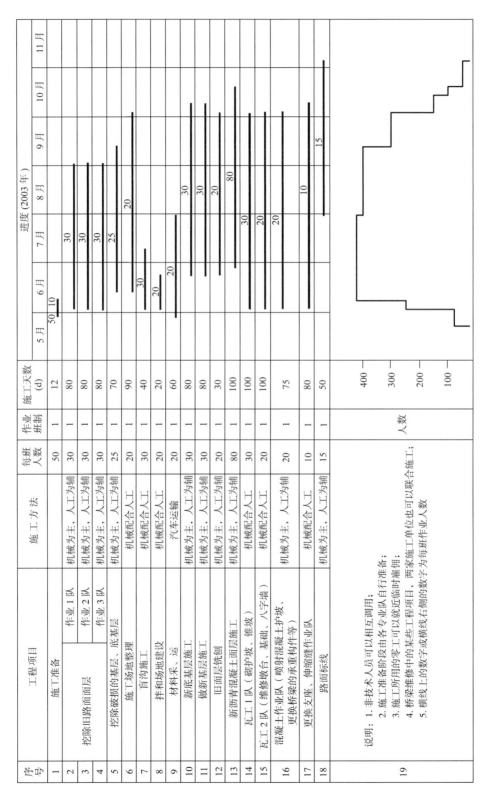

图 8-6 第二家施工单位工程进度图

第一家施工单位各作业队施工时间计划表　　　　　　　　　　　　表 8-5

施工单位	工程项目或作业队		人数	进度安排(2003 年)		施工时间(d)
				开始	结束	
第一家施工单位	施工准备		50	5 月 25 日	6 月 10 日	12
	挖除旧路面面层	作业 1 队	30	6 月 1 日	9 月 1 日	80
		作业 2 队	30	6 月 1 日	9 月 1 日	80
		作业 3 队	30	6 月 1 日	9 月 1 日	80
		作业 4 队	30	6 月 1 日	9 月 1 日	80
		作业 5 队	30	6 月 1 日	9 月 1 日	80
	挖除破损的基层、底基层		25	6 月 10 日	9 月 10 日	70
	施工场地整理		20	6 月 10 日	9 月 30 日	90
	盲沟施工		30	6 月 1 日	7 月 10 日	40
	拌和场地建设		20	5 月 30 日	6 月 20 日	20
	材料采、运		20	5 月 25 日	7 月 30 日	60
	新基层施工		30	6 月 20 日	10 月 5 日	80
	旧面层铣刨		20	6 月 20 日	10 月 1 日	40
	新沥青混凝土面层施工		80	6 月 30 日	10 月 20 日	100
	瓦工 1 队(砌护坡、锥坡)		30	6 月 1 日	10 月 1 日	100
	瓦工 2 队(维修墩台、基础、八字墙)		20	6 月 1 日	10 月 1 日	100
	混凝土作业队(喷射混凝土护坡、更换桥梁的承重构件等)		20	6 月 1 日	10 月 1 日	75
	更换支座、伸缩缝作业队		10	6 月 1 日	10 月 10 日	80
	路面标线		15	9 月 1 日	11 月 5 日	50

第二家施工单位各作业队施工时间计划表　　　　　　　　　　　　表 8-6

施工单位	工程项目或作业队		人数	进度安排(2003 年)		施工时间(d)
				开始	结束	
第二家施工单位	施工准备		50	5 月 25 日	6 月 10 日	12
	挖除旧路面面层	作业 1 队	30	6 月 1 日	9 月 1 日	80
		作业 2 队	30	6 月 1 日	9 月 1 日	80
		作业 3 队	30	6 月 1 日	9 月 1 日	80
	挖除破损的基层、底基层		25	6 月 10 日	9 月 10 日	70
	施工场地整理		20	6 月 10 日	9 月 30 日	90
	盲沟施工		30	6 月 1 日	7 月 10 日	40
	拌和场地建设		20	5 月 30 日	6 月 20 日	20
	材料采、运		20	5 月 25 日	7 月 30 日	60

续上表

施工单位	工程项目或作业队	人数	进度安排(2003年) 开始	进度安排(2003年) 结束	施工时间(d)
第二家施工单位	新基层施工	30	6月25日	10月10日	80
	旧面层铣刨	20	6月20日	10月1日	30
	新沥青混凝土面层施工	80	6月30日	10月20日	100
	瓦工1队(砌护坡、锥坡)	30	6月1日	10月1日	100
	瓦工2队(维修墩台、基础、八字墙)	20	6月1日	10月1日	100
	混凝土作业队(喷射混凝土护坡、更换桥梁的承重构件等)	20	6月1日	10月1日	75
	更换支座、伸缩缝作业队	10	6月1日	10月10日	80
	路面标线	15	9月1日	11月5日	50

三、劳动力计划表

第一家施工单位劳动力计划表见表8-7,第二家施工单位劳动力计划表见表8-8。

第一家施工单位劳动力计划表　　　　　表8-7

高峰人数	每月需要人数(2003年)						
	5月	6月	7月	8月	9月	10月	11月
440	50	320	440	420	320	240	15

第二家施工单位劳动力计划表　　　　　表8-8

高峰人数	每月需要人数(2003年)						
	5月	6月	7月	8月	9月	10月	11月
360	50	300	380	360	320	240	15

四、主要材料计划表

第一家施工单位主要材料计划表见表8-9,第二家施工单位主要材料计划表见表8-10。

第一家施工单位主要材料计划表　　　　　表8-9

材料名称及规格	单位	数量	来源	月需要量(2003年)				
				6月	7月	8月	9月	10月
22.5级水泥	t	3 990	鹿泉水泥厂	270	980	980	960	800
改性沥青	t	5 540	国内招标	540	1400	1 500	1 400	700
石油沥青	t	600	招标	90	100	160	150	100
片石	m³	1500	鹿泉石料厂	100	500	500	400	—
重油	kg	862 440		141 220	200 000	200 000	180 000	141 220
汽油	kg	17 434		2 000	4 000	4 000	3 800	3 634
柴油	kg	410 800		80 000	84 000	85 000	84 000	77 800

续上表

材料名称及规格	单位	数量	来源	月需要量（2003年）				
				6月	7月	8月	9月	10月
碎石（路面）	m³	19 773	易县或张家口	2 500	5 000	5 500	5 000	1 773
级配碎石	m³	38 970	鹿泉石料厂	2 100	10 600	12 700	10 600	2 930
石屑	m³	19 060	鹿泉石料厂	2 000	4 500	5 000	4 500	3 060

第二家施工单位主要材料计划表　　　　表 8-10

材料名称及规格	单位	数量	来源	月需要量（2003年）				
				6月	7月	8月	9月	10月
22.5级水泥	t	2 673	鹿泉水泥厂	180	980	650	640	223
改性沥青	t	3 712	国内招标	400	940	1 200	1 000	172
石油沥青	t	402	国内招标	60	70	100	70	102
片石	m³	1 005	鹿泉石料厂	70	330	330	260	15
重油	kg	577 840		94 620	134 000	134 000	120 600	94 620
汽油	kg	11 700		1 340	2 680	2 680	2 546	2 454
柴油	kg	276 000		53 600	56 280	56 950	56 280	52 890
碎石（路面）	m³	13 248	易县或张家口	1 700	3 300	3 600	3 300	1 348
级配碎石	m³	26 110	鹿泉石料厂	1 370	6 900	8 450	6 900	2 500
石屑	m³	12 770	鹿泉石料厂	1 300	3 000	3 300	3 000	2 170

五、主要机具、设备计划表

第一家施工单位主要机具计划表见表8-11，第二家施工单位主要机具计划表见表8-12。

第一家施工单位主要机具计划表　　　　表 8-11

序号	机具名称及规格	数量	单位	使用时间（2003年）	
				开始	结束
1	路面切割机	10	台	5月25日	9月1日
2	135kW以内履带式推土机	5	台	5月25日	10月10日
3	2m³以内轮胎式装载机	5	台	6月1日	10月1日
4	120kW以内自行式平地机	2	台	6月1日	10月1日
5	6~8t钢轮压路机	3	台	6月20日	10月20日
6	12~15t钢轮压路机	4	台	6月20日	10月30日
7	12~18t振动压路机	4	台	6月20日	10月30日
8	15t以上自卸汽车	20	辆	6月1日	10月30日
9	大型铣刨机	2	台	9月10日	10月1日
10	4 000L以内沥青洒布车	1	辆	6月10日	10月20日
11	基层粒料拌和设备	1	套	6月10日	10月10日

续上表

序号	机具名称及规格	数量	单位	使用时间(2003年) 开始	使用时间(2003年) 结束
12	基层粒料摊铺机	1	台	6月10日	10月10日
13	240t/h以上沥青混合料拌和设备	1	套	6月20日	10月30日
14	沥青混合料摊铺机(摊铺宽度12m)	1	台	6月20日	10月30日
15	30kV·A以内交流电焊机	8	台	6月1日	10月1日

第二家施工单位主要机具计划表　　　　表8-12

序号	机具名称及规格	数量	单位	使用时间(2003年) 开始	使用时间(2003年) 结束
1	路面切割机	6	台	5月25日	9月1日
2	135kW以内履带式推土机	3	台	5月25日	10月10日
3	2m³以内轮胎式装载机	3	台	6月1日	10月1日
4	120kW以内自行式平地机	2	台	6月1日	10月1日
5	6~8t钢轮压路机	2	台	6月20日	10月20日
6	12~15t钢轮压路机	3	台	6月20日	10月30日
7	12~18t振动压路机	2	台	6月20日	10月30日
8	15t以上自卸汽车	15	辆	6月1日	10月30日
9	大型铣刨机	1	台	9月10日	10月1日
10	4000L以内沥青洒布车	1	辆	6月10日	10月20日
11	基层粒料拌和设备	1	套	6月10日	10月10日
12	基层粒料摊铺机	1	台	6月10日	10月10日
13	240t/h以上沥青混合料拌和设备	1	套	6月20日	10月30日
14	沥青混合料摊铺机(摊铺宽度12m)	1	台	6月20日	10月30日
15	30kV·A以内交流电焊机	6	台	6月1日	10月1日

六、施工平面布置

1. 第一家施工单位

第一家施工单位施工区段为K332+000~K360+780。

(1)基层粒料拌和站和沥青混合料拌和站都设置在鹿泉立交桥附近1km,临时占地6万m²。

(2)施工人员可根据实际情况,在施工场地附近租借民房或搭临时建筑。

(3)监理驻地可居住在鹿泉或就近租借民房、搭临时建筑。

2. 第二家施工单位

第二家施工单位施工区段为K360+780~K378+120.86。

(1)基层粒料拌和站和沥青混合料拌和站都设置在秀林立交桥附近1km,临时占地6万m²。

(2)施工人员可根据实际情况,在施工场地附近租借民房或搭临时建筑。

(3)监理驻地可居住在附近民房或搭临时建筑。

第六节 旧桥加固施工组织设计示例

旧桥加固施工组织设计与新建桥梁施工组织设计不同。首先旧桥加固施工需对已有旧桥的技术状况进行评定,根据具体情况采取对应的措施;其次,旧桥加固常用的施工方法有桥面补强层法、增大截面和配筋法、粘贴钢板(碳纤维片)法、增加构件法、体外预应力法、改变结构受力体系法、扩大基础法、增补桩基法、墩台基础的旋喷注浆法等,可见在施工方法和施工方案上较新建桥梁也有明显的不同;旧桥加固所用到的机械设备以及材料构件等与新施工桥梁区别也比较大。还有最重要的一点,在施工组织的过程中,旧桥加固必须考虑不能中断交通和尽量减少交通干扰的问题,而新建桥梁则不存在这个问题。以下为某危桥加固的施工组织计划示例,仅供学习参考。

一、工程概况

该桥位于广东省某市,为钢筋混凝土梁桥,中心桩号 K15+630,跨径组合 $2\times25m + 3\times25m + 2\times25m$,全长 188.5m。下部结构桥台为钢筋混凝土台身加浆砌片石台阶状护坡,桥墩为钢筋混凝土门式墩,墩径 1.2m。桥面总宽 12.5m。

2020 年 12 月经相关单位现场评定,该桥定为三类桥,需进行中修。该桥设计图纸、竣工图纸均缺失,设计荷载等级不详,所有结构尺寸均依据检测报告中数据进行绘制。

工期为 2021 年 5 月 1 日至 2021 年 7 月 1 日。

二、主要病害与病害原因分析

1. 主要病害

(1)上部结构为钢筋混凝土简支板+钢筋混凝土简支 T 梁,底板 1 条纵向通长裂缝伴有泛碱,长度共计 6.3m,缝宽 $\delta=0.2mm$ 未超过公路桥涵养护规范限值 0.25mm;底板 1 处渗水痕迹;腹板 1 处渗水痕迹;腹板 1 条斜向裂缝,长度共计 0.40m,缝宽 $\delta=0.12\sim0.18mm$,裂缝未超过公路桥涵养护规范限值 0.25mm。

(2)该桥支座未见明显病害。

(3)下部结构:

①浆砌片石桥台台帽存在 2 处渗水泛碱,盖梁存在 1 处钢筋锈胀,面积 $0.08m^2$;

②2 号墩底部存在轻微冲刷;

③浆砌片石护坡 0 号台侧距左侧 3m 距顶部 0m 处有 1 条竖向通长裂缝,缝宽 3.0mm;3 号台侧距左侧 3.0m 距顶部 0m 处有 1 条竖向通长裂缝,缝宽 6.0mm;左侧锥坡均杂草丛生。

（4）桥面系：

①伸缩缝砂砾填充,填装混凝土破损；

②0号台桥头搭板距1号伸缩缝0.6m,距左侧人行道0m处有1条横向裂缝,长度$L=3.5$m,缝宽0.3mm；

③左侧护栏共46处混凝土锈胀露筋,每处$A=0.4\times0.1$m²。

2. 病害原因分析

（1）上部结构病害分析

①第3跨板底的微裂缝初步分析可能是施工期间混凝土强度不足便移动梁体或养护不到位造成的,使用期间长期受到滨海环境水汽侵蚀和车辆荷载冲击、桥面雨水下渗等原因共同作用,梁体受力出现疲劳后裂缝扩展形成。

②第2跨T梁底混凝土蜂窝空洞为施工时混凝土振捣不密实或模板漏浆导致的。

③第2跨T梁腹板发现有少量竖向裂缝,梁端位置转为斜向,是由梁体抗剪性能不足引起的结构斜裂缝。

（2）上部结构病害分析

①桥台台帽渗水、泛碱是因为伸缩缝处漏水导致;台前浆砌片石护坡砌缝开裂是由于底部填土不密实沉降导致。

②盖梁蜂窝露筋是施工时现浇混凝土振捣不密实所致。

（3）附属结构病害分析

①伸缩缝变形量过大,橡胶条均被拉成水平状是因为原伸缩缝型号不合适。

②桥面铺装轻微碎边为长期受车辆荷载冲击所致。

③人行道纵向裂缝,由于人行道栏杆底座缺少稳固的连接,同时后期外侧悬挂了给水管道,增加了外侧荷载,在拉力作用下导致栏杆底座轻微外倾造成的纵向裂缝。

三、加固设计要点

1. 上部结构维修加固

（1）新桥第3跨板底纵向裂缝:采取化学注浆封闭裂缝后粘贴碳纤维布加固。

（2）新桥第2跨T梁底蜂窝空洞:用环氧砂浆修复。

（3）新桥第2跨T梁腹板斜裂缝:采取化学注浆封闭裂缝后粘贴碳纤维布加固。

2. 下部结构维修加固

（1）桥台梁端渗水、泛碱:更换伸缩缝后可防止雨水下漏。

（2）盖梁底部蜂窝、钢筋锈胀:除锈、环氧砂浆抹平。

（3）护坡竖向裂缝采用M15砂浆修补,并将杂草拔除。

3. 桥面维修加固

（1）桥面变形缝、伸缩缝填料老化开裂:清理砂土、更换沥青玛蹄脂填料。

（2）桥台伸缩缝破损:凿除更换C60伸缩缝。

（3）0号台伸缩缝桥面侧铺装轻微碎边:凿除破损混凝土、植筋、重新浇筑C40钢纤维混凝土。

(4)泄水孔:清理砂土、加设空口盖,增设横向排水管。

(5)人行道纵向通长裂缝:在外侧水管吊架锚固点的栏杆立柱位置增设人行道板底横向配重连系梁,用增加配重和人行道体系整体性的方式解决病害。

(6)人行道栏杆局部破损、钢筋锈胀:清理、除锈后绑扎一根 $\phi 10$ 钢筋,用环氧砂浆原样修补。

4. 施工流程

施工流程如图 8-7 所示。

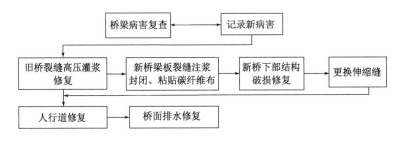

图 8-7　建议施工流程

维修加固施工前应依据设计图纸以及相应桥梁检查报告,对桥梁原有病害发展情况以及新增病害进行复查,掌握桥梁病害现状。

四、施工人员、机械设备、材料投入计划及其保障措施

1. 施工组织体系

(1)目标管理

为确保工程的质量,按期圆满完成该工程的施工任务,该旧桥加固施工公司采取了以下目标管理措施:

①以该公司行政和技术领导为核心,加强了对该工程的全面管理,从质量上和进度上进行全方位监督和管理,该公司工程技术处派出专职人员进驻施工现场实行配合管理和检查。

②建立以项目经理为首的工程项目部,配备项目部专职施工管理人员,由项目经理统一指挥和领导,创造出安全生产、文明施工的样板工程。

③建立以班组为主的施工考核制度和奖罚制度,实施分项管理,落实生产岗位责任制,与经济奖罚密切挂钩。

④制订切实可行的施工方案和施工计划,加强原材料的采购进货验证和保管工作。原材料进货前先有业主、监理和施工方工程技术人员察看样品,符合要求后才可以进货,进货验收合格后才能进场。

⑤投入足够的劳动力,选择优秀的班组,实施动态管理,以确保工程保质如期竣工。

⑥配备足够的施工机械、器具,提高施工生产率,加快施工进度。

(2)组织管理机构

①为保质按期完成混凝土梁桥加固工程的施工任务,结合工程规模、结构特点,该公司成立了项目工程指挥部。

②为工程管理的需要,该公司成立了现场工程项目部。

③项目部由施工和后勤两条线组成。施工负责人管理施工科、技术科、质安科和动力设备科。后勤负责人管理计划预算科、财务科、材料科、行政科。施工科主要负责现场的施工,做好与各专业班组的技术交底及日常调度,负责施工测量和各班组的协调等工作;技术科主要负责各种技术资料和施工方案的制定,做好钢筋试拉、抗弯及混凝土试块抗压强度试验等工作;质安科主要负责工程质量、安全生产、文明施工等方面的工作;动力设备科主要负责现场的设备管理维修保养及操作运行工作。计划预算科主要负责工程的经济分析,每日、每周完成工程量分析及根据生产线提供下日、下周生产计划并预测下日、下周工程量及工料机需求情况等工作;财务科主要管理并控制资金的收入与支出;材料科则根据计划预算科提供的工料需求计划及其他组提出的物资要求做好材料及其他生产用品的采购供应工作;行政科对内负责工地接待、治安保卫和食宿卫生等工作;对外负责与环保、交通、治安等有关部门的协调工作。

2. 劳动力的组织和调配

该公司选派技术素质和管理素质优秀的项目经理担任工程项目经理,具体实施工程的施工。项目部各班组受项目经理的统一调配,分工协作,确保本工程优质、高速、文明地完成。项目经理到位率保证100%,有特殊情况事先请假,并经建设单位同意。技术负责人、施工员、质安员、资料员、材料员保证天天在现场,到位率为100%。该公司领导抓主要关键问题,进行宏观管理协调,公司质安员随时对工程的质量、安全进行监督管理。

3. 主要材料性能要求

根据该工程的特点,结合近几年该公司在类似工程中的经验,将所需设备、材料的需要量进行估算,并且确保能组织到相应的设备和材料,以保证施工进度。对材料质量选用需要货比三家,选用优质材料的同时还要选好的品牌,确保每一份材料都符合国家标准,以保证施工质量。需经发包人签证认可的暂定价材料采购前,由发包人指定品牌、质量;材料采购前,样品(价格、质量等)必须经施工技术人员、项目经理、监理负责人员、发包方负责人签字同意。所有材料、设备采购后经建设单位方验收合格后再用于工程。

桥梁维修加固使用的材料品种、规格及使用性能,应符合《公路桥梁加固设计规范》(JTG/T J22—2008)、《公路桥梁加固施工技术规范》(JTG/T J23—2008)、《混凝土结构加固设计规范》(GB 50367—2013)、《公路桥涵施工技术规范》(JTG/T 3650—2020)及其他相关现行行业标准、规范的规定,并满足设计要求。根据该桥的具体情况,需强调以下几点:

(1)钢筋锈蚀区采用复合氨基醇水性混凝土防锈浸渍剂滚刷性能指标,见表8-13。

复合氨基醇水性混凝土防锈浸渍剂滚刷性能指标　　　表8-13

名称		复合氨基醇水性混凝土防锈浸渍剂
性能指标	外观	透明液体
	比重	1.13kg/L
	pH 值	11

(2)混凝土修补用改性环氧砂浆,性能指标见表8-14。

改性环氧砂浆性能指标　　　　　　　　表 8-14

名称		环氧砂浆
性能指标	含气量	5.8%
	可用时间	1 小时(20℃)
	空隙率	25%
	密度	2.19kg/cm³,105℃干燥后:2.048kg/cm³

(3)普通钢材

受力筋均为 HRB335 热轧带肋钢筋,必须符合《钢筋混凝土用钢　第 2 部分:热轧带肋钢筋》(GB 1499.2—2018)的规定;构造筋为 HPB300 热轧光圆钢筋,必须符合《钢筋混凝土用钢　第 1 部分:热轧光圆钢筋》(GB 1499.1—2017)的规定。

(4)植筋胶

该工程胶黏剂采用 A 级胶。

混凝土桥梁结构锚固用的胶黏剂,必须采用专用改性环氧胶黏剂、改性乙烯基酯胶黏剂或改性氨基甲酸酯胶黏剂,其安全性能指标必须符合表 8-15 的规定;其填料必须在工厂制胶时添加,严禁在施工现场掺入。

不得使用以水泥和微膨胀剂为主要成分配制的锚固剂作为黏结材料。

桥梁加固用胶黏剂应进行毒性检验,对完全固化的胶黏剂,其检验结果应符合无毒卫生等级的规定。在桥梁加固用胶黏剂中,不得使用乙二胺作为改性环氧树脂的固化剂,不得在其中掺入挥发性有害溶剂和非反应性稀释剂。

(5)灌缝胶。

混凝土桥梁裂缝注射或压力灌注用修补胶的安全性能指标必须符合表 8-15 的规定。

裂缝修补用胶(注射剂)安全性能指标　　　　　　　　表 8-15

性能项目		性能要求
胶体性能	抗拉强度(MPa)	≥20
	抗拉弹性模量(MPa)	≥1 500
	抗压强度(MPa)	≥50
	抗弯强度(MPa)	≥30,且不得呈脆性破坏
钢-钢拉伸抗剪强度标准值		≥10
不挥发物含量(固体含量)(%)		≥99
可灌注性		在产品说明书规定的压力下,能注入宽度为 0.1mm

(6)混凝土裂缝修补用聚合物水泥注浆料,性能指标见表 8-16。

聚合物水泥注浆料性能指标　　　　　　　　表 8-16

性能项目		性能指标
浆体性能	劈裂抗拉强度(MPa)	≥5
	抗压强度(MPa)	≥40
	抗折强度(MPa)	≥10
注浆料与混凝土的正拉黏结强度(MPa)		≥2.5,且为混凝土破坏

(7)粘贴碳纤维布必须满足的要求:碳纤维布必须选用聚丙烯腈基(PAN基)12K或者12K以下的小丝束纤维,严禁使用大丝束纤维;本设计采用高强度Ⅱ级的单向织布。

4. 该工程所需主要材料

该工程所需主要材料投入计划见表8-17。

主要材料投入计划　　　　　　　　　　　　　　　　表8-17

序号	材料名称	规格	单位	数量	产品说明
1	环氧砂浆		m²	14.8	
2	C40钢纤维混凝土/钢纤维		m³/kg	2.5/200	
3	C30混凝土		m³	5.2	
4	M15砂浆		m³	1.8	
5	钢筋	HRB335	kg	1420.9	
		HPB300	kg	615.3	
6	碳纤维布	0.167mm厚	m²	123.9	
7	钢丝网		kg	27.5	
8	沥青玛琋脂填料		m	52	
9	C60伸缩缝		m	12.6	
10	100mmPVC管		m	24.0	
11	铸铁泄水管盖		kg	23.8	
12	公告牌/警示牌		块	10	
13	交通标志桶		个	60	

5. 工程所需机械设备人员配备

该工程所需机械设备人员配备计划为:拟投入主要机械设备详见表8-18。拟配备该工程的试验和检测仪器设备见表8-19。劳动力计划见表8-20。计划开、竣工日期和施工进度网络图见表8-21。

拟投入主要机械设备　　　　　　　　　　　　　　　表8-18

序号	机械或设备名称	型号规格	数量	国别产地	制造年份	额定功率(kW)	生产能力	用于施工部位	备注
1	拌和机	350	2	扬州	2018	7.5		砂浆	
2	电焊机	AX7-300	6	上海	2010	7.5		钢筋	
3	弯曲机		2	上海	2020	5.5		钢筋	
4	卷扬机		2	无锡	2015	2.5		钢筋	
5	振动器	插入式	6	扬州	2016	1.5		振捣	
6	振动器	平板式	4	扬州	2021	1.5		振捣	
7	空压机	0.9m³	1	南京	2020	5.5			
8	水泵		6	扬州	2015	1.5		排水	
9	发电机	75kW	1	苏州	2010	75		备用	

拟配备本工程的试验和检测仪器设备　　表 8-19

序号	仪器设备名称	规格型号	数量	国别产地	制造年份	已使用台时数	用途	备注
1	混凝土试模	150mm×150mm×150mm	4	上海	2021			
2	砂浆试模	100mm×100mm×100mm	2	上海	2019			
3	回弹仪	带数显、冲击能量 2.2J，适应范围 10～70N/mm	1	南京	2021			
4	管线探测仪	RD400	1	英国	2019			
5	水准仪	DS3	2	南京	2015			
6	经纬仪	CN61M/FDT-L2-CL	1	南京	2020			
7	全站仪	JP61M/XBG-336N	1	北京	2020			

劳动力计划（单位：人）　　表 8-20

工种	按工程施工阶段投入劳动力情况		
	桥台、桥墩	下部结构	上部结构
机械工	2	2	3
桥梁工	2	2	2
辅助工	4	4	4
电工	2	2	2
泥工	2	3	4
钢筋工	2	2	2
模板工	2	3	3

计划开、竣工日期和施工进度网络图　　表 8-21

主要施工工序 \ 时间	5天	10天	15天	20天	25天	30天	35天	40天	45天	50天	55天	60天
施工准备	━	━										
旧桥裂缝高压灌浆修复		━	━	━								
新桥梁板裂缝注浆封闭、粘贴碳纤维布				━	━	━						
新桥下部结构破损修复						━	━	━				
更换伸缩缝					━	━	━	━	━			
人行道修复									━	━		
桥面排水修复										━	━	

注：该工程施工工期为 60 天。

五、混凝土破损、钢筋锈蚀处理施工方案

1. 混凝土破损区域的清理

对混凝土存在松散、破碎、剥落、钢筋锈蚀膨胀引起保护层破损等缺陷部位以及钢筋外露区域，采用人工凿除法、气动工具凿除法或高速射水法将该处松散、破损、污损的混凝土清除干

净,直至露出坚硬密实的基面,同时应注意保证该部位无油污、油脂、蜡状物、灰尘以及附着物等物资。

当缺陷面积≥10cm×10cm时,表面要凿成方波型和锯齿状,且凿至坚实层,判断的标准是以能够看见新鲜混凝土粗集料为准。

清理混凝土病害部位时注意不要损伤梁体原有钢筋(尤其是主筋)。

严格按照桥梁维修养护相关规定及要求实施。

2. 钢筋锈蚀区域的清理

在混凝土表面破损清理完毕后进行;用钢刷清除钢筋表面的浮锈,使之露出光洁部分;对钢筋锈蚀区域,应清除掉混凝土表面的油污、油脂、蜡状物等有机污物。

3. 钢筋防锈、阻锈处理(钢筋锈蚀区域清理完成后)

在钢筋锈蚀区域的混凝土表面清理完毕后进行;采用复合氨基醇水性混凝土防锈浸渍剂进行钢筋锈蚀防护,产品必须持有住房和城乡建设部建筑物鉴定与加固规范管理委员会的认证;用刷子、滚刷或低压手动喷涂设备涂刷水性混凝土防锈浸渍剂至表面饱和,用量约$0.1 \sim 0.2 kg/m^2$一遍,通常需要5遍,总用量一般为$0.5 kg/m^2$,必要时可增加用量,涂刷次数取决于混凝土的可渗性,每层操作之间均应保证上一层涂刷已干燥,通常为2~6小时;钢筋保护剂属化学产品,施工过程中应采取必要的防护措施;水性混凝土防锈浸渍剂有很强的渗透性,施工时应配带手套及口罩,严禁与皮肤直接接触,在水平结构底面施工时,应注意不要滴落到身体或皮肤上任何部位,如已滴落到皮肤表面或眼睛里,应立即用清水冲洗干净并及时就医;根据所选用材料的物理化学性能指标选择合适的施工条件进行施工。

4. 涂抹环氧砂浆

平面涂抹时应摊铺均匀,每层厚度不宜超过1.0~1.5cm,底层厚度应在0.5~1.0cm,并用铁抹子反复压抹,使表面翻出浆液,如有气泡必须刺破压紧;斜、立面涂抹时,由于砂浆流淌,应用铁抹子不断的压抹,并适当增加砂浆内的填料,使环氧砂浆稠度增大。厚度以0.5~1.0cm为宜,超过4cm时最好立模浇筑;顶面涂抹时极易往下脱落,在涂刷底层基液时,可使用黏度较大的基液,并力求均匀。环氧砂浆涂层的厚度以0.5cm为宜,如超过0.5cm时,应分层涂抹,每层厚度可控制在0.3~0.5cm,每次涂抹均需用力压紧;环氧砂浆的养护与水泥砂浆不同,最重要的是控制温度,夏季工作向阳的,应设凉棚,避免阳光直接照射。一般养护温度以20℃±5℃为宜,养护温差不宜超过5℃。养护期前三天,不应有水浸泡或其他冲击。

使用环氧材料时应注意:

①环氧树脂自加入固化剂后,即开始化学反应,故已配制好的环氧材料的使用时间有一定限制,环氧材料每次的配制数量,应根据施工能力来确定。

②已制好的环氧材料,必须分散堆放,切勿成桶或堆置,以免提前固化;配料时所用的器皿宜广口浅底,易于散热,并不断搅拌。

③冬夏季节,日温变化较大,涂抹、浇筑和养护环氧材料时,必须实行严格的温度控制,以防止温度变化时对环氧材料施工质量产生不良影响。

④环氧材料各组成部分,大都易于挥发,因此施工现场必须通风,避免有害气体对人体的不良影响,操作人员戴口罩和橡皮手套;人体与环氧材料接触后,可用工业酒精、肥皂水与清水

多次清洗,严禁用有机溶剂清洗,以免有机溶剂将环氧材料稀释,更易于渗入皮肤。

⑤若环氧材料已结硬在工具上,可加热刮掉,但不能燃烧,以防产生有毒烟气,危害人体健康。

⑥在施工过程中,不允许将用过的器械器具以及残液等随便抛弃或投入河中,以防水质污染和发生中毒事故。

六、工程重点施工——粘贴碳纤维布施工方案

1. 施工准备

粘贴碳纤维布施工为该工程的重点工程之一。碳纤维布材料采用的是 300g 碳纤维(300kN/m,0.167mm 厚)及配套树脂。加固须参照现行《混凝土结构加固技术规范》(CECS 25:90)及《混凝土结构加固设计规范》(GB 50367—2013)进行施工。验收和加固的施工单位,应具备结构补强资质和一定的加固施工技术与经验。

粘贴碳纤维施工必须按下列工序进行:

(1)混凝土表面处理:充分打磨混凝土面层。

(2)配制并涂刷底胶。

(3)配制找平材料并涂刮找平乳胶。

(4)配制并涂刷浸渍类树脂或者粘贴树脂。

(5)砂光、滚刷浸渍胶。

(6)粘贴碳纤维。

(7)尼龙轮滚压碳纤维面层。

(8)表面防护:所有碳纤维粘贴完后在其表面部涂抹 0.5cm 厚的环氧砂浆。

2. 碳纤维布加固施工要点

(1)胶黏剂的配置

①将原材料按不同配合比称量准确,分别配置底涂胶料,整平胶料及黏结胶料,加入固化剂,充分搅拌后即可使用。先将稀释剂加入聚合物主料内搅拌均匀,再将填料加入继续搅拌至均匀,最后加入固化剂,充分搅拌后即可使用。

②配制胶料时应注意以下事项:底涂胶料每次配置量以 1~2kg 为宜;整平胶料每次配置量以 0.5~1kg 为宜,黏结胶料每次配置量以 1~2kg 为宜。

③所有胶料要求于 1 小时内施工完毕。

(2)基底处理

①混凝土表面如出现剥落、蜂窝、腐蚀等劣化现象的部位应予剔除,对于较大面积的劣质层,在剔除后应用聚合物水泥砂浆进行修复。

②裂缝部位,如有必要应先进行封闭处理。

③用混凝土角磨机、砂轮(砂纸)等工具,去除混凝土表面的浮浆、油污等杂质,构件基面的混凝土要打磨平整,尤其是表面的凸处部位要磨平,转角粘贴处要进行倒角处理并打磨成圆弧状($R = 20mm$)。

④用吹风机将混凝土表面清理干净并保持干燥。

⑤用脱脂棉沾丙酮擦试混凝土表面。

(3)涂底层

①按一定比例将主剂与固化剂先后置于容器中,用搅拌器搅拌均匀,根据现场实际气温决定用量,并严格控制使用时间。

②用漆桶刷或毛刷将胶均匀涂抹于混凝土构件表面,厚度不超过0.4mm,并不得漏刷或有流淌、气泡,等胶固化后(固化时间视现场气温而定,以手指触感干燥为宜,一般不小于2小时)再进行下一道工序。

(4)用整平胶料找平

①混凝土表面凹陷部位应用刮刀嵌刮整平胶料,修补填平,模板接头等出现高度差的部位应用整平胶料修补填平,尽量减少高差。

②转角处理,应用整平胶料将其修补为光滑的圆弧,半径不小于20mm。

③整平胶料须固化后(固化时间视现场气温而定,手指触感干燥为宜,一般不小于2小时),方可再进行下一道工序。

(5)粘贴碳素纤维布

①按设计要求的尺寸裁剪碳纤维布,碳纤维布沿纤维方向的搭接长度不得小于100mm。

②配置。搅拌粘贴胶料,然后用滚筒刷均匀涂抹于所粘贴的部位,在搭接、拐角部位适当多涂抹一些。

③用特制光滑滚子在碳纤维布表面沿同一方向反复滚压至胶料渗出碳纤维布外表面,以去除气泡,使碳纤维布充分浸湿胶料,多层粘贴应重复以上步骤,待纤维表面手指触感干燥为宜,方可进行下一层碳纤维布的粘贴。

④在最外一层碳纤维布的外表面均匀涂抹一层粘贴胶料。

(6)验收

①验收时必须有碳纤维及其配套胶料的材料检验证明。

②每一道工序结束后均应按工艺要求进行检验,做好相应的验收记录,如出现质量问题,应立即返工。

③采用目视检测与小锤敲击法检查黏结效果,如出现空鼓应进行补救。若黏结面积小于95%,则黏结无效,应重新施工。

(7)若碳纤维片施工不符合质量标准,则需要进行相应处理,其中空鼓处理方法如下:

①注入树脂法

在纤维片上打开2个以上的孔,使用注射器注入粘贴用的树脂。

②割刀切入填充树脂法修补

沿纤维方向切入2~3刀,用橡胶刮板,毛刷沾上适量粘贴用的树脂,填进割开的缝内。

③补丁补修法

粘贴用的树脂已硬化,且无法用割刀切开或者注入树脂时,应采用此法,割去不良部分,重新粘贴碳纤维片,当粘贴碳纤维硬化后,出现褶皱或者松弛时,原则上使用补丁修补。

(8)养护

①粘贴碳纤维片后,需要自然养护24小时后达到固化,在此固化期间不能受干扰。

②在每道工序后树脂类材料硬化之前,宜用塑料薄膜遮挡以防止风沙或者雨水侵袭。

③当所采用的树脂类黏结材料硬化期间存在气温降低到5℃以下的可能时,可采用低温度固化树脂,或者采取有效的加温措施。

④碳纤维片粘贴后达到设计强度所需要自然养护的时间,当平均温度在10℃以下时,需要2周;当平均温度在10~20℃时,需要1~2周;当平均温度高于20℃时,需要1周。在此期间禁止碳纤维部位受到硬性冲击,桥梁应禁止车辆通行。

七、植筋、钢筋施工方案

1. 植筋工程

该工程植筋的施工步骤为:定位→钻孔→清孔→注胶→植入钢筋→养护→检测试验。

(1)定位。按设计要求标示钢筋钻孔位置、型号,若基材上存在受力钢筋,钻孔位置可适当调整。

(2)钻孔。钻孔宜用电锤或风钻成孔,如遇锚筋宜调整孔位避开。如采用水钻(取芯机)成孔,钻孔内碎屑应用清洁水洗干净,并晾晒至干燥。钻孔直径为25mm(直径20mm锚筋)和18mm(直径12mm锚筋)。

(3)清孔。钻孔完成后,将孔周围半径0.5m范围内灰尘清理干净,用气泵、毛刷清孔,再用棉丝沾丙酮,清刷孔洞内壁,使孔洞内最终达到清洁干燥;如遇较潮湿的情况,还须用加热棒进行干燥处理。若为水钻孔,用清水将孔内泥浆冲刷干净,用棉丝将孔擦净,等孔晾干后再进行下一道工序,或可用加热棒进行干燥处理。用干净棉丝将清洁过的孔洞严密封堵,以防有灰尘和异物落入。

(4)注胶。植筋所使用的胶黏剂必须采用改性环氧类或改性乙烯基酯类(包括改性氨基甲酸酯)的胶黏剂。要求使用A级胶,其性能和质量应符合《混凝土结构加固设计规范》(GB 50367—2013)相关规定。灌注胶黏剂时应使用专门的灌注器或注射器进行灌注,且灌注的方式应不妨碍孔洞中的空气排出。灌注的剂量应以植入锚筋后有少许的胶液溢出为宜。

(5)植入钢筋。植入锚筋前,应对锚筋植入端植入长度范围内的锚筋进行除锈处理,并用酒精或丙酮擦洗干净。钻孔内注完胶后,把经除锈处理过的锚筋立即放入孔口,然后慢慢单向旋入,不可中途逆向反转,直至锚筋伸入孔底。

(6)养护。植入钢筋后应采取措施固定好钢筋,在胶液完全固化前,锚筋不得被触动。胶液固化时间与环境温度的关系应按植筋产品说明书的要求确定。

(7)检测试验。在植筋施工前,要对所用钢筋及植筋胶进行现场拉拔试验,以确定锚筋及植筋胶是否符合设计要求。

2. 钢筋工程

(1)钢筋进场和复试必须严格按照要求抽检,未拿到质保书和复试报告,不得使用,对锈蚀等不符合规范要求的不得使用,钢筋保护层应符合图纸要求。

(2)钢筋制作安装应严格按翻样单进行,成型钢筋编号挂牌,以免混用,绑扎按翻样要求顺序进行,钢筋焊接接头必须现场进行抽样,进行物理焊接试拉试验,合格后方可进行下道工序。

(3)钢筋加工的各道工序,都应建立质量交接制度。钢筋绑扎安装完毕后,必须经过检验,并办理隐蔽工程验收签证手续。

(4)在钢筋绑扎过程中,要确保钢筋的完整性和清洁性,严格按照要求进行绑扎,以免影响施工质量。

八、伸缩缝处理施工方案

桥梁伸缩装置在安装施工中为确保其特有的先进性、可靠性、平顺性,必须严格按照设计要求进行安装施工。其施工工艺流程为:

(1)画线、切割及混凝土破除

交通管制完毕后,在作业区内依据实际桥台(墩)中心处伸缩缝中线,按设计要求从伸缩缝中心线向两侧弹出施工所需宽度;弹线要顺直,宽度一致。然后使用混凝土切缝机按所画边线对水泥混凝土铺装层进行切缝;要保证切缝位置、尺寸准确、垂直、顺直、无缺损。

使用空压机对伸缩缝处水泥混凝土铺装层破除干净,对槽口表面混凝土凿毛,并吹净粉渣;然后将梁体缝间所夹的其他杂物清理,保证梁体间空隙。注意对缝外铺装层要采取保护措施,严禁剔除及破坏,保证边角整齐与顺直。

(2)预埋钢筋检查、修整及植筋

清除槽口及梁间杂物后,首先检查预埋筋的完好情况,如出现弯曲变形的需调直,使其位置与形式准确。如出现缺失、压坏或桥梁抬升后原预埋筋高度不够的情况时,则采取植筋处理。植筋按照伸缩缝锚固筋方向进行,确保植筋与伸缩缝锚固筋具有很好的受力和焊接。进行植筋施工时,选择可靠的植筋技术,确保植筋质量。植筋胶应满足焊接要求,焊接后承载力无下降,并具有相应的检测报告。满足设计要求后方可安装伸缩装置。最后对钢筋腐蚀部分使用铁刷子除锈干净。

检查各梁间隙是否符合要求,如果不符合,需处理以达到要求。检查预埋钢筋是否与伸缩装置锚固环对应,如存在错位、相扭等问题应调整伸缩锚固环。为保证各连接钢环与预埋件的有效焊接,应根据实际缝大小,备置一定数量规格不同的钢板作为衬垫。

(3)填塞构造缝

用相应厚度的泡沫板塞入构造缝内,保证足够的深度和严密性,上面应和槽底相平。不能有松动和较大的缝隙,以防止漏浆。

(4)伸缩缝的运输存放及安装

伸缩缝在厂家装车及现场卸车时,注意吊点位置合理,做到不扭曲变形、碰撞弯曲、划磨等。运输过程中要设置防护垫并捆绑牢固,不因道路的颠簸松动而造成伸缩装置的损伤。伸缩装置运至工地存放时,应垫离地面至少30mm,不得露天存放,并盖好薄膜,防雨防水。

伸缩装置安装前应对其进行平整度的检查,型钢的平整度控制在3mm以内。现场测定实际梁体温度,根据设计给定的施工温度留设的缝宽值,调整伸缩装置安装定位缝宽值。伸缩装置安装前要检查各梁之间间隙是否清理干净,伸缩宽度是否符合要求,伸缩装置是否与伸缩缝一致、完好。然后安上夹具以备安装。伸缩装置吊运就位后,选用长度不小于3m,型号不小于20号的槽钢,以双肢的形式,按间距1m的距离,垂直于伸缩装置,设于桥面上。然后采用丁字螺栓将伸缩装置吊起,固定在槽钢上。槽钢与伸缩缝两侧路面和伸缩装置要压紧、贴严。安装后要保证伸缩装置在横缝方向和纵缝方向都垂直。伸缩装置安装高程根据缝两侧5m范围内的实测路面高程确定。

(5)伸缩缝与锚固钢筋焊接

焊接时间要根据设定的伸缩间隙宽度,在与设计要求温度合适的时段内进行。沿伸缩装置的一端依次将伸缩装置两侧的配套锚环与锚筋每隔2~3个锚固筋先点焊,点焊完成后全面检验一下伸缩装置的平整度、顺直度、高程等项目,合格后再进行焊接。伸缩缝固定后对其高程再复测一遍,确定在临时固定过程中未出现任何变形、偏差后,把锚固钢筋与预埋钢筋在两侧同时焊牢,最好一次焊牢。如有困难,可先将一侧焊牢,待达到预定的安装气温时,再将另一侧全部焊牢。在焊接的同时,随用3m直尺、塞尺检测异形钢梁的平整度。平整度控制在0~1mm之间,以避免出现跳车现象。焊接人员数量配置需合理,焊接时间需尽量缩短,在全部焊接工序完成后要及时拆除夹具、解除伸缩缝与吊缝装置,放松后再进行一次全面质量检验,如不符合要求则需重新调整。焊接完成后绑扎钢筋。

(6)混凝土浇筑及养生

安装合格后,采用聚苯乙烯泡沫板将伸缩装置的间隙封堵严密,以保证浇筑混凝土时无漏浆现象,可采用塑料胶带粘于伸缩装置的上口和两侧路面的边口处,作为浇筑混凝土时对其的保护装置。混凝土强度为C60,加入低碱型混凝土膨胀剂,混凝土内掺铣削型钢纤维,每立方米钢纤维含量50kg。混凝土采用两侧同步浇筑、严密振捣的方法施工,混凝土采用商品混凝土罐车运至现场后,必须检查混凝土的和易性和塌落度,混凝土塌落度控制在70—90之间。采用插入式振捣棒进行振捣,其移动间距不超过振捣棒作用半径的1.5倍,振捣要密实,以混凝土不再下沉至无气泡止,做到不漏振也不过振。然后用刮杠刮平,用铁抹子收浆抹面,要求3次收浆,确保混凝土面无开裂现象。并注意按要求留设混凝土试件。

采用土工布或麻袋浸水双层加盖进行养生,养生期间,水车供水设专人负责。混凝土的养生不得少于14天,养生后安装止水橡胶条伸缩体,并在养生28天后再放行通车,伸缩装置安装完成后及混凝土施工完成强度达到设计要求之间,禁止一切车辆碾压及人员踩踏,前后50m范围内设置警示标志,提醒车辆及行人绕行。使用彩旗设置禁行线,并设专人看护,防止混凝土表面被破坏。

九、关键施工——裂缝处理施工方案

由于年代久远,施工时混凝土材料强度不足,养护不到位,长期受超载车辆冲击等原因,该桥一些部位均出现了大小不一的裂缝,且数量较多。这些裂缝影响了桥梁的结构稳定性,对过往车辆和行人的安全造成了极大的隐患,因此对该桥的裂缝处理显得尤为关键。

对结构上、下部存在的所有可见裂缝进行处理,一般对于裂缝宽度<0.15mm且裂缝深度较小的细小裂缝仅需进行表面封闭,混凝土构件应使用专用的裂缝封闭胶,浆砌片石构件可根据结构的重要性采用环氧砂浆或砂浆封闭。对于裂缝宽度≥0.15mm的裂缝采用灌注处理,混凝土构件应使用专用的灌缝胶化学灌缝修补,浆砌片石构件可根据缝宽大小采用水泥浆或环氧砂浆灌缝修补。裂缝封闭宜在裂缝稳定后进行。

(1)所用的混凝土裂缝修补胶浆液除应符合《公路桥梁加固设计规范》(JTG/T J22—2008)相关规定外,尚应符合下列要求:

①裂缝修补胶浆液黏度小,渗透性、可灌注性好。

②裂缝修补胶浆液固化后收缩性小；固化时间可调节；固化后不应遗留有害化学物质。

③浆液工艺简单。

(2)浆液配置可参考《公路桥梁加固设计规范》(JTG/T J22—2008)执行。

(3)裂缝调查及标注。对裂缝进行全面的调查，现场核实裂缝数量、长度、宽度等，并对裂缝编号，做好记录，绘制裂缝分布图。

(4)裂缝缝口表面处理，应使工作面平顺、干燥、无油污。处理范围沿裂缝走向宽30~50mm。

①清理混凝土表面，使裂缝走向约30~50mm范围露出坚实平整的混凝土表面，清除表面浮尘，表面清理范围内裂缝位置拓宽以不少于10~25mm为原则。

②除去裸露钢筋表面的锈迹及油污。

③清除裂缝内的灰尘等杂物。

(5)采用表面封闭法处理裂缝时，应在缝口表面处理后，用裂缝修补材料涂刷或用改性环氧胶泥适当加压刮抹。

(6)采用压力注浆法的施工工艺，流程图如图8-8所示。

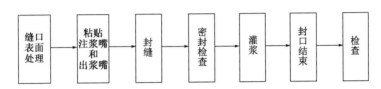

图8-8 压力注浆施工工艺流程图

①灌浆前应对裂缝进行处理。

②埋设粘贴注浆嘴。注浆嘴的布置沿缝的方向，间距以200~400mm为宜。在裂缝交叉处、较宽处、端部、裂缝贯穿处以及钻孔内均应埋设注浆嘴。每一条裂缝至少须有一个注浆嘴、排气嘴、出浆嘴。

③密封裂缝。采用封缝胶泥抹压平整，防止产生气泡漏浆。

④封闭裂缝后进行压气试漏，检查密闭效果。试漏需待封缝胶泥或砂浆有一定强度时进行。试漏前沿裂缝涂一层肥皂水，从注浆嘴通入压缩空气，凡漏气处，应予修补密封至不漏为止。

⑤压力灌浆。压力灌浆自下而上进行，最后一个出浆嘴冒胶后，保持恒压继续压灌，当进胶速度小于0.1L/min时，再继续灌注5min后停止压胶。

⑥注浆结束，应检查补强效果和质量，发现缺陷应及时补救。

(7)压力注浆修补裂缝应根据浆液流动性选择注浆压力，一般为0.1~0.4MPa。

(8)竖向、斜向裂缝压浆应自下而上进行。

十、交通疏解方案

为保证加固效果，确保工程施工质量，部分施工工序施工时必须对桥上交通实行管制。为了尽量减少交通封闭的时间，应做好施工期间的交通组织。

旧桥维修施工时，应合理放置交通标志牌限制车流。维修加固期间，建议桥梁采用封闭交通的形式进行施工，条件受限的桥梁可采用半幅施工半幅维持交通的方式进行加固维修，但

是,应注意以下事项:

(1)应按有关条例、规程和规范的要求,向社会通告桥梁加固施工的有关事项和要求,并设立必要的警示、警告和视线诱导等标志,必要时应设专人维持交通。

(2)在桥梁缺陷处理、裂缝封闭与灌浆、粘贴碳纤维布直至黏结胶达到设计强度这段时间,所施工的半幅桥面应禁止通车。另外半幅应采取限制,车辆总重不应超过5t,车速不应超过10km/h。

(3)黏结胶达到设计强度并经检测符合要求后方可开放此半幅交通,并进行另外半幅的施工。

十一、文明施工、环境保护、安全施工条款(略)

参考教学大纲

一、课程性质

本课程属于专业课程,是一门既有相关理论知识,又有工程案例示例的课程。它研究施工活动中的人力、资金、材料、机械和施工方法这五个主要因素,对整个工程的施工进度和资源消耗等做出科学而合理的安排,使工程建设在一定的时间和空间内有组织、有计划、有秩序的实施,以达到工期尽量短、质量高、资金省、施工安全的效果。

二、课程的目的、任务

1. 课程目的

课程的目的是让学生了解本课程在公路建设中的重要性,掌握公路工程基本建设程序,公路建设项目的划分,掌握施工组织设计文件的内容及编写方法,能独立进行时间组织与空间组织,在老师指导下,完成一套施工组织设计文件。

2. 课程任务

知识目标:掌握基本概念,正确运用相关知识。

技能目标:能够灵活运用基本作业方法,初步确定施工方案,比较合理地选择施工机具,安排施工顺序,初步编制施工进度计划,进行施工平面布置。

能力目标:具有一定分析问题和解决问题的能力,在教师指导下能完成一套施工组织设计文件的编写。

三、课时分配

课时建议

序号	内容	课时分配			
		小计	授课	动手练习	大作业
1	第一章 公路工程建设基本知识	2	2		
2	第二章 公路施工组织设计基本知识	8	4		
3	第三章 施工过程组织原理	10	6	2	2
4	第四章 网络计划技术	14	6	4	4
5	第五章 公路施工组织设计图表绘制	16	8		12
6	第六章 机械化施工组织设计	6	4		2
7	第七章 机电工程施工组织设计	2	2		
8	第八章 施工组织设计示例	4	2	2	
9	机动	2			
	总学时	64	34	8	20

注:周学时为4学时,共计16周。

四、教学内容及教学基本要求

教学基本要求

内容	本章重点难点	教学目的要求	备注
第一章 公路工程建设基本知识	公路施工的程序及施工项目管理的概念	了解公路建设的特点、参与建设的基层单位;掌握公路基本建设程序、公路施工程序	
第二章 公路施工组织设计基本知识	施工组织设计的阶段与文件组成		
第三章 施工过程组织原理	公路施工过程的概念,时间组织的基本作业方法,流水作业法的原理	让学生掌握公路施工过程的组织原理,时间组织的基本作业方法,能绘出横道图	
第四章 网络计划技术	掌握双代号网络计划图的绘制,掌握时间参数的计算及关键线路	掌握双代号网络计划图的绘制,时间参数的计算及关键线路	
第五章 公路施工组织设计图表绘制	施工进度图的绘制,施工平面图的类型及其内容	让学生掌握编制施工进度图的依据步骤,能绘制施工进度图,进行施工平面图布置	通过大作业将三、四、五章的内容串起来
第六章 机械化施工组织设计	施工机械的合理选择与组合	让学生了解机械化施工组织设计的内容,施工机械的合理选择与组合	
第七章 机电工程施工组织设计	施工机电系统的组成和机电工程施工组织设计	让学生了解公路交通工程机电系统的组成和施工组织设计	
第八章 施工组织设计示例	施工方案和施工方法,工程进度图,施工平面图,主要材料、机具、设备计划	让学生了解施工组织设计应如何编写包括哪些内容	

五、实践性教学内容的安排与要求

在课时允许的情况下,在教师的辅导下安排学生独立编写一套施工组织设计文件。

参 考 文 献

[1] 魏道升,彭赟,周高平,等.公路施工组织设计与信息化管理[M].2版.北京:人民交通出版社股份有限公司,2017.

[2] 姚玉玲.公路工程施工组织学[M].2版.北京:人民交通出版社,2008.

[3] 全国一级建造师职业资格考试用书编写委员会.公路工程管理与实务[M].北京:中国建筑工业出版社,2024.

[4] 中华人民共和国交通运输部.公路工程标准施工招标文件[M].北京:人民交通出版社股份有限公司,2018.

[5] 中国铁路经济规划研究院有限公司,中国铁路总公司工程管理中心.铁路工程施工组织设计规范:Q/CR 9004—2018[S].北京:中国铁道出版社,2018.

[6] 广东省交通运输厅.广东省交通运输厅关于发布《广东省高速公路工程施工组织设计和施工方案标准化管理指南》的通知:粤交质[2020]375号[A/OL].(2020-07-08)[2024-04-01]. https://td.gd.gov.cn/gkmlpt/content/3/3032/post_3032313.html#1487.

[7] 中交第三公路工程局有限公司.公路路基施工技术规范:JTG/T 3610—2019[S].北京:人民交通出版社股份有限公司,2019.

[8] 中交一公局集团有限公司.公路桥涵施工技术规范:JTG/T 3650—2020[S].北京:人民交通出版社股份有限公司,2020.

[9] 李继业.道路工程施工实用技术手册.[M].北京:化学工业出版社,2014.

[10] 章克凌.机械化施工组织与管理[M].北京:机械工业出版社,2006.